周锡冰◎著

华为的『春天』还有多远

当代世界出版社

目 录

绪论　华为的"春天"到底还有多远 ... 001

01 梦想：
华为成为世界一流的设备供应商

第 1 章　"兴办民间科技企业，能在一生中搞出一两个市场需要的拳头产品，这一生也就算没白过！"
020

第 2 章　"十年后，华为要和美国电话电报公司、阿尔卡特三足鼎立，华为要占据三分之一的天下！"
038

02 使命：
持续为客户创造最大价值

第 3 章　"我们坚持以客户为中心，快速响应客户需求，持续为客户创造长期价值进而成就客户。"
072

第 4 章　"认真倾听客户的需求，从客户视角定义解决方案的价值主张，帮助客户解决他们所关心的问题，为客户创造价值，帮助客户实现商业的成功。"
094

第 5 章　"全世界只有客户对我们最好，他们给我们钱，为什么我们不对给我们钱的人好一点呢？为客户服务是华为存在的唯一理由，也是生存下去的唯一基础。"
116

03 赛道：
贸工技转向技工贸

第 6 章 "掌握核心，开放周边，使企业既能快速成长，又不受制于人。只有拥有核心技术知识产权，才能进入世界竞争。"

132

第 7 章 "我们一定要搞基础研究，不搞基础研究，就不可能创造机会、引导消费。我们的预研部，只有在基础研究出现转化为商品的机会时，才大规模扑上去。"

144

04 流程：
"IBM教会了我们怎么爬树，我们爬到树上就摘到了苹果"

第 8 章 "我不认识韦尔奇，我的老师是 IBM，韦尔奇是多元化，我们公司不提倡多元化。IBM教会了我们怎么爬树，我们爬到树上就摘到了苹果。"

156

第 9 章 "世界上最难的改革是革自己的命，而别人革自己的命，比自己革自己的命还要困难。"

169

05 聚焦：
数十年攻击一个城墙口

第 10 章 "我们聚焦战略，就是要提高在某一方面的
180 世界竞争力，也从而证明不需要什么背景，
也可以进入世界强手之列。同时，我们坚
持'利出一孔'的原则。"

第 11 章 "聚焦在一个目标上持续奋斗，从没有动摇
196 过，就如同是从一个孔喷出来的水，从而
产生了今天这么大的成就。这就是'力出
一孔'的威力。"

06 酬勤：
除了艰苦奋斗，还是艰苦奋斗

第 12 章 "除了励精图治、开放心胸、自力更生，我
214 们还有什么呢？最多再加一个艰苦奋斗，
来缩短与竞争对手的差距。"

第 13 章 "我们与国内外企业的差距还较大，只有在
224 思想上继续艰苦奋斗，长期保持进取、不
甘落后的态势，才可能不会灭亡。"

07 协同共生：
共同创造良好的生存空间，
共享价值链的利益

第 14 章　"宁愿放弃一些市场、一些利益，也要与友
240　　　商合作，成为伙伴，共同创造良好的生存
　　　　空间，共享价值链的利益。"

第 15 章　"和谐以共生共长，不同以相辅相成，这是
255　　　东方古代的智慧。华为将建立广泛的利益
　　　　共同体，长期合作，相互依存，共同发展。"

08 突围：
一手补洞，一手自救

第 16 章　"我们开展了'南泥湾'计划，外国记者可
266　　　能对'南泥湾'这个名词不够了解，这个
　　　　名词实际上就是指生产自救。"

第 17 章　"进口还是会多元化的，美国公司如果还能
275　　　卖给我们，我们还是会订购。美国的器件
　　　　厂家也在向华盛顿申请批准向我们销售零
　　　　部件，如果获得批准了，我们还要大规模
　　　　购买。"

附录 I：深圳市人民政府颁发《深圳市人民政府关于鼓励科技人员兴办民间科技企业的暂行规定》的通知 ... 291
附录 II：华为公司基本法（定稿）... 299
附录 III：华为的冬天：任正非谈华为十大管理要点 ... 337
参考文献 ... 357
后记 ... 363

绪 论

华为的"春天"到底还有多远

谁能在残酷的市场丛林中活下来？唯有惶者。这样的命题已经被企业家们证明了无数次。这是因为企业家们相信，唯一能够确定的，就是未来的不确定性。

2000年，华为以"农村包围城市"的战略，经过13年的努力，终于在中国本土市场"C位出道"——凭借220亿元的营业收入，纯利润29亿元的业绩，跻身中国电子行业的第一梯队，位列全国电子百强企业首位。更值得关注的是，华为的发展势头迅猛无比，剑指全球市场。

此刻，傲娇的姿态已经写在众多华为人的脸上，他们中有的怡然自得，有的喜上眉梢，有的兴高采烈……

与之观感存在天壤之别的是，作为华为创始人的任正非却忧心忡忡。2001年3月，他在华为的内刊上发表了一篇名为《华为的冬天》的文章，给"直把杭州作汴州"的华为人泼下一盆冷水。在文中，任正非写道：

"公司所有员工是否考虑过，如果有一天，公司销售额下滑、利润下滑,甚至破产,我们怎么办?……居安思危,不是危言耸听。十年来,我天天思考的都是失败,对成功视而不见,也没有什么荣誉感、自豪感,而是危机感。也许是这样才存活了十年。我们大家要一起来想,怎样才能活下去,也许才能存活得久一些。失败这一天是一定会到来的,大家要做好准备迎接,这是我从不动摇的看法,这是历史规律。目前情况下,我认为我们公司从上到下,还没有真正意识到危机,那么当危机来临的时刻,我们可能会措手不及。我们是不是已经麻木,是不是头脑里已经没有危机这根弦了,是不是已经没有自我批判能力或者已经很少了。那么,如果四面出现危机时,我们可能是真没有办法了。如果我们现在不能研究出现危机时的应对方法和措施来,我们就不可能持续活下去。大家知道,有个世界第一流的公司,确实了不起,但去年说下来就下来了,眨眼之间这个公司就几乎崩溃了。当然,他们有很好的基础研究,有良好的技术储备,他们还能东山再起。最多这两年衰退一下,过两年又会世界领先。而华为有什么呢?我们没有人家雄厚的基础,如果华为再没有良好的管理,那么真正崩溃后,将来就会一无所有,再也不能复活。"[1]

这样的开篇,让中国的诸多企业家目瞪口呆,以至于有人质疑任正非撰写此文的真正"动机":有人认为这是任正非为 IT 行

---

[1] 任正非:《华为的冬天——任正非谈华为十大管理要点》,载《中国企业家》,2001 年第 4 期,第 48—50 页。

业敲响的警钟,也有人说任正非是在"作秀",还有人猜测是华为在为人事变动制造舆论。

不管如何,时至今日,"动机论"已经成为如烟过往,无人再提及。但是《华为的冬天》这篇力透纸背的文字棒喝了正在陷入沾沾自喜的、业绩沉醉的华为人,既是召唤华为人需要再接再励,同时也给通信行业敲响了警钟,毕竟互联网大泡沫破裂即将影响通信行业,只不过需要时间而已,这样的滞后效应已经箭在弦上。

任正非写道:"网络股的暴跌,必将对两三年后的建设预期产生影响,那时制造业就惯性进入了收缩。眼前的繁荣是前几年网络股大涨的惯性结果。记住一句话:'物极必反',这一场网络设备供应的冬天,也会像它热得人们不理解一样,冷得出奇。没有预见,没有预防,就会冻死。那时,谁有棉衣,谁就活下来了。"[1]

接下来的危机印证了任正非对行业危机预言的深远洞见,《华为的冬天》也由此广为流传,"冬天"超越季节,成为危机的代名词。

2001年,在樱花盛开、春光明媚的时节,任正非和他的团队前往日本。他们此行不是感受日本异国春天的气息,也不是欣赏漫山遍野的樱花,而是为了学习日本企业渡过冬天的经验。任正

---

[1] 任正非:《华为的冬天》,载《新西部》,2001年第9期,第51—54页。

非回国后写道:"有人将企业比作一条船,松下电工就把自己的企业比作冰海里的一条船。在松下电工,我们看到不论是办公室,还是会议室,或是通道的墙上,随处都能看到一幅张贴画,画上是一条即将撞上冰山的巨轮,下面写着:'能挽救这条船的,唯有你。'其危机意识可见一斑。在华为公司,我们的'冬天意识'是否那么强烈?是否传递到基层?是否人人行动起来了?华为处于秋末冬初,能认真向别人学习,提高整体的工作效率,推动流程的合理性与有效性改良,裁并不必要的机构,精简富余的员工,加强员工的培训,以提高素质。居安思危,也许冬天来临之前,我们已做好了棉袄。华为成长在全球信息产业发展最快的时期,特别是中国从一个落后网改造成为世界级先进网,迅速发展的大潮流中,华为像一片树叶,有幸掉到了这个潮流的大船上,是躺在大船上随波逐流到今天,本身并没有经历惊涛骇浪、洪水泛滥、大堤崩溃等危机的考验。因此,华为的成功应该是机遇大于其素质与本领。什么叫成功?是像日本那些企业那样,经九死一生还能好好地活着,这才是真正的成功。华为没有成功,只是在成长。"[1]

其后,在无数个"冬天"中,华为从谷底反弹,一步一个脚印,在从中国本土市场冠军到世界市场冠军的路上不懈前行。

---

[1] 任正非:《北国之春总会来临》,载《中国企业家》,2002年第6期,第19—22页。

2008年，华为先是超越北电网络（Nortel Networks），成功跨入全球前五大电信设备供应商。其后，华为先后赶超阿尔卡特—朗讯、诺基亚、西门子、爱立信，最后击败了"会当凌绝顶，一览众山小"的霸主思科。2017年6月，德罗洛集团（Dell'Oro Group）发布的一份报告数据显示，2017第一季度，华为凭借自己的不凡表现，打破20多年来思科独占核心路由器市场的垄断地位，一跃成为全球核心路由器市场冠军。

华为登顶世界第一后，前所未有的"冬天"随即而至。2019年5月17日，美国商务部正式将华为列入"实体清单"，禁止美国企业向华为出售相关技术和产品。

客观地讲，在这个"冬天"，任正非更多地是唤起了全体华为人"生于忧患而死于安乐"的危机意识，但是这个"冬天"却异常寒冷。2019年6月18日，任正非在与美国电脑科学家尼古拉斯·尼葛洛庞帝（Nicholas Negroponte）的对话中说道："没有想到美国政府打击华为的战略决心如此之大，如此之坚定；同时，也没有想到美国政府对华为的打击面如此之宽广，不仅仅是美国不供给华为零部件，而且阻止华为参加一些国际组织，阻止华为跟大学合作。不过，我们认为这些阻碍不了华为前进的步伐。没有想到他们的战斗部的'弹头'打击如此精准，处处都打在华为的要害点上，数千个点的修复是需要时间的。我们之前没有预测到事情的严重性，即使之前做了一些准备，但就像架'烂飞机'一样，只保护了心脏，保护了油箱，没有保护其他次要部件。未来几年公司可能会减产，销售收入会比计划下降300亿美元，今年和明年的销售收入预计都在1000亿美元左右……"

任正非的判断再次得到印证——2021年12月31日，华为轮值董事长郭平在《前行不辍，未来可期——2022年新年致辞》中介绍了华为2021年的营业收入："2021年，我们经受住了严峻的考验，努力为客户、为社会创造价值，提升经营质量和运作效率，预计全年实现销售收入约6340亿人民币。"[1]

华为营业收入的减少，意味着华为现阶段依旧陷入"三九严冬"之中。在致辞中，郭平坦言华为当下依旧严峻的处境："2022年我们仍然面临着一系列挑战，我们将和全球伙伴们紧密合作，不懈努力，共克时艰。在新的一年里，我们要多产粮食，做强根基，持续投入未来，通过为客户及伙伴创造价值，活下来，有质量地活下来。"

梳理资料发现，自2021年后，华为高层管理人员的讲话中，"活下来，有质量地活下来"成为高频句子，这可以解读为华为自身瓶颈的突围，同时也预示着华为的"春天"已经不远，如果进展顺利，那么很快就要来临。

第一，华为已经度过艰难的"严冬"岁月。2020年3月31日，华为轮值董事长徐直军在接受媒体采访时说道："2019年是

---

[1] 郭平：《前行不辍，未来可期——2022年新年致辞》，载《华为人》，2022年第1期，第2—3页。

最具挑战的一年。但我们仍然有接近半年（5月16日前）的快速增长。我们有大量储备来应对客户需求。2020年，华为公司将是最艰难的一年，因为全年都处于实体清单下，我们的储备也快用完了。所以，2020年是全面检验我们供应连续性能否发挥的重要一年。当然，新冠肺炎疫情是没有预想到的情况。疫情带来的全球经济衰退和经济动荡是我们2020年没有预测到的新挑战。由于疫情还在发展当中，我们在确保员工安全的情况下，尽量满足用户需求。还没有时间预测2020年的发展情况。2020年我们力争活下来，明年还能发布财报。"

华为2020年、2021年的财报也印证了徐直军的说法。《华为投资控股有限公司2020年年度报告》中的数据显示："2020年，在面临新冠肺炎疫情严峻挑战的情况下，华为全球化的供应链体系同时还承受了巨大的外部压力。华为聚焦ICT基础设施和智能终端，持续投入，以创新的ICT技术持续为客户创造价值，助力全球科技抗疫、经济发展和社会进步，全年实现收入人民币8913.68亿元，同比增长3.8%。其中，运营商业务收入3026.21亿元，企业业务收入1003.39亿元，消费者业务收入4829.16亿元，其他业务收入54.92亿元。"（见图0-1）。

消费者业务收入
4829.16亿元
↗3.3%

54.2%

34.0% 运营商业务收入
3026.21亿元
↗0.2%

11.3%

企业业务收入
1003.39亿元
↗23.0%

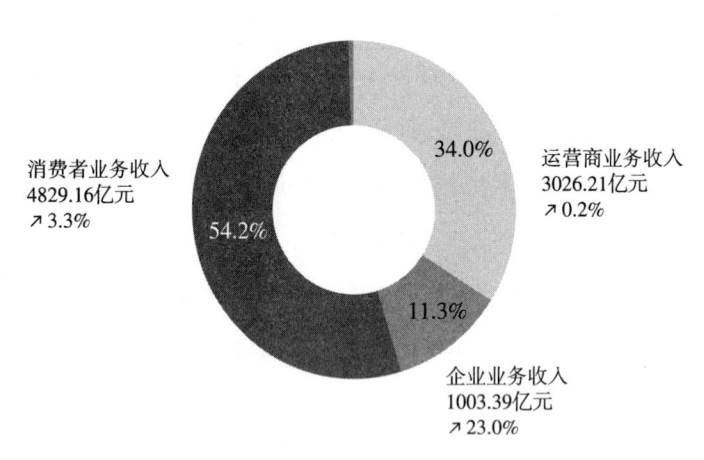

图 0-1　华为 2020 年业务板块营业收入

2021 年 8 月 6 日，华为发布 2021 年上半年财报。2021 年上半年，华为实现销售收入 3204 亿元人民币，净利润率 9.8%。其中，运营商业务收入 1369 亿元人民币，企业业务收入 429 亿元人民币，消费者业务收入 1357 亿元人民币。

对于 2021 年上半年的业绩表现，华为轮值董事长徐直军说道："我们明确了公司未来 5 年的战略目标，即通过为客户及伙伴创造价值，要活下来，有质量地活下来。展望全年，尽管消费者业务收入受到外部影响有所下降，但我们有信心，运营商业务收入和企业业务收入仍将实现稳健增长。"

2021 年 10 月 29 日，华为发布了 2021 年前三季度财报。财报显示，华为前三季度公司实现销售收入 4510 亿元人民币，净利润率10.2%。

华为轮值董事长郭平回应称："整体经营结果符合预期，ToC业务受到较大影响，ToB业务表现稳定。我们将继续加强技术创新、研发投入和人才吸引，不断提升运营效率，我们有信心能够为客户和社会持续创造价值。"

第二，华为创始人任正非之女、首席财务官（Chief Financial Officer，CFO，又称"财务总监"）孟晚舟艰难归国。2021年9月25日22时，经过中国政府的不懈努力，孟晚舟乘坐的中国政府包机——中国国际航空临时执行CA552航班，徐徐降落在深圳宝安国际机场。这意味着华为在"孟晚舟被引渡案件"上取得阶段性胜利。

孟晚舟的成功返航让亿万中国人备受鼓舞，也引发了国际社会的高度关注。与孟晚舟有类似经历的阿尔斯通集团前高管弗雷德里克·皮耶鲁齐更是感受颇深。2013年，弗雷德里克·皮耶鲁齐在美国机场被美国联邦调查局逮捕，并被起诉入狱。之后，美国司法部指控皮耶鲁齐涉嫌商业贿赂，并对阿尔斯通集团处以7.72亿美元的罚款，阿尔斯通集团的电力业务最终被行业内的主要竞争对手美国通用电气公司收购。

相比深受牢狱之灾的弗雷德里克·皮耶鲁齐和被肢解的阿尔斯通集团，华为可谓开启了一个先例。弗雷德里克·皮耶鲁齐直言："在孟晚舟事件中，中国明显取得了阶段性胜利，但这仍不是事件的最终结果。华为仍在接受美国商务部的调查，华为相关的案件还没有最终解决。孟晚舟事件的另一大区别是，就她的情况而言，她是无罪的，这一点很重要。鉴于孟晚舟无罪，中国和华为还有谈判的空间。当然，孟晚舟的情况相当独特，她签署了一个延期的起诉协议，但她没有罪名，她只是承认了一些事实。孟晚舟的无罪释放是一个胜利，也是（面对美国长臂管辖的）巨大进步，因为对于美国来说，同意以这种方式解决孟晚舟事件是相当不寻常的。"

第三，华为的供应链正在完善。当华为被美国列入"实体清单"后，也在继续进行战略性自救：一是坚持供应链合规，重构"去美国化"供应链。按照目前美国对华政策的态势，美国对华为的打压或将加剧，长远来看，华为建立一条"去美国化"的芯片供应链是势在必行的，否则脖子永远捏在别人手里。二是"在供应链方面，我们坚定不移地拥抱全球化。如果美国公司愿意卖给我们零部件，我们会尽量想办法在系统中使用。"任正非在接受采访时高调地强调要拥抱全球化，其原因在于："美国商务部的禁令并非是'铁板一块'，彻底切断了华为采购芯片的途径，操作上仍留有弹性。"

第四，持续战略投入，构建未来能力。华为2020年年报披露的数据显示，截至2020年年底，华为在全球共持有有效授权专利4万余族（超过10万件），且90%以上专利为发明专利。这与华为持续投入巨额的研发资金有关。截至2020年年底，华为有10.5万名从事研究与开发的人员，约占公司总人数的53.4%。

2019年，研发费用支出为人民币1317亿元人民币，约占全年收入的15.3%。截至2019年，近10年累计投入的研发费用超过6000亿元人民币（约900亿美元）。正因为华为大笔的研发投入，华为获得"2020年欧盟工业研发投资排名"第三名的好成绩。任正非说道："科技发展正处在一个饱和曲线的平顶端，付出巨大的努力，并不能有对等的收益，反而给追赶者减少了追赶的困难。例如，我们每年投入研发经费200亿美元，但收益只有研发投入的40%，而60%的蜡烛在黑暗的探索之路燃尽了。我们仍无怨无悔的努力攀登，也像美、日、俄等国的领先公司一样，像蜡烛燃烧自己，也照亮别人。"

持续战略投入具体表现在两方面：一是华为"聚焦核心、放开周边，坚定战略投入，保持长期竞争力；加大'鸿蒙+欧拉'投入，打造数字世界基础软件的根，为世界提供第二种选择；加大数字能源根技术投入，发展清洁能源与推动传统能源数字化双轮驱动……仅靠节衣缩食实现不了高质量生存，坚持战略投入，强大自身才有未来。"[1]二是开放吸纳全球优秀人才，充分激发内部人才潜力。在人才吸纳方面，郭平介绍："开展顶尖竞赛，广纳天下英才，补齐和提升软件、算法、算力等关键领域人才；我们鼓励有志者投身科学、探索不确定性问题，也激励优秀人才

---

[1] 郭平：《前行不辍，未来可期——2022年新年致辞》，载《华为人》，2022年第1期，第2—3页。

上一线、解决具体技术和商业问题,在激励政策上以责任结果为导向,但不以成败论英雄;营造开放的思想氛围,促进多基因文化发展,既要用好行业老专家,也要培养优秀年轻人,管理者和专家要主动和新员工多喝咖啡,帮助他们开阔眼界;我们要优化专家委员会运作,让专家在一线作战中拥有决策权,在作战中产生价值。也要保持专业人员队伍的相对稳定,让积极肯干的老员工持续发光发热。我们通过为客户创造价值获取合理回报,给一流的人才以一流待遇,持续创新突破,为社会多作贡献。"

2021年9月28日,华为心声社区发表的任正非《敞开胸怀,解放思想,敢于吸引全世界最优秀人才》一次内部讲话中称:"这几年我们的招聘一直在进步,在国内坚持舀到最上层的那瓢油这个没有变;近两年加大了海外留学生的招聘力度,现在要关注'高鼻子'人才的获取","我们还要专门去找'高鼻子',尤其是在美国欧洲留学或工作过的各国优秀人才,吸引来中国工作。"

任正非的讲话并非空谈大论,而是付诸行动。2021年9月28日,英国广播公司(British Broadcasting Corporation,BBC)新闻前高管加文·艾伦(Gavin Allen)在领英上高调宣布自己已经入职华为,并在领英上发布了在华为公司门口的自拍照。

领英简历信息显示,加文·艾伦2004年起加入BBC到2021年9月离职,加文·艾伦在BBC工作时长达17年。在BBC工作期间,担任过多档BBC新闻节目的负责人,硕士毕业于剑桥大学历史系的艾伦于 2020 年完成了哈佛大学肯尼迪学院的学习项目。

值得一提的是，在加文·艾伦就职华为时，媒体还披露了另外一个海外人才也加入华为的信息。2021 年 9 月 1 日，法国高等科学研究所（Institut des Hautes Études Scientifiques，IHES）在官网上宣布，法国数学家、菲尔兹奖得主洛朗·拉福格（Laurent Lafforgue）正式加入华为技术法国公司。

第五，为客户创造价值，多产粮食。这主要体现在三个方面。一是解决客户需求，为客户创造价值。据郭平介绍："华为与全球运营商、政企客户、伙伴共同构建绿色、极简、智能的 ICT 基础设施，助力全行业数字化转型；聚焦关键行业，将 ICT 技术与行业场景深度融合，携手伙伴满足客户差异化需求，共创行业价值；智能终端坚持高品质、做强长板，向场景化、生态化发展，为消费者提供极优体验；数字能源产业，融合数字技术和电力电子技术，发展清源与能源数字化，共建绿色美好未来；华为云携手合作伙伴和开发者，为客户提供稳定可靠、安全可信、持续创新的云服务；智能汽车解决方案业务聚焦 ICT 技术，做好增量部件供应商，帮助车企造好车、卖好车。通过持续为客户创造价值，我们有信心多产粮食、度过困难时期，就像海涅的诗句一样：冬天夺走的，春天都会还回来。"[1]

---

[1] 郭平：《前行不辍，未来可期——2022 年新年致辞》，载《华为人》，2022 年第 1 期，第 2—3 页。

二是坚持合作共赢,构建开放生态,与伙伴一起成长。据郭平介绍:"围绕欧拉打造数字基础设施的软件生态,基于鸿蒙打造面向跨多终端环境下的生态系统,坚持开源、开放,让所有软件开发人员都来使用、贡献和受益,共同构建万物互联的智能世界;建设线上的开发者社区、线下的创新中心,打造满足客户需求的场景化解决方案,支持开发者持续为消费者提供创新体验;继续推动并维护全球统一技术标准;以长远眼光激励和支持渠道伙伴;积极支持并培养全球优质供应商,同舟共济,携手前行。只有我们的客户、伙伴获得了成功,才会有华为的成功。"[1]

三是一手拿枪,一手拿镐;艰苦奋斗,自力更生,发扬南泥湾精神。针对美国一轮又一轮的疯狂制裁,华为已经做好永远被制裁的准备。当被媒体问及华为是否被移出"实体清单"时,2021年4月12日,华为轮值董事长徐直军在华为全球分析师大会上回应道:"华为对从'实体清单'中摘出来不抱任何幻想,将长期在'实体清单'之下工作和生活,现在所有战略目的都是为了确保华为在长期'实体清单'之下生存发展。"

从徐直军的表态来看,华为已经做好了最坏的打算,同时也在积极地解决生存和战略补洞的问题。早在2020年8月4日,为了更好地应对美国针对华为特定的技术封锁,华为如期地启动了

---

[1] 郭平:《前行不辍,未来可期——2022年新年致辞》,载《华为人》,2022年第1期,第2—3页。

"备胎"计划,意在规避应用美国技术制造终端产品。

华为将其命名为"南泥湾"项目,其战略用意非常明显,就是"在困境期间,希望实现自给自足"。据了解,"完全不受美国影响的产品,就被纳入'南泥湾'项目。"产品包括华为笔记本电脑、智慧屏、IoT家居智能等产品。

关于"南泥湾"项目,2021年2月9日,任正非在太原智能矿山创新实验室揭牌仪式后接受媒体采访说道:"我对华为公司生存的信心更大了,而不是更小,因为我们有了更多克服困难的手段。2020年,我们的销售收入和利润都实现了正增长。欢迎你有机会去参观一下宁波港,看看深圳的机场,以及迪拜机场、德国汽车工厂等,都因为我们提供了5G服务而取得了巨大进步。现在我们还是在继续获得大量客户的信任。我们开展了'南泥湾'计划,这个名词实际上就是指生产自救。"

2021年11月3日,作为华为"罗马广场"的心声社区上传了一段名为"没有退路就是胜利之路——军团组建成立大会"的宣传视频。视频内容显示,2021年10月29日,华为在松山湖园区举行军团组建成立大会,华为创始人兼首席执行官任正非、董事长梁华、副董事长兼轮值董事长郭平、副董事长兼轮值董事长徐直军、副董事长兼轮值董事长胡厚崑、华为常务董事兼消费者业务首席执行官兼华为智能汽车解决方案BU首席执行官余承东、常务董事兼运营商BG总裁丁耘等高层管理人员出席。

任正非和华为高层管理人员为即将出征的300余名来自煤矿

军团、智慧公路军团、海关和港口军团、智能光伏军团和数据中心能源军团的将士壮行。任正非满含热泪地说道:"我认为,和平是打出来的。我们要用艰苦奋斗,英勇牺牲,打出一个未来30年的和平环境,让任何人都不敢再欺负我们。我们在为自己,也在为国家。为国舍命,日月同光;凤凰涅槃,人天共仰。历史会记住你们的,等我们同饮庆功酒那一天,于无声处听惊雷。"[1]

任正非所言非虚,要想在竞争中取得优势,就必须拥有完备的战略储备,否则,"和平环境"是妥协不出来的,尤其是在当前华为发展的关键时期,作为担负冲锋突围重任的煤矿军团、智慧公路军团、海关和港口军团、智能光伏军团和数据中心能源军团,其使命不言而喻:一是给华为的生存和发展提供源源不断的现金流;二是给华为在5G技术的场景应用落地,探索新的盈利赛道;三是削弱对消费者业务,尤其是对手机业务营业收入的依赖;四是战略转型和调整,进行有效整合,集中有效资源,对新的战略高地再次发起冲击,以"范弗里特消耗"[2]对目标进行"饱和式攻击",真正地为未来30年打造一个和平的环境,为自己,也为国家,突破他国对中国企业的技术封锁。

正如任正非所言:"只要我们不断地发现问题,不断地探索,

---

[1]《华为军团组建成立大会,任正非:和平是打出来的》,https://m.guancha.cn/ChanJing/2021-11-04_013503.shtml。

[2] 所谓"范弗里特消耗",是指不计成本地投入庞大的弹药量进行密集轰炸和炮击,对敌实施压制和毁灭性的打击,意在迅速高效歼灭敌有生力量,使其难以组织有效的防御,最大限度地减少我方人员的伤亡。

不断地自我批判,不断地建设与改进,总会有出路的。正如松下电工昭示的救冰海沉船的唯有本企业员工一样,能救华为的也只有华为自己的员工。从来就没有什么救世主,也没有神仙皇帝,要创造美好的明天,全靠我们自己。'冬天'总会过去,'春天'一定来到。我们趁着'冬天',养精蓄锐,加强内部的改造,我们和日本企业一道,度过这严冬。我们定会迎来残雪消融,溪流淙淙,华为的'春天'也一定会来临。"[1]

---

[1] 任正非:《北国之春总会来临》,载《中国企业家》,2002年第6期,第19—22页。

01 梦想：
华为成为世界一流的设备供应商

　　华为的追求是在电子信息领域实现顾客的梦想，并依靠点点滴滴、锲而不舍的艰苦追求，使我们成为世界级领先企业。为了使华为成为世界一流的设备供应商，我们将永不进入信息服务业。通过无依赖的市场压力传递，使内部机制永远处于激活状态。[1]

——《华为公司基本法》第一条

---

[1]《华为公司基本法》，载《华为人》，1998年4月6日。全文见附录Ⅱ。

第1章

"兴办民间科技企业,能在一生中搞出一两个市场需要的拳头产品,这一生也就算没白过!"

创始人能够造就伟大的企业,通常都有一个宏伟的愿景。如果没有这样的愿景,创始人很难把企业做成伟大的企业。

当客户问曾任华为人力资源副总裁的吴建国华为为什么能取得成功时,吴建国直言华为的成功基于两点:"一是拥有一个伟大的梦想;二是无论遇到多么大的困难都不放弃。"

吴建国得出这个结论源于他自己的经历和观察。1996年,吴建国入职华为,直到2002年才离开。期间历任人力资源部副总裁、产品策略总监、公司总裁助理等职务,主持参与华为薪酬改革项目、绩效管理项目、任职资格管理项目、私募与上市筹备项目等,甚至还是构建华为人才管理体系的核心成员。

这样的观点与曾先后就职于麦肯锡公司和惠普公司的吉姆·柯林斯(Jim Collins)和斯坦福大学商学院杰里·波拉斯(Jerry

I. Porras）不谋而合。1994年，吉姆·柯林斯和杰里·波拉斯提出了"愿景型企业"（Visionary Company），认为一个好的公司愿景应包括两个部分，即核心信仰（core ideology）与未来前景（envisionde future）。前者包括核心价值（core value）和核心使命（core purpose），用以规定企业的基本价值观念和存在的原因，是企业长久不变的东西；后者包括要10—30年努力来实现的宏大远景目标（big, hairy, audacious goals）和对它的鲜活描述（vivid descriptions），它们是企业期望得到并需要重大改变和进步才能获取的东西，其作用是激发变革与进步。作为愿景重要支柱的核心信仰，需要拥有其组织的耐久性能力，犹如组织黏结起来穿越时间的黏合剂。核心价值是一个组织的最基本和持久的信念，它具有内在性，被组织内的成员所看重，独立于环境、竞争要求或管理时尚，一般有3—5条。核心使命规定了组织存在的理由，它是组织努力的指明星，可以通过连续追问来理清。核心信仰必须被组织成员共享，它的设定是一个组织自我发现的过程，是员工自我看重的价值而非别人强加。[1]

与此同时，未来愿景的作用是激发变革与进步。真正的宏大远景目标应明确和有力，成为人们努力的焦点，并且是团队精神的催化剂。它应有明确的期限，并且容易理解。对组织整体来

---

[1] 武亚军：《90年代企业战略管理理论的发展与研究趋势》，载《南开管理评论》，1999年第2期，第3—9页。

讲,这个目标应该需要 10—30 年的努力来完成。合适的宏大远景目标的设定要超出组织的现有能力和目前环境,并且是需要管理者和员工共同参与的一个创造性的过程。它主要有目标式、共同敌人式、榜样式、内部转型式四大类,分别适合于不同环境和情况下的企业。此外,需要用生动、鲜活的语言把宏大远景目标实现后的情景如图画般地描述出来。对它的鲜活描述要展示出激情与坚定,以激发人们的热情和动力。[1]

当我们回望华为 30 多年的发展历程时发现,任正非的梦想伴随着华为的成长,即使在华为刚刚成立不久的 1988 年,任正非的"实业救国"的战略愿景就已经被媒体记录了下来。

1988 年 5 月,《深圳特区报》在一篇标题为《充满活力的一株幼苗:对深圳民间科技企业的考察》的新闻中就报道了华为公司。"公司经理任正非对我们说,我们这些辞职或停薪留职的科技人员,离开国营单位,自己出来找饭吃,大家都有背水一战的危机,人人奋力拼搏,没有内耗,没有扯皮现象。在一个国营企业里,厂长、经理往往要用 60% 的时间去处理人际关系,想干成一件事是很难的。兴办民间科技企业,能在一生中搞出一两个市场需要的拳头产品,这一生也就算没白过!"[2]

---

[1] 武亚军:《90 年代企业战略管理理论的发展与研究趋势》,载《南开管理评论》,1999 年第 2 期,第 3—9 页。
[2] 张德纯、曾纪允、董永强:《充满活力的一株幼苗:对深圳民间科技企业的考察》,载《深圳特区报》,1988 年 5 月 31 日。

一、"处在民族通信工业生死存亡的关头,我们要竭尽努力,在公平竞争中生存发展,决不退步、低头。"

1988年5月,任正非在接受《深圳特区报》记者采访时,华为才创建8个月。爱企查的数据显示,1987年9月15日,任正非拿到工商部门颁发的华为营业执照(见图1-1)。

法定代表人	赵明路 TA有6家企业>	经营状态	开业
注册资本	4,034,113.182万(元)	实缴资本	4,034,113.182万(元)
曾用名	深圳市华为技术有限公司	所属行业	计算机、通信和其他电子设备制造业
统一社会信用代码	914403001922038216	纳税人识别号	-
工商注册号	440301103097413	组织机构代码	19220382-1
登记机关	深圳市市场监督管理局	成立日期	1987-09-15
企业类型	有限责任公司(自然人投资或控股的法人独资)	营业期限	1987-09-15 至 2040-04-09
行政区划	广东省深圳市	核准日期	2021-07-20

图1-1 华为创建日期

20世纪80年代的深圳虽然已经是改革开放前沿的经济特区,但是仍旧有很多禁区,即使创办民间科技企业也有诸多限制。这些限制具体体现在以下几点:

第一,注册资本必须10 000元。《深圳市人民政府颁发〈深圳市人民政府关于鼓励科技人员兴办民间科技企业的暂行规定〉的通知》的信息显示:"第十六条 民间科技企业建立有限公司,股东须在两名以上，注册资本须在壹万元人民币以上，各股东以其出资的注册资金额对公司承担责任，公司对外以全部资产承担有限经济责任。"[1]

第二，必须审批。《深圳市人民政府颁发〈深圳市人民政府关于鼓励科技人员兴办民间科技企业的暂行规定〉的通知》显示："第九条　在深圳经济特区兴办民间科技企业，由科技人员提出申请，并经深圳市政府有关主管部门批准。第十条　申请筹建民间科技企业时须提交下列文件：（1）申请筹建书；（2）可行性研究报告；（3）企业发起人起草的企业章程；（4）资金来源证明；（5）企业发起人名单、身份证明及简历、专长证明和固定住所；（6）其他规定文件。"[2]

为了达到这个标准，被深圳南海石油集团公司所属的电子分公司辞退的任正非只能和5名技术人员一起筹集资金并准备相关资料。幸运的是，任正非创办华为技术有限责任公司的申请得到了"深府办"的批复（见图1-2）。

---

[1]《深圳市人民政府颁发〈深圳市人民政府关于鼓励科技人员兴办民间科技企业的暂行规定〉的通知》http://m.110.com/fagui/285312.html。
[2] 同[1]。

资料来源：中央电视台财经频道纪录片《深圳故事》第六集《创造"创新之城"》。

图1-2 《关于成立"深圳华为技术有限公司"的批复》

深府办（1987）608号《关于成立"深圳华为技术有限公司"的批复》文件明确了华为经营的合法地位，同时也表明华为这艘大船驶向全球化的起点。该批复的部分内容摘录如下。

深圳市深圳华为技术有限公司筹备组：

关于成立"深圳华为技术有限公司"的请示收悉，经研究，批复如下。

一、同意成立"深圳华为技术有限公司"。并原则同意公司章程。

二、该公司属民间科技企业。为责任有限公司。注册资本贰万元人民币。经营期限伍年。自本文下达之日其生效。

……

在当时，任正非提出了"搞一两个市场需要的拳头产品"的愿景，源于两个方面：一是20世纪80年代的中国，改革开放才刚刚起步，国门正在渐渐打开，一批创业者"春江水暖"地洞察到商业的初春即将到来，由此掀起一阵阵的创业热潮。二是跨国公司纷纷登陆中国市场，凭借雄厚的资金和先进的技术，迅速拓展中国本土市场。

在瑞士达沃斯世界经济论坛[1]上，任正非介绍了当时的创业背景。任正非与主持人、英国广播公司（British Broadcasting Corporation，BBC）首席财经记者岳·琳达（Linda Yueh）的详细对话如下（有修改）：

主持人：任董，处于私人公司在中国非常难干的时代，您能不能给我们描述一下存在什么样的困难是私人公司以前需要面

---

[1] 世界经济论坛（World Economic Forum，WEF），由于在瑞士达沃斯首次举办，又被称为"达沃斯论坛"。

对，现在也需要面对的，有什么东西你希望可以改变一下？

任正非：我们创办这个公司的时候是 1987 年，中国的思想还没有走向允许这个产业成长的阶段，中国面临的是大规模的知识青年回城就业问题。没有工作，无法安排，政府就号召他们创业，卖馒头，卖大碗茶。政府无心插柳柳成荫，中国的民营企业、私人企业就是从这些馒头店、大碗茶开始起步的。当时下发了一个推广民营高科技的文件，要求 5 个董事，2 万元钱，这个也是极难的，就凑啊凑啊的凑了出来。我们那个时候感觉不到国营和国企有什么区别？我们两边都靠不着岸，感觉不到他们的竞争压力。

但是随着这个世界的高速发展，外资进入了中国。大规模外资进入了中国以后，中国才发现本国的工业体制已经落后于当时世界上的先进体制。所以，有一次见几个领导人，他们认为电子工程是绝不可能成功的，所以就放弃了电子工程。放弃了，我们就没有了竞争对手；他们不做，就剩下我们来做。我们做得不好，我们要向做得好的外国老大哥学习。我们做成交换机的时候，所有人都没有见过交换机，我飞到吉林，让大家看一眼 5 号机是什么样子。终于，大家同意了。

那次我带他们去的时候，晚上不小心就让小偷偷了，带了一些礼品放在房间，晚上睡得太死了，到了机场发现钱也没有了，证件也没有了，什么都没有了。所以我们在那个状况下，还是非常尊重西方公司的,希望能学习他们的一些东西。[1]

正是在这样的背景下,任正非在内部讲话中发出震耳欲聋的呐喊声:"处在民族通信工业生死存亡的关头,我们要竭尽全力,在公平竞争中生存发展,决不退步、低头。"

经过30多年的发展,如今的华为已经拥有多个拳头产品,实现了任正非当年定下的目标,即使在2021年受到美国政府打压,华为在前三个季度仍然引领着全球电信设备市场。

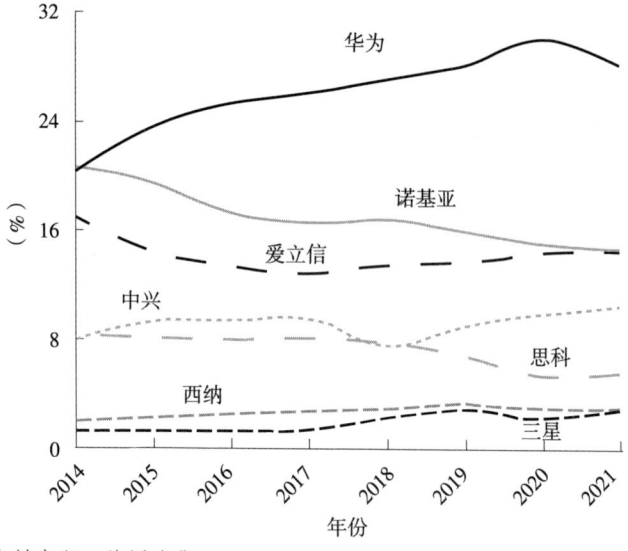

资料来源:德罗洛集团。

图1-3　2014—2021年第三季度全球七家通信设备供应商市场份额

---

[1] 《任正非达沃斯讲话实录:做华为是个意外》,https://m.yicai.com/news/4547094.html。

2021年12月，德罗洛集团（Dell'Oro Group）发布的《2021年第三季度全球整体电信设备市场报告》数据显示，华为、诺基亚、爱立信、中兴、思科、三星、西纳7家供应商共同占据全球约80%的市场份额，其中，华为占29%左右，诺基亚和爱立信各占15%左右，中兴通讯（11%）、思科（6%）、三星（3%）和西纳（3%）占据了另外20%左右的市场份额（见图1-3）。

德罗洛集团公开的这组数据说明，华为已经傲视全球，成为一家巨型的跨国公司之一，当初立志于"能在一生中搞出一两个市场需要的拳头产品"的任正非完成了自己的战略构想。正因为如此，一批像华为这样的企业支撑了深圳经济的高速增长，他们自身也取得了举世瞩目的成就。

2020年8月26日，作为中国改革开放后首批设立的经济特区，深圳迎来了自己40周年的生日。1980年8月26日，第五届全国人民代表大会常务委员会第十五次会议通过了由国务院提出的《广东省经济特区条例》，批准在深圳设置经济特区。[1] 美国《纽约时报》（The New York Times）报道称，"中国大变革的指针正轰然鸣响"。

作为中国改革开放重要窗口的深圳，其大幅度的变革掀开了改革开放的盖头。经过40多年的发展，深圳不再是当年那个只

---

[1] 刘琳：《从深圳经济特区看我国改革开放的历史功绩》，载《唯实》，1996年第12期，第4—7页。

有区区 3 万人的无名海边小城，而是如今人均 GDP 位居全国前列的现代化大都市，创造了世界工业化、城市化和科技现代化的奇迹。即使受到 2020 年新冠肺炎疫情的影响，深圳奇迹也依旧亮眼，2020 年上半年，深圳的企业注册量居一线城市榜首。

企查查的公开数据显示，2020 年 1 月至 6 月，深圳新注册企业（含个体工商户）高达 23.5 万家，同比 2019 年上半年增长 1.41%，超过北京、上海、广州同期新注册企业的数量（见图 1-4）。

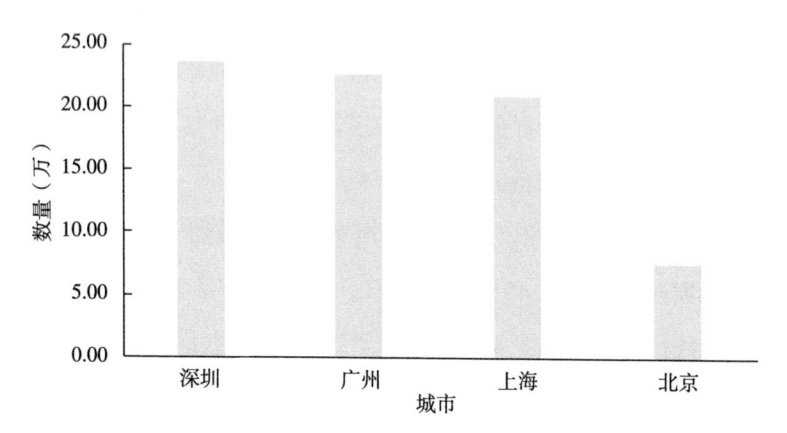

资料来源：企查查。
注：新注册企业数量包含个体工商户注册量。

图 1-4 2020 年上半年深圳、广州、上海、北京新注册企业数量

深圳 2020 年上半年经济能够实现正增长，很大程度上归功于深圳推出的"惠企 16 条"等多项措施，及时缓解了企业应对疫情带来的压力。而更深层的原因在于深圳多年的科技产业积淀，让基于互联网与新兴技术的一大批科技企业练就了非同一般

的抗风险能力。[1]科技企业是指依托一定数量的科技人员从事科学技术研究开发活动,取得自主知识产权并将其转化为高新技术产品或服务,从而实现可持续发展的企业。多分布于信息传输、软件和信息技术服务业(简称"信息传输业")等。企查查的公开数据显示,近10年来(2011年至2020年),深圳市信息传输业共新注册企业19.9万家,平均每年增加1.8万家,占深圳特区成立以来(1981年至2020年)信息传输业企业新注册总量的84.67%,占近40年深圳企业新注册总量的3.68%(见图1-5)。

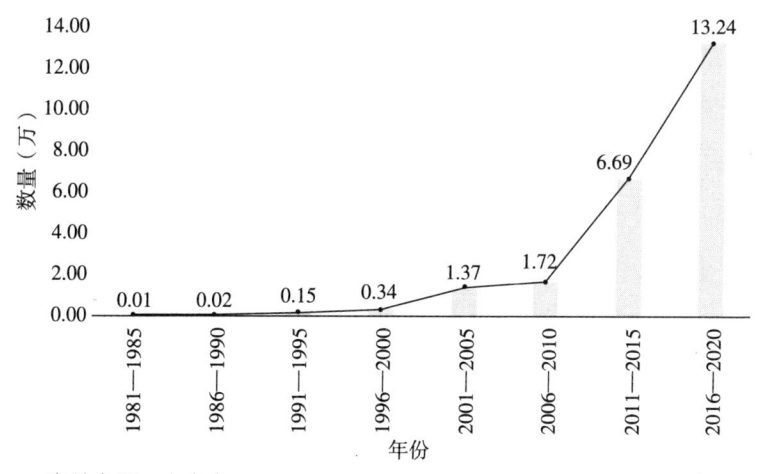

资料来源:企查查。

注:统计时间为1981年—2020年7月。

图 1-5　1981—2020 年深圳信息传输业企业新注册数量

---

[1] 赵泽:《深圳特区40年,企业大数据见证深圳科技创新成就》,载《新京报》,2020年8月26日。

惠及企业的举措并非今日才有，早在1987年，深圳就已经开始了。2015年，任正非出席达沃斯对话现场，回顾创业之路说道："根据深圳（19）87年（18）号文件[1]，可以创立民间科技企业，就走上这条不归路。因为幼稚才走上通信这条路，认为通信市场这么大、这么多，我搞个小产品总有机会吧？但是通信产品稍稍只要有一个指标不合格，就是废品。通信是全程全网的，会导致与世界通信不通，这样严苛的技术标准对小公司极其残酷，一个小公司怎么可能搞高技术标准，我们是付出了生命的代价才生存下来的。当时也不可能再后退了，因为一分钱都没有了。只有向前，因此我们走上了这条不归路。"[2]

2016年5月，在接受《新华每日电讯》记者专访时，任正非坦言，华为的成功源于"深圳1987年18号文件"，源于改革开放政策。究其原因，没有改革开放的大背景，也不可能提供创业平台。任正非说："华为的发展得益于国家政治大环境和深圳经济小环境的改变，如果没有改革开放，就没有我们的发展。深圳1987年18号文件明晰了民营企业产权。没有这个文件，我们不会创建华为。"[3]

---

[1] 是指深圳市人民政府1987年颁发的《深圳市人民政府关于鼓励科技人员兴办民间科技企业的暂行规定》的通知。详情见附录I。

[2]《任正非达沃斯讲话实录：做华为是个意外》，https://m.yicai.com/news/4547094.html。

[3] 赵东辉、李斌、刘诗平等：《"28年只对准一个城墙口冲锋"——与任正非面对面》，载《新华每日电讯》，2016年5月10日，第4版。

经梳理发现，在多个场合，任正非都直言，改革开放，尤其是深圳1987年18号文件，是决定创建华为的关键性因素。当我们回顾改革开放40多年的历史就不难发现，华为不仅是改革开放的见证者，而且是改革开放的重要的参与者、实践者。

1988年5月，《深圳特区报》在一篇标题为《充满活力的一株幼苗：对深圳民间科技企业的考察》的新闻中这样报道了华为："深圳华为技术有限公司，是由8名科技人员组成的。他们看到随着商品经济日趋活跃，通信事业必将有一个很大发展。在企业建立之前，这群科技人员便对特区及沿海开放地区的通信事业发展情况做了调查，了解到近年来一些地方虽引进了大型程控交换机（200门以上），但远远不能满足企业和私人需要。于是，他们选择了开发生产400门程控交换机这一项目，并以过硬的技术和出色的服务，随时改进设计，以满足不同用户的特殊需要，因而在众多强大对手的竞争中赢得了市场，产品还处于试制阶段，客户便纷纷上门订货。"[1]

---

[1] 张德纯、曾纪允、董永强：《充满活力的一株幼苗：对深圳民间科技企业的考察》，载《深圳特区报》，1988年5月31日。

二、"作为民族通信工业的一员,已在拼尽全力向前发展,争取进入国家大公司战略系列。"

通用汽车公司前顾问彼得·德鲁克(Peter F. Drucker)认为,作为企业高决策者,必须要思考三个问题:第一个问题,我们的企业是什么?第二个问题,我们的企业将是什么?第三个问题,我们的企业应该是什么?

其实,这三个问题可以归结为企业的战略愿景(vision),即:要到哪里去;未来是什么样的;目标是什么。

对于初创阶段的华为,与众多创业企业没有什么区别。"一位记者记得当年任正非到银行申请贷款的模样,憨厚得像个农民,穿得像搞建筑的,见了银行的什么人都递名片,非常谦卑。深南电路的一位负责人对任正非第一次到公司请求加工线路板的情形记忆犹新,那个单太小了,是在任正非的恳求下很不情愿地接下的。"[1]但是任正非的战略愿景已经非常明确,即致力于做行业隐形冠军。

在随后的几年中,任正非从代理开始转向研发,由此拉开了华为"搞一两个市场需要的拳头产品"愿景的幕布。1995年,在第四届国际电子通信展华为庆祝酒会上的发言中,任正非说道:

---

[1] 张德纯、曾纪允、董永强:《充满活力的一株幼苗:对深圳民间科技企业的考察》,载《深圳特区报》,1988年5月31日。

"中国通信产业正飞速向前发展,并形成自己的民族通信工业。未来3年将是中国通信工业竞争最为激烈的时期,持续10年的中国通信大发展催生了中国的通信制造业,并迅速成长。全世界厂家都寄希望于这块当前世界最大、发展最快的市场,对此进行拼死争夺,造成了中外产品撞车、市场严重过剩的问题,形成了巨大危机。大家拼命削价,投入恶性竞争,外国厂家有着巨大的经济实力,已占领了大部分中国市场,中国厂家仍然维持现在的分散经营,将会困难重重,是形势迫使必须进行大公司战略。拥有十多亿人口的泱泱大国必须有自己的通信制造产业,对此,华为作为民族通信工业的一员,已在拼尽全力向前发展,争取进入国家大公司战略系列。"[1]

客观地讲,任正非制定这样的中长期的战略规划是合理的,同时也符合企业自身的愿景。这是因为作为一家新兴的高科技企业,1995年的华为经过自身的努力,已经取得了较大的成就,同时还拥有独到的竞争优势。对于华为的竞争优势,任正非介绍道:"第一,现代科学技术的发展越来越复杂,变化越来越快,高科技产业稍有不慎,就会落在后面,出现危机。作为有高素质的人才群,有灵活有效的管理体系,有良好激励机制、制约机制的新兴公司,华为反应比较灵活,跟随新技术发展的方向比较及

---

[1] 任正非:《在第四届国际电子通信展华为庆祝酒会上的发言》,载《华为人报》,1995年11月30日,第2版。

时。第二，华为自创建起就借助了国际公司的管理经验，建立了产权明晰、权责明确、管理科学的企业制度；建立了以市场为导向，新产品开发、生产为主体，以资产为纽带的规范运行新型公司。作为新兴的高科技产业，华为没有什么包袱，机制灵活，有良好的各尽所能、按劳取酬的实践与探索，运行也比较灵活，有利于留住人才，有利于集体奋斗。第三，华为在这6年的发展中，以大市场、大科研、大系统、大结构为目标，建立了一个运作良好的组织体系和服务网络。现有的1750人中，有1400多人受过本科以上教育，其中有800多名博士、硕士。研究开发人员占总人员的40%，市场营销人员占33%、生产人员占15%、管理人员占12%，这是一个良好的倒三角形，明年（1996年）华为总人数将达到2500—2600人。以此，形成了覆盖全中国的营销网络，以及延伸到美国、中国香港的采购网络。从而为1996年销售21—25亿打下了基础。同时，在近几年市场销售的激烈竞争中，靠拼力渗透，我们培养了一批久经考验的人才，形成了一支高素质、高水平的企业管理队伍。第四，华为正进行的体制改革、组织改革、工资改革、企业文化教育、业务流程重整、管理信息系统的引进等，都正在为华为迈向一个大集团公司作好起点准备。因此，华为有能力在党和国家政策的指引下，在20世纪末成为一个具有国际中等水平的大公司。第五，华为正在奋力开拓国际市场，努力扩展生存空间。在国内与众多竞争伙伴实行企业重整、股份制合作，建立由市场与国家控股的大产业集团，进入良性竞争。"[1]

据公开资料显示,1995年的华为,员工人数已经达到1750人,营业收入也达到15亿元。1996年,华为的销售额达到26亿元。1997年,华为的销售额达到41亿元。1998年,华为的销售额达到89亿元,同时还进入1998年"新一届电子百强企业名单"中,排名第18位。1998年4月6日,《华为人》报道了这样的喜讯。

倍受社会关注的依据各企业1997年实现的销售额排序的1998年"新一届电子百强企业名单",经过各主管部门的认真推荐、电子部严格审核后,现已揭晓。深圳市华为技术有限公司以实现年销售总额418 932.0万元,排名第18位。

今年的"百强"企业的规模化有了明显发展,企业的经济实力明显增强,而且一批通信、计算机企业成为发展最具潜力的成长性企业,反映了"百强"企业产品结构对信息经济的迅速响应。[2]

这样的业绩足以说明,任正非已经实现了自己的战略愿景,真正地开始了与世界巨头的竞争。

---

[1] 任正非:《在第四届国际电子通信展华为庆祝酒会上的发言》,载《华为人》,1995年11月30日,第2版。
[2] 薛美娟:《华为名列1998年电子百强第18名》,载《华为人》,1998年4月6日。

第2章

"十年后,华为要和美国电话电报公司、阿尔卡特三足鼎立,华为要占据三分之一的天下!"

华为顾问、华夏基石管理咨询集团董事长彭剑锋直言:"要把企业做大、做好,企业家需要有大智慧。这个大智慧来自中国传统智慧,即天、地、人融为一体的'三才之道'。三才者,天地人。上有天,下有地,人在其中,是以像天地般有容乃大,才可并称三才。企业家既要通天入地,又要把握住'人'这个关键要素。所谓'通天',就是企业家要有情怀,有使命感,有高瞻远瞩的格局。所谓'入地',就是要懂江湖、接地气,在商言商,务实经营。所谓'把握住人',就是要通人性、聚人气、凝人心,洞悉人性,通透人生。只有把这三者融为一体,具备'天地人三位一体'的大智慧,才能实现将企业做大、做强、做久的愿景。基于此,成功企业家的三大特质初具轮廓,即有情怀、懂江湖、通人性。企业家如果没有情怀,企业做不大、走不远;但光有情怀,却不懂江湖规矩,企业很容易丧失生存能力;如果不通人性,难以吸引更多优秀人才,缺乏团队的坚实后盾,企业很难站得高、走得远。"[1]

彭剑锋反问道:"为什么说成功企业家要有情怀、懂江湖、通人性,且缺一不可?什么是企业家情怀?'江湖'指什么?'通人性'应该怎样理解?什么是'有情怀'?第一个层面,企业家有情怀主要体现为对国家、对社会、对企业强烈的使命感和责任感,立意高远,有坚持长期价值主义的信念,拒绝浮躁的心态、狭隘的眼光、短视的投机。第二个层面,有情怀应该建立在德行的基础上。'人而无信,不知其可也。'有情怀的企业家,会秉持一种高于自身经济利益的理想。企业家的为人处世要遵守社会道德规范,有底线、有操守,信守承诺,值得客户信赖,值得员工托付,心地宽广、心怀善意。第三个层面,企业能走多远,很大程度上取决于企业家的格局和胸襟,有情怀也体现了企业家的格局。所谓格局,就是企业家要有国际化视野和系统化思维,有无所畏惧的胆识,有强烈的社会责任感。格局小的人,只有小我而没有大我,只有小爱而没有大爱,只注重眼前利益而缺乏敏锐的眼光,无法洞见行业趋势与战略性的发展机遇。格局大的人,有舍小我谋大我的精神,善于自我反省,实现自我超越。并且,有

---

[1] 彭剑锋:《做一个有情怀的企业家》,载《中外企业文化》,2015年第5期,第12—13页。

格局的企业家拥有宽广的胸襟和利他之心，容得下难容之事，听得进逆耳之言。有情怀的人以使命驱动、自我驱动为基础，追求自我超越，永不满足，有着强烈的忧患意识和危机意识，具有自我批判精神，也因此不会自我膨胀。"[1]

在彭剑锋看来，任正非就是这样的企业家。作为华为人的吴建国也有类似观点："2018年年底，我在深圳参加了一个企业家朋友的聚会。聚会刚一开始，一位老弟就发问：'吴老师，华为为什么会如此成功？'我说：'道理很简单啊，因为华为有个任正非。'"

上述两位都是近距离观察和接触任正非的人，一位是华为的顾问，一位是华为的高管，他们都把焦点聚焦在任正非身上，足以说明任正非在华为做强做大过程中的领导力和能够让追随者一起奋斗的人格魅力。

吉姆·柯林斯和杰里·波拉斯也有类似的观点："拥有一个伟大的构想，或身为高瞻远瞩的魅力型领袖，好比是'报时'；建立一家公司，使公司在任何一位领袖身后很久、经历许多次产品生命周期仍然欣欣向荣，好比是'造钟'。我们研究所得的第一要点，也就是本章的主题，是要说明高瞻远瞩公司的创办人通常都是'造钟'的人，而不是'报时'的人。他们主要致力于建

---

[1] 彭剑锋：《做一个有情怀的企业家》，载《中外企业文化》，2015年第5期，第12—13页。

立一个组织，一个会滴答走动的时钟，而不只是找对时机，用一种高瞻远瞩的产品构想打进市场，或利用一次优秀产品生命周期的成长曲线；他们并非致力于取得高瞻远瞩领袖的人格特质，而是采取建筑大师的方法，致力于构建高瞻远瞩公司的组织特质；他们努力的最大成果不是实质地体现一个伟大的构想，不是表现个人的人格魅力，不是满足个人的自尊或累积个人的财富，他们最大的创造物是公司本身及其代表的一切。"[1]

对于任何一个企业家来说，要想实现其愿景，必须拥有一批追随者。因为拥有一批追随者，才能真正地实现愿景，否则一切都是空中楼阁。吴建国直言："真正把人才管理做到极致的却难得一见。先有人才，再有业绩，说的人很多，任正非却是真正能做到的为数不多的一位企业家。"

1997年，在《华为基本法》的起草过程中，起草小组的一位教授问任正非："人才是不是华为的核心竞争力？"任正非答道："人才不是华为的核心竞争力，对人才进行有效管理的能力，才是企业的核心竞争力。"

对于吴建国来说，理解任正非的愿景就非常重要："我认为，这就是华为最核心的经营理念。中国的很多企业都可以聚集到一批优秀人才，却无法形成强大的价值创造能力，或者只是阶段性

---

[1] 吉姆·柯林斯、杰里·波勒斯著，真如译：《基业长青》，北京：中信出版社，2002年版，第27—28页。

地具备很高的价值创造能力，走着走着就渐渐无力了。华为则不然，从创业到现在的 32 年里，华为团队一直保持着极高的价值创造能力。任正非硬是把一个'倒买倒卖'起家的贸易公司，带成了今天拥有世界级核心能力的公司。"

当然，要想让追随者理解自己的战略意图，任正非的确是一个讲故事的高手。任正非曾经给吴建国讲过一个关于孙亚芳成长的故事。

刚入职华为的孙亚芳，当然期望用业绩来证明自己的能力，于是她主动向任正非请战，希望亲临市场一线。对于孙亚芳的要求，任正非却有自己的安排：第一，先让孙亚芳负责培训华为的营销人员。第二，在孙亚芳把当时所有华为销售队伍都轮训一遍后，才把她派往市场一线。孙亚芳从区域营销经理开始，一路从市场部副总裁、市场部总裁到公司常务副总裁，后来成为了了华为公司董事长。

在当时，孙亚芳拥有向任正非说不的资历，原因有二：一是孙亚芳来自外企；二是孙亚芳是营销高手。她对任正非这样的安排非常不解。

任正非自然知道孙亚芳的想法，解释说道："我们公司的营销人员，都是从青纱帐里出来的，头上扎着白头巾，手里抱着土地雷，腰里别着手榴弹，去端日军的炮楼。这种游击队的打法可以得逞一时，但不能长期持续。让你来负责培训，就是要你帮助华为解决市场营销队伍从游击队走向正规军的问题。"

理解了任正非的战略意图后，孙亚芳心悦诚服地接受了任正非的任务。任正非总结道："如果当时我立即让她去负责一个区域市场，或许能够给公司多带来数千万元的利润，但没有好的队伍，未来的损失将难以估量。"

众所周知，愿景驱动式管理不仅要求建立一个符合要求的愿景，而且要求创造各种有形的机制，以配合核心理念的保持和激发实现未来愿景的各种变革。这些机制包括更强有力的企业文化氛围、适合企业特性的员工遴选与培训、企业内部成长的领导人选择机制，以及永不满足的自我改善（自我超越）等。这些机制相互配合，并且紧密围绕企业愿景，这是愿景型企业持久而有活力的机制保障。[1]

这样的故事在华为举不胜举。在一次给员工鼓劲儿打气时，任正非眉飞色舞地说道："10年之后，世界通信行业三分天下，华为有其一。"当艰难攻克技术难关的华为工程师们听到任正非的战略愿景后，个个笑得前仰后翻，一扫之前乏味的科研攻关，无形中增添了无尽的乐趣。

在纪录片《华为的真实故事》中，华为战略研究院院长徐文伟至今还笑道："当时，任总总是拿着一个大茶缸，在我们实验室给我们做很多讲话，我记得最清楚的是，有一个很好的愿景，

---

[1] 武亚军：《90年代企业战略管理理论的发展与研究趋势》，载《南开管理评论》，1999年第2期，第3—9页。

我要三分天下有其一,当我们公司很小的情况下,我们只是听听而已,我们也不是特别相信。"

对于任正非定下的宏伟战略愿景,《财富》(中文版)执行主编章劢闻分析说道:"折线式前进的命运也许很难被改变,但是我们至少可以时不时回忆一下那个无法被遗忘的、开放活跃、向上生长的年代,同时记录下诞生于那个时代的中国大型民营公司今天的野心、隐忧和挑战。"

一、"十年之后,世界通信行业三分天下,华为有其一。"

20世纪80年代,此刻的中国电信已经走过140多年的历史,但是却因诸多的原因止步不前。电信行业的基础依旧薄弱,技术水平相比欧美发达国家严重落后,几乎完全被国外的资本力量所垄断。

回顾这140多年的通信史,我们可以看到,一大批卓越优秀的中国才俊为了中国通信事业的发展贡献了自己的青春和热血,谱写了一曲激情燃烧的青春之歌。而这段历史的起点就是中国沿海的福建福州,它见证了中国通信业潮起潮落的不屈历史。

1879年,福州南台(今台江)、马尾、长门设立省营官电局,将原仅供军用的电报通信对外公开营业。至此,中国电信业的民用时代正式拉开序幕。

1912年,中华民国成立,一大批留洋归国的人才接触到了西方的先进技术，开始更加大胆和激进地引进"先进的通信技术"。至此，电报、电话等通信设备渐渐地在中国使用开来。在此期间，虽然历经数十年的发展，中国通信事业并没有得到实质进展，其发展依旧艰难，甚至是命运多舛。

1949年10月1日，中华人民共和国成立，中国通信事业的发展才开始迈入一个新的阶段。20世纪70年代末"文革"结束后，中国通信技术行业终于在改革开放中迎来了自己的绽放时刻。

在此阶段，中国通信技术的发展没有明显进步，中国与国外通信技术的差距不断拉大，中国人民的通信需求问题也没有得到解决。

此刻的中国，可谓家徒四壁，百废待兴。尤其是电信行业更是如此，其基础设施非常薄弱，技术水平也严重落后。

随着中国经济开始缓慢复苏，中国人越发迫切的通信需求摆在中国政府面前，落后的中国通信事业由此开始奋起直追。1982年，中国首部万门程控电话交换机在福州启用，这是一部引进自日本的F-150万门程控交换机。由此，20世纪80年代中国各地的程控交换业务、电话普及的幕布徐徐开启。

当时，中国聚焦于补齐固定电话和程控交换技术短板上。其具体的办法就是，中国政府购买数量巨大的国外电话交换机设备。刹那间，中国通信设备市场被海外跨国公司瓜分，由此形成中国通信史上的"七国八制"（"七国八制"，是指日本NEC和富士通、美国朗讯、加拿大北电、瑞典爱立信、德国西门子、比利时贝尔和法国阿尔卡特）。

此刻的华为，注册资本为2万元人民币，在跨国企业面前，华为不过是沧海一粟。没有资金，也没有背景，自然也没有资格代理日本NEC和富士通、美国朗讯、加拿大北电、瑞典爱立信、德国西门子、比利时贝尔和法国阿尔卡特品牌产品。

常言道，船到桥头自然直。任正非领导华为另辟蹊径，代理香港鸿年公司的HAX交换机拓展偏远地区，尤其是农村市场，谋求在夹缝中求得生存的机会。

虽然内地市场潜力巨大，但对于香港鸿年公司来说，同样没有足够的实力来撬开被"七国八制"垄断的政府采购市场，只能通过像华为这样的代理来完成产品的渠道拓展。

从这个角度来看，华为与香港鸿年公司更像是抱团取暖。当时在处于红海市场的交换机市场中，华为的竞争者至少有400家。华为的处境极为艰难，一方面要在巨头的阴影下求活，另一方面还要与诸多竞争者互相争夺残羹冷炙。

此刻，任正非提出了三分天下有其一，其战略雄心源于自己的认知和判断。1994年6月21日，任正非在内部讲话中分析了中国农村通信业的现状："中国是一个农业大国，农村地域和农业人口占总人口的80%左右。这几年，随着国家经济的蓬勃发展，农村经济，特别（是）乡镇企业发展（得）非常迅猛，使得农村通信业的发展潜力很大。但这也不能用资本主义国家的方法来测算。我国农村总体文化不发达，商品经济还未成熟，通信是要发展，但不会这么快、这么急迫。现在的估计过大了一些，造成严重的供过于求。放号率不高，资金回笼困难，这些矛盾又转嫁给生产厂家，导致拖欠货款长期难以回收。一些不切实际的口号，如一步到位等，使得发展的负担加重，各种攀比心态又推动了不平衡的加剧。由于经济发展不平衡，全国农话网的发展差距也相当大，整个网上的通信设备，包括了数字程控交换机、空分模拟（程控、机电）交换机，有全自动交换接续，有各种半自动，甚至人工交换设备、传输从光缆、数字微波、同轴电缆至载波均有。另外还有一些非标设备同时存在于网中，造成了整个网络结构非常复杂，计费方式多种多样。"[1]

在讲话中，任正非总结了农话通信网的五个特点："一是发展不平衡，传输手段复杂多样，交换设备层次多，接口复杂；二是标准、非标准并存，网络复杂，计费方式多样；三是话音通信为主，兼容数据业务；四是维护力量有限，对交换机防护要求高；五是环境差，供电系统要求高。"[2]

随着全程全网的结构改造，任正非判断："本地网是必然（的）发展趋势。特别是母局带远端模块群，远端模块群再带远端用户单元组网方式会得到较大的采用。集中维护、集中计费和

---

[1] 任正非：《对中国农话网与交换机产业的一点看法》，载《华为人》，1994年7月20日。

[2] 同[1]。

集中网管是本地网发展方向。作为本地网的一部分，农话网必须协调发展，目前农话网以话音通信为主，但在网络规划上，特别是发达地区光纤传输网建设上，必须考虑数据通信和新业务发展的需求，提高标准化程度，避免重复投资，这也是通信设备所必须关注的问题。"[1]

基于这个战略背景，任正非采取"农村包围城市"战略。创业初期的华为，凭借代理香港鸿年公司的程控交换机获得了第一桶金后，任正非敏锐地意识到该项技术在当时中国市场的巨大商业价值，特别是该项技术的应用性。在任正非的坚持下，华为的所有资金投入到研制自有技术中。

任正非与其他企业家不同，他的做法显得格格不入，在那些企业家看来，当时的商业机会遍地都是。但正是任正非的远见，才成就了今天的华为。有投入就有回报，尽管华为当时的资金有限，但是任正非毅然决然地搞研发，华为研发小组终于研制出C&C08交换机。

1994年7月15日，华为公司总工郑宝用在"C&C08的技术基础——华为C&C08万门数字程控交换机广州技术汇报会"上介绍到：C&C08程控数字交换机的设计基础是20世纪90年代的最新技术，它们表现在下面四个方面：一是超大规模集成电路，

---

[1] 任正非：《对中国农话网与交换机产业的一点看法》，载《华为人》，1994年7月20日。

0.5—0.6 微米的工艺；二是光电一体化交换网的设计；三是软件工程化的设计；四是开放性的设计。[1]

  C&C08 关键的技术特征如下几个。第一，分布式单级 T 交换网有三个特点：一是分布式，一个模块独立拉出来就是一个系统；二是超大规模网络的单片交换能力是 32K×32K，并可扩容达 192K×192K；三是单级 T 网，如 S1240 是 TS-TS-TS……交换时最多要通过 7 个 T-S，而我们永远只有一级交换网。第二，真正的全分散控制系统：C&C08 是一个全分散控制系统，硬件系统和软件控制都是全分散控制系统，全分散控制系统的核心是并行总线，我们用的是目前世界上最流行的并行总线之一，以英特尔为代表的 MB II 总线，总线的带宽是 4M，通过 MCC 接口协议处理机，组成全分散的总线。群机控制系统，我们设计了内存映象技术，将 200 多个 CPU 结合在一起，多机之间通过处理时间儿乎为'0'，所以处理能力特别强，BHCA 值是目前所有交换机的十几倍以上。第三，开放性的设计，把后台用网络的形式开放给用户，这样业务管理系统、计费系统、财务管理系统，包括智能网的数据库、大型客户机/服务器之类的数据库，都可以和交换机结合在一起。每个模块都可以独立成系统，还可以通过专门设计的透过其他交换机的 LAPD 的集中维护管理系统，使现有的网络

---

  [1]《华为人》编辑部：《C&C08 的技术基础——华为 C&C08 万门数字程控交换机广州技术汇报会纪要》，载《华为人》，1994 年 7 月 20 日。

能够通过其他交换机进行数据传输而实现集中网管。第四，C&C08 的每个模块对环境条件要求很低、功耗要求低，对电源要求也低，配一个 800AH 的蓄电池，停电后几天仍能维护工作，也不再需要油机，一两天内无空调也能正常运行，这样为集中维护提供了现实的可能性。第五，高智能傻瓜机式的终端系统，中文/热键求助、故障信息、话务统计等功能。第六，C&C08 系统设计可以用母局带远端模块同时带远端用户模块的方式，远端用户模块还可以带远端用户单元，结合光传输、电缆传输，甚至数字传输系统的多级模块的组网技术，这是目前世界一流的技术。第七，在用户电路保护方面，能达到 380V 交流市电直接碰线和 4000V 高压雷击的情况下不损坏机器，而且能在雷击过后自动恢复，在原理方面提出了全新的保护方法。C&C08 功耗低，是一般同类交换机的五分之一至二十分之一。第八，智能网、NO.7、ISDN。"[1]

  C&C08 产品研发出来后，一个非常现实的问题就是如何销售。在当时，跨国公司，特别是国际电信巨头都已经垄断中国市场，甚至多年占据各个省市市场的大部分份额，华为要想从这些拥有雄厚财力、先进技术的百年老店那里夺得市场份额，无疑是虎口拔牙。

---

  [1]《华为人》编辑部：《C&C08 的技术基础——华为 C&C08 万门数字程控交换机广州技术汇报会纪要》，载《华为人》，1994 年 7 月 20 日。

一些学者撰文称,与跨国公司,特别是与国际电信巨头直接交火未免是以卵击石。但中国人的韧性往往会在最为严峻时被激发出来,任正非获得市场份额的第一步就是采取低价——C&C08 交换机的价格是国外同类产品价格的三分之一。

当华为 C&C08 交换机拓展部分市场后,由于国内市场迅速进入恶性竞争阶段,一些国际电信巨头依仗自己的雄厚财力,有针对性地大幅降价,妄图将华为等国内新兴电信制造企业扼杀在摇篮里。

面对如此惨烈的竞争,熟读《毛泽东选集》的任正非借鉴了毛泽东的战略思维——"农村包围城市"。

据一名跟随任正非多年的老员工介绍,《毛泽东选集》是任正非最喜欢读的书。一旦有空闲的时间,任正非就琢磨毛泽东的兵法,使华为的战略落地。

在创业之前,任正非在部队服役时就是"学毛标兵"。当我们仔细地研究华为的发展史就不难发现,华为的市场攻略、客户政策、竞争策略,以及内部管理与运作,都深深地打上传统权谋智慧和"毛式"斗争哲学的烙印。

在任正非的很多内部讲话和宣传资料中,字里行间都跳动着战争术语,如"华为的红旗到底能打多久?""上甘岭是不打粮食的,但是上甘岭丢了,打粮食的地方就没有了。"这些话语极富煽动性,以至于有研究者说,进入华为的人都被洗了脑。

在华为的创业初期,任正非运用"农村包围城市"战略的目的有四个：第一，避开当时把持中国市场的阿尔卡特、朗讯、北电等国际电信巨头的竞争锋芒。第二，拓展阿尔卡特-朗讯、北电等国际电信巨头没有能力深入的，甚至是不屑的广大农村市场。第三，对于电信设备制造来说，对售后服务的要求非常高，不仅要花费大量的人力和物力，而且在偏远的地区，还要耗费巨额的成本。在当时，一些国际电信巨头，如阿尔卡特-朗讯、北电等，往往把分支机构最多设立到省会城市和沿海的重点城市。当然，跨国公司这样做有其自身的战略考量，如果涉足偏远地区，那么自然其利润就会被摊薄，因此无暇顾及广大偏远地区和农村市场。第四，以农村市场为"根据地"，然后再步步为营，最后占领城市市场。例如，当华为与上海贝尔竞争时，华为为了避开与上海贝尔的直接竞争，先是通过免费的方式为客户布设接入网，这一方式采用得极为谨慎，甚至大部分地区的网点上海贝尔都难以觉察。华为先期在接入网的耕耘，为交换机的进入打下了基础。随后，上海贝尔立即反击华为，华为拿出自己的核心优势——低价策略和优质服务，终于击败了上海贝尔。

此战之后，经过数年苦心经营的、原本垄断了90%四川通信业市场的上海贝尔元气大伤，华为赢得了70%的市场份额。

随后，华为在全球市场的拓展中，借鉴了"农村包围城市"的战略，率先从发展中国家市场拓展，然后转向发达国家市场。经过多年的奋战，华为凭借自己的硬实力，以一个不容置疑的形象在全球通信设备市场的舞台上翩翩起舞。此刻的华为，已经俨然争取到一个聚光灯下较为显赫的位置，距离核心位置也只是时间问题。2008 年，华为超越北电网络（Nortel Networks）[1]，成功地跨入全球前五大通信设备供应商。高德纳咨询（Gartner）公司[2]的数据显示，截至 2008 年，按照收入份额计算，华为在设备商中排名第四，前三名分别为爱立信、诺基亚西门子和阿尔卡特-朗讯，市场份额分别为 32.7%、19%、12.2% 和 11.2%（见图 2-1）。

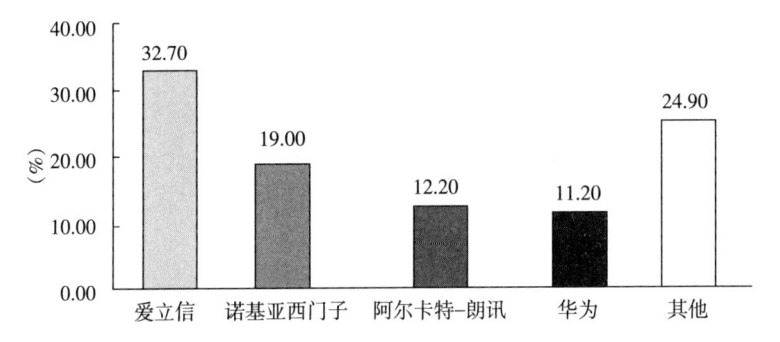

图 2-1　2008 年全球通信设备商前四名市场份额

---

[1]　北电网络是加拿大一家著名的通信设备供应商，由北方电讯（Northern Telecom Limited）及海湾网络（Bay Networks）在 1998 年合并而成的公司，是光网络、GSM/UMTS、CDMA、WiMAX、IMS、企业通信平台等领域的世界领先供应商。2001 年遭受互联网泡沫的冲击，股票暴跌，加上财务丑闻，北电网络元气大伤。2009 年，北电网络同时在美国和加拿大申请破产保护。

[2]　高德纳咨询公司成立于 1979 年，它是第一家信息技术研究和分析的公司，总部设在美国康涅狄克州斯坦福。主营业务：①高德纳研究与咨询服务（Gartner Research & Advisory Services）；②高德纳咨询（Gartner Consulting）；③高德纳评测（Gartner Measurement）；④高德纳社区（Gartner Community）。

2009年4月22日,华为发布2008年年报,年报中的数据显示,2008年,华为全球销售收入达183.3亿美元,同比增长42.7%;净利润达11.5亿美元,同比增长20%,净利润率6.28%。在中国大陆地区市场,2011年中国交换机品牌关注比例分布中,华为16.5%的品牌关注位居第三(见图2-2)。

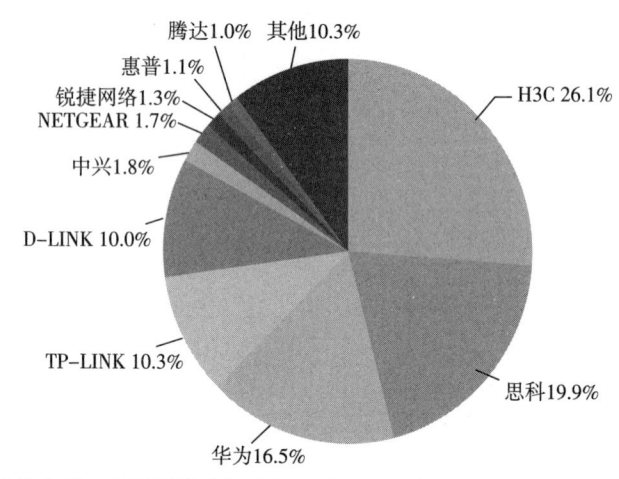

资料来源:互联网消费调研中心(ZDC)。

图2-2 2011年中国交换机品牌关注比例分布

2009年,华为在国际市场的核心区域美欧市场获得了里程碑式的胜利:在北美,签约美国有线电视提供商Cox,为其提供端到端的CDMA移动网络解决方案;在欧洲,赢得了在挪威建设第四代移动网络的合同,交易成本预计达1亿挪威克朗(约合1.75

亿美元），是欧洲市场上规模最大的 LTE 交易。[1] 到 2009 年年底，华为所占份额从 2008 年同期的 11% 上升至 20%，仅次于爱立信 32% 的市场份额。

根据德罗洛集团（Dell'Oro Group）的统计，如果按照收入份额计算，截至 2009 年第三季度，华为同样进步不小，爱立信为 31.6%、华为从 10.9% 增长到了 20.1%、诺西为 19.4%、阿尔卡特-朗讯为 13.1%、中兴也从 4.2% 上升到了 6.8%[2]（见图 2-3）。更为重要的是，2009 年，华为不管是在业务上还是在财务上都稳健成长，已经拉开了与诺基亚西门子、阿尔卡特-朗讯等传统对手的差距，真正实现了"三分天下有其一"。

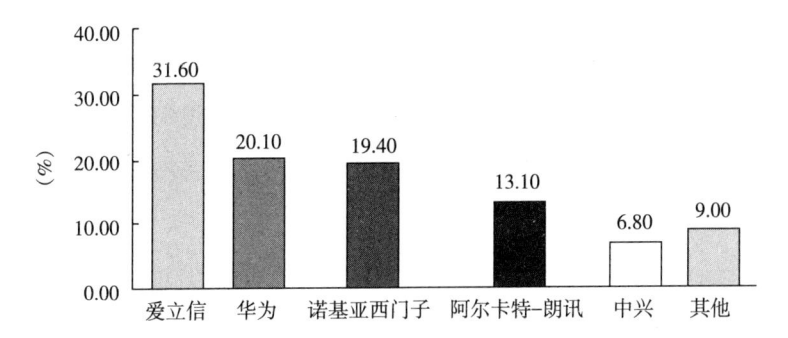

图 2-3 2009 年第三季度全球通信设备商前五名市场份额

---

[1] 汪小星：《华为年入账 1491 亿 摘得电信设备商全球榜眼》，载《南方都市报》，2010 年 3 月 31 日。
[2] 马晓芳：《华为无线基站发货量全球第一》，载《第一财经日报》，2010 年 1 月 8 日。

二、"华为的追求是在电子信息领域实现顾客的梦想,并依靠点点滴滴、锲而不舍的艰苦追求,使我们成为世界级领先企业。"

2009年,华为在无线网络设备业务板块已经有所突破,距离成为世界级领先企业更近一步。来自《第一财经日报》的报道称,华为官方正式公布的数据显示,2009年,华为在无线基础设备领域的全年销售额突破100亿美元,其无线基站发货量已经夺冠,跃居世界第一,华为由此成为全球最大的无线网络设备供应商。

华为引用德罗洛集团(Dell'Oro Group)的数据表示,从2009年第三季度开始,华为无线基站按载频计发货量已经位居全球第一。值得注意的是,该项排名是以无线基站的载频发货量来计算的,并非收入规模,如果要计算收入规模,还需要再乘以平均单价。[1]

一位华为员工在接受《第一财经日报》采访时说道:"我们同事对这个结果都感到非常振奋。"其原因在于无线业务是设备商最重要也是最大的产品类别,更是几大设备商比拼的关键点。按照收入规模计划,无线业务在华为2009年总销售额中的比重

---

[1] 马晓芳:《华为无线基站发货量全球第一》,载《第一财经日报》,2010年1月8日。

达到了三分之一，华为2009年的总销售额略超300亿美元。[1]

此外，华为LTE（准4G）业务板块也较为出色。咨询公司Current Analysis报告数据显示，截至2009年12月，华为已经获得5个LTE商用合同和1个预商用合同，为全球最多。

对此，华为官方在接受媒体采访时评价道："这标志着从LTE技术开始，华为已经成为下一代移动通信技术的领跑者。"《第一财经日报》记者马晓芳撰文称，"LTE的布局将决定设备商在下一轮竞争中的先后次序，显然华为已经做好了十足的准备。华为认为，2009年是LTE产业逐渐发展成熟最为关键的一年。"

在技术为前导的指引下，华为的营业收入在攀新高。截至2010年1月8日，华为与全球运营商合作部署的LTE商用网络和试验网已经超过42个，其中包括华为在瑞典获得的2个北欧电信运营商的订单。

在此前，华为与爱立信之间的具体表现为追赶和冲击，但是华为已经缩小了与爱立信的差距，更多直接竞争由此开始。作为百年老店的爱立信，并不会坐以待毙，不会把市场领导者的地位拱手相让。2009年年底，爱立信前任首席执行官思文凯（Carl-Henric Svanberg）和时任首席执行官卫翰思（Hans Vestberg）在爱立信中国总部共同举行的员工沟通会上，就有关华为是否真的

---

[1] 马晓芳：《华为无线基站发货量全球第一》，载《第一财经日报》，2010年1月8日。

对爱立信造成了威胁的提问，两位首席执行官的观点是，在研发和技术投入方面，爱立信依旧保持优势，再加上市场依然保持一定的成长空间，所以爱立信全球第一的位置不会改变。

爱立信之所以如此自信，一方面源于其技术积累，另一方面就是华为与爱立信的营业收入差距。2009年，华为149亿美元的营业收入距离爱立信的286亿美元（约合人民币2000亿元）的销售收入还有相当差距，但是华为却在努力地缩短与爱立信的营业收入差距。

华为公司2009年年报显示，2009年，华为全球销售收入高达1491亿人民币，同比增长19%；净利润183亿人民币（见表2-1）。[1] 更为重要的是，华为还手握217亿元现金流，在未来"贴身肉搏"中，将拥有更多资本和空间。[2]

表2-1 2005—2009年华为营业收入

	2005年	2006年	2007年	2008年	2009年
收入(百万元)	48 272	66 365	93 792	125 217	149 059
营业利润(百万元)	6752	4846	9115	16 197	21 052
营业利润率(%)	14.0	7.3	9.7	12.9	14.1
净利润(百万元)	5519	3999	7558	7848	18 274

---

[1]《华为技术有限公司2009年年度报告》，https://www.doc88.com/p-3999078423332.html?r=1。

[2] 汪小星：《华为年入账1491亿 摘得电信设备商全球榜眼》，载《南方都市报》，2010年3月31日。

续表

	2005年	2006年	2007年	2008年	2009年
经营活动现金流(百万元)	5715	5801	7628	6455	21 741
现金与现金等价物(百万元)	7126	8241	13 822	21 017	29 232
运营资本(百万元)	10 985	10 670	23 475	29 588	41 835
总资产(百万元)	46 433	58 501	81 059	118 240	139 653
总借款(百万元)	4369	2908	2731	14 009	16 377
所有者权益(百万元)	19 503	20 846	30 032	37 454	43 316
资产负债率(%)	58.0	64.4	63.0	68.3	69.0

对于华为的表现，高德纳的一位电信设备分析师直言："过去一年，华为确实在新兴市场和中国市场拿到了非常多的订单，而国外欧美市场基本少有增长，所以华为拿下载频数发货量第一并不让人感到意外，但如果按照收入份额计算，应该跟爱立信之间还有一定的差距。"[1]

众所周知，作为全球顶尖的移动通信网络供应商之一，爱立信在2G/3G/4G领域都拥有较为领先的技术，其产品服务覆盖超过10亿人口。

1876年4月1日，拉什·马格纳斯·爱立信（Lars Magnus

---

[1] 马晓芳：《华为无线基站发货量全球第一》，载《第一财经日报》，2010年1月8日。

Ericsson）和同事安德森（Anderson）一起注册了"拉·马·爱立信机械修理公司"。该公司的办公地点在瑞典首都斯德哥尔摩皇后街（Stockholm Drottninggatan）15号一间租借的厨房里。就这样，爱立信在简陋的作坊里开启了自己的创业人生。

爱立信跟其他创业者一样，条件十分艰苦，主要设备就是一架制造仪器的脚踏式机床，创业启动资金只有区区1000克朗，而且还是从一位叫作玛丽亚·斯特龙伯格（Maria Stromberg）那里借的。

修理电报机及其他电器仪表是创业初期爱立信主要的经营业务。爱立信潜心专研，设计并生产出一系列经过改进的设备，产品不仅适销对路，而且还赢得了市场的认可。如用于铁路系统的自动电报装置，凭借优良的产品性能在当地市场赢得了广泛的赞誉，并很快用于消防、警察和铁路运输部门等众多公私机构上。

爱立信的创业开局非常顺利，不仅如此，敏锐的爱立信还发现一个巨大的蓝海市场。在当时，美国亚历山大·格雷厄姆·贝尔（Alexander Graham Bell）公司刚刚获得第一批专利，爱立信敏锐地察觉到该专利的巨大商业价值，于是对该新领域倾注了极大热情，正是因为如此，爱立信才纵横电信业上百年。

1877年，美国生产的电话机开始拓展瑞典市场，而且迅速占领了瑞典大部分市场。具有工匠精神的爱立信，在对电话机的维修和认真研究后掌握了电话机的制造技术，不仅如此，爱立信还研发和设计了经济耐用的电话机。

1878年11月，爱立信公司自己生产的电话机一经推出，很快就赢得了大量订单。在19世纪70年代，对于大多数人来说，电话机可是一件奢侈品。尽管如此，敏锐的爱立信以其超人的洞察力察觉到，电信业的商业价值十分巨大。为此，爱立信公司为了赢得电话机市场，将大量的精力和时间投入到电话机和相关设备的研究和改进上。

1880年，美国贝尔公司利用在美国生产的设备在斯德哥尔摩、哥德堡、马尔默等城市建立了瑞典首个电话网络。贝尔公司的这一举措让爱立信公司觉察到其形势的严峻性，一旦没有优质的产品与贝尔竞争，爱立信公司将失去瑞典整个国内市场。

面对这一严峻形势，当爱立信不知该如何突围时，机会便来了。1881年，波罗的海沿岸的一座城市为当地的一个电话系统公开招标，美国贝尔公司的竞标方案——每年为每户安装和运行系统，用户需要支付200克朗，并可以与当地用户签订为期5年的合同。

为了打败贝尔公司，爱立信经过仔细研究后提出一个能够打动用户的方案——让每个用户缴纳275克朗的初装费，此后用户每年只需缴纳56克朗的运行和维护费用。与此同时，贝尔和爱立信生产的设备都同时在Gavle安装并进行试用比较。

当大多数用户试用后认为，虽然贝尔和爱立信两家公司生产的产品运作都很良好，但是爱立信生产的电话"更加简便、耐用、美观"。

在此轮较量中，通过Gavle交换机协会和权威专家的最后鉴定，爱立信最终获得本次竞标。10天后，爱立信的设备竞标方案略作修改后便付诸了实施。

同年在挪威，贝尔与爱立信再次交手，爱立信在与贝尔的竞争中再次获胜。这次胜利不仅是爱立信创业史上取得的第一次重要的辉煌战例，同时也是爱立信发展史上的重要里程碑。此次胜利就意味着爱立信的技术和产品有能力和世界上最大的公司竞争，而且还胜利了。

经过数十年的经营，从早期生产电话机、程控交换机发展到今天全球最大的移动通信设备商，爱立信的业务遍布全球180多个国家和地区，是全球领先的提供端到端全面通信解决方案，以及专业服务的供应商。

2011年前，爱立信预测，到2020年世界上将有500亿的连接，数字生活越来越向其他领域拓展，人类社会将成为一个"网络社会"。基于此，爱立信从依靠卖硬件设备服务的传统企业开始向管理体现型服务企业转型。

作为顶尖电信设备制造商的华为在此时同样在加速拓展自己的边界。2012财年，华为的营业收入为2202亿人民币（约合353.6亿美元），净利润154亿人民币（约合24.69亿美元）。

从营业收入规模和行业排序规则来分析，华为超越爱立信已经毫无悬念，只有一步之遥。当时爱立信的营业收入为2278亿瑞典克朗（约合358亿美元）。

2013年的财报显示，按2013年12月31日的汇率折算，华为、爱立信、阿尔卡特-朗讯、诺基亚、中兴全球五大电信基础设备供应商主营业务收入分别为395亿美元、353亿美元、173亿美元、152亿美元、124亿美元。

至此，华为首次在营业收入规模上超过爱立信，一举成为全球第一大电信设备商。在这里，我们来对比一下，华为、爱立信、阿尔卡特-朗讯、诺基亚、中兴全球五大通信厂商2013年和2014年的营业收入就不难发现，其实力正在发生变化，华为跃升为行业冠军，而爱立信则屈居榜眼（见图2-4）。

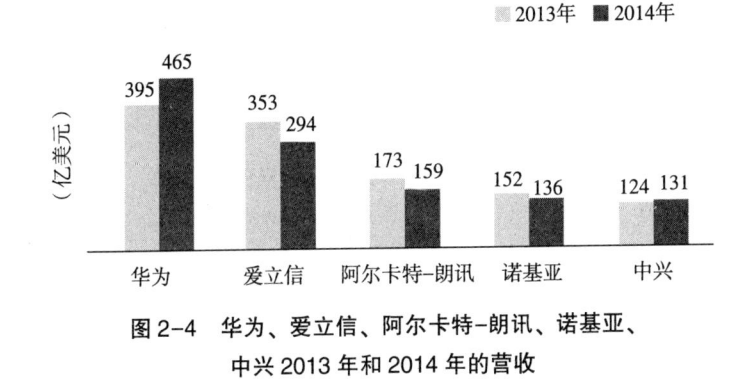

图2-4 华为、爱立信、阿尔卡特-朗讯、诺基亚、中兴2013年和2014年的营收

当华为2013年超越爱立信之后，2014年更是进一步地扩大了其在行业领域的领先优势，而排在第五名的中兴与排名第二、第三、第四的欧洲三强之间的差距也正在逐步缩小。

华为、爱立信、阿尔卡特-朗讯、诺基亚、中兴发布的年报数据显示，2014年度业务总收入增长率华为最高，为20.6%，而爱立信、阿尔卡特-朗讯、诺基亚、中兴分别为0.3%、-4.6%、

0.2%、8.3%（见图2-5）。

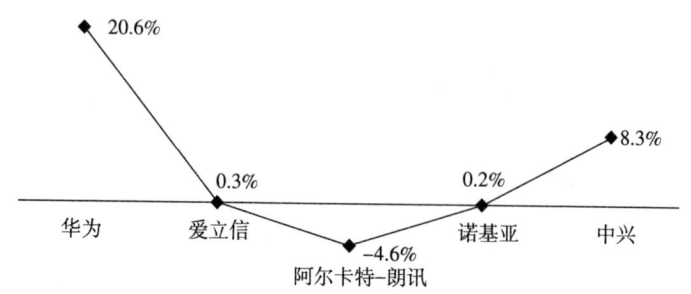

```
华为 20.6%
爱立信 0.3%
阿尔卡特-朗讯 -4.6%
诺基亚 0.2%
中兴 8.3%
```

图2-5 华为、爱立信、阿尔卡特-朗讯、诺基亚、中兴2014年度业务总收入增长率

在华为、爱立信、阿尔卡特-朗讯、诺基亚、中兴的业务架构上，与运营商业务相关的网络设备和服务领域的竞争最为激烈，华为与中兴在手机终端业务上存在直接竞争（见表2-2）。

表2-2 华为、爱立信、阿尔卡特-朗讯、诺基亚、中兴2014年运营商业务收入对比

华为		爱立信		阿尔卡特-朗讯		诺基亚		中兴	
业务	占比	业务	占比	业务	占比	业务	占比	业务	占比
运营商业务	67%	网络/全球服务/支持解决方案	100%	核心网络	99.60%	网络	88%	运营商网络/电信软件系统、服务及其他	72%
消费者业务	26%					地图服务	8%	手机终端	28%
企业业务	7%								
其他	1%	调制解调器		其他	0.40%	技术设备	5%		

华为、爱立信、阿尔卡特-朗讯、中兴发布的数据显示，2014年华为运营商业务收入首次超过爱立信，真正地实现了对爱立信的超越（见图2-6）。

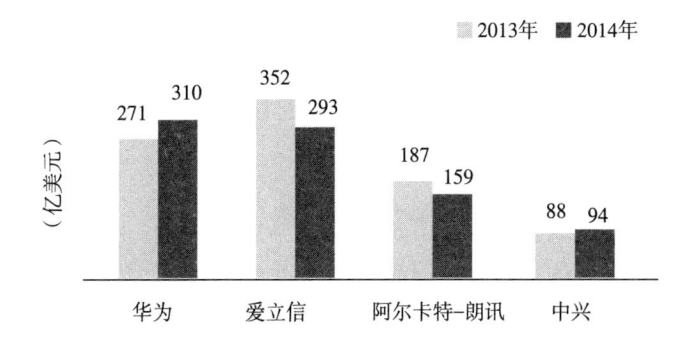

图2-6 华为、爱立信、阿尔卡特-朗讯、中兴运营商业务收入排行

在2013年、2014年的运营商业务收入方面，华为以16.4%的增长率拔得头筹（见图2-7）。

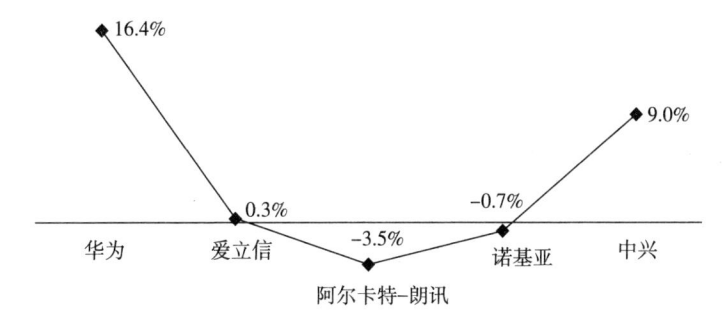

图2-7 华为、爱立信、阿尔卡特-朗讯、诺基亚、中兴运营商业务增长率

众所周知,华为、爱立信、阿尔卡特-朗讯、诺基亚、中兴都把运营商业务视为企业收入的命脉。华为在2014年首次超越爱立信,真正地成为行业领头羊,登顶冠军宝座。

2014年年初,时任华为轮值首席执行官的徐直军在全球分析师大会上表示:"外界评价说华为超越爱立信成为第一,我们内部不认可这句话。苹果和萝卜不能一起比,运营商业务上爱立信仍然是老大。"

2014年,当华为以310亿美元超越爱立信时,华为终于可以理直气壮地成为该行业的领导者了。当然,华为之所以能够保持16.4%的业务年度增长率,是因为很大程度上受益于中国移动的TD-LTE网络建设,其收入同比增长达到22%。

在收入规模上,华为在中国运营商业务收入估算达到117亿美元,超过爱立信、阿尔卡特-朗讯、诺基亚、中兴(中国区)总和——98亿美元(见图2-8)。

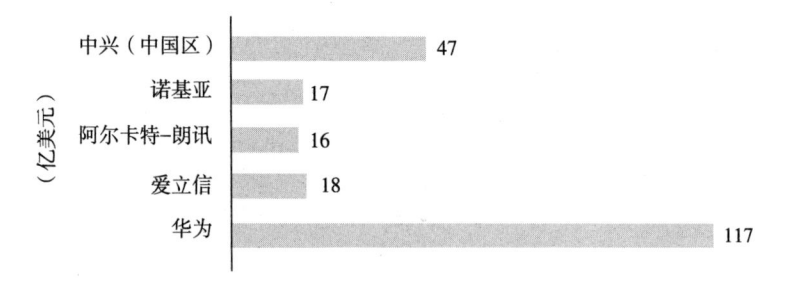

(亿美元)	
中兴(中国区)	47
诺基亚	17
阿尔卡特-朗讯	16
爱立信	18
华为	117

图2-8 华为、爱立信、阿尔卡特-朗讯、诺基亚、中兴(中国区)运营商业务收入

不仅如此，尽管爱立信、诺基亚、阿尔卡特-朗讯当初的优势非常明显，但是其占据优势地位的日韩，以及北美市场的4G网络建设已经不再是高峰期，其增长自然渐趋平稳，这样的条件为华为超越爱立信创造了难得的机遇，也为华为的营业利润增长提供了条件。

2015年4月，华为公布的财报显示，华为营业收入为465亿美元。这样的业绩已经把跨国巨头爱立信抛在后面。

2016年4月，华为公布的财报显示，净收入3950亿元人民币（608亿美元），再次将爱立信甩在后面（见表2-3）。

表2-3　2016年华为与爱立信净收入和净利润对比

公司名称	净收入	净利润	运营商业务收入
华为	净收入3950亿元人民币（608亿美元），同比增长37%	净利润369亿元人民币（57亿美元），同比增长33%	运营商业务收入达2323亿元人民币（358亿美元），同比增长21%
爱立信	2469亿瑞典克朗（约2000亿元人民币），同比增长8%	137亿瑞典克朗，同比增长23.4%	

2017年6月，德罗洛集团（Dell'Oro Group）发布一份报告数据显示，2017第一季度，服务供应商（Service Provider，SP）路

由器和电信级以太网交换机（CES）市场有了些许的变化。作为后来者的华为在核心路由器市场打破20多年来思科独占其市场份额的形势，一跃成为全球核心路由器市场冠军。

一直以来，思科垄断全球80%的路由器、交换机等互联网通信市场。在最辉煌的阶段，思科的市值一度超过5000亿美元。华为凭借自己2017年第一季度的不凡表现，逐渐占据路由器、交换机等互联网通信市场的主导地位。

2020年，Canalys发布的2020年第二季度全球手机市场份额数据显示，华为凭借19.6%的份额超过三星，排名成为世界第一；三星以18.9%的份额排名第二；苹果份额为15.8，排名第三；小米份额为10.1%，排名第四；OPPO以9.1的份额超过vivo，回到第五（见表2-4）。

表2-4 2020年第二季度全球手机市场份额

厂商	2020年第二季度出货量（百万台）	2020年第二季度市场份额（%）	2019年第二季度出货量（百万台）	2019年第二季度市场份额（%）	年度增长率（%）
华为	55.8	19.6	58.7	18.7	−5
三星	53.7	18.9	76.9	23.2	−30
苹果	45.1	15.8	36.0	10.8	+25
小米	28.8	10.1	32.1	9.7	−10
OPPO	25.8	9.1	30.6	9.2	−16

续表

厂商	2020年第二季度出货量（百万台）	2020年第二季度市场份额（%）	2019年第二季度出货量（百万台）	2019年第二季度市场份额（%）	年度增长率（%）
其他厂商	75.5	26.5	97.5	29.4	-23
合计	284.7	100.0	331.8	100.0	-14

纵观全球手机市场份额数据，更值得一提的是，早在2020年4月，华为就已经首次反超三星，成功登顶全球手机市场份额第一的位置。国际权威市场调研机构Counterpoint的数据显示，2020年4月全球智能手机出货量为6937万台，同比减少41%。其中，三星手机的市场占有率约为19.1%，华为则达到了21.4%。

为了战略梦想的实现，华为等待了20多年。1998年，华为创始人任正非在《华为公司基本法》中的第一条就明确写道："华为的追求是在电子信息领域实现顾客的梦想，并依靠点点滴滴、锲而不舍的艰苦追求，使我们成为世界级领先企业。"

02 使命：
持续为客户创造最大价值

为客户服务是华为存在的唯一理由，客户需求是华为发展的原动力。我们坚持以客户为中心，快速响应客户需求，持续为客户创造长期价值进而成就客户。为客户提供有效服务，是我们工作的方向和价值评价的标尺。成就客户就是成就我们自己。[1]

——《华为投资控股有限公司 2009 年年度报告》

---

[1]《华为投资控股有限公司 2009 年年度报告》，https://www.doc88.com/p-3999078423332.html?r=1。

第3章

"我们坚持以客户为中心,快速响应客户需求,持续为客户创造长期价值进而成就客户。"

2021年4月28日,华为发布了2021年第一季度合并财报。财报数据显示,华为实现销售收入1522亿元人民币,同比下降16.5%,华为网络业务持续稳定增长,受2020年11月出售智能终端品牌荣耀等因素影响,消费者业务收入下降。净利润率11.1%,同比增长3.8个百分点,这主要得益于公司改善经营质量,持续提升管理效率,并受益于收到一笔6亿美元的专利许可费。

虽然取得相对预期的业绩,但是华为轮值董事长徐直军直言华为当下的困境:"2021年对华为仍是充满挑战的一年,但也是华为公司未来发展战略逐步清晰的开始。感谢客户与伙伴们对华为长久以来的信任,我们将积极面对考验,保持业务韧性,坚持以客户为中心,在实现有质量的生存的同时,持续为客户创造商业价值。"

在徐直军看来,持续为客户创造商业价值才是华为未来生存与发展的关键。与此同时,"华为依然坚持持续技术创新与高强度研发投入,解决制裁下的供应连续性问题,并持续围绕基础科学和前沿技术进行突破性研究。"

梳理华为的发展历史不难看出,华为始终把持续为客户创造商业价值作为自己的使命,甚至还将其写到华为的财报中。2010年的财报显示,"公司核心价值观是扎根于我们内心深处的核心信念,是华为走到今天的内在动力,更是我们面向未来的共同承诺。它确保我们步调一致地为客户提供有效的服务,实现'丰富人们的沟通和生活'的愿景。"[1]

华为的核心价值观涵盖成就客户、艰苦奋斗、自我批判、开放进取、至诚守信、团队合作等方面(见图3-1)。

图3-1 华为的核心价值观

---

[1]《华为投资控股有限公司2010年年度报告》,http://www.doc88.com/p-5415954545468267.html。

从图 3-1 可以看出，华为的核心价值观中摆在首位的就是成就客户，这足以说明持续为客户创造长期价值进而成就客户的重要性。

第一，成就客户。为客户服务是华为存在的唯一理由，客户需求是华为发展的原动力。华为坚持以客户为中心，快速响应客户需求，持续为客户创造长期价值进而成就客户。为客户提供有效服务，是华为工作的方向和价值评价的标尺。成就客户就是成就华为自己。

第二，艰苦奋斗。华为没有任何稀缺的资源可以依赖，唯有艰苦奋斗才能赢得客户的尊重与信赖。奋斗一方面体现在为客户创造价值的任何微小活动中，另一方面体现在劳动的准备过程中和为充实提高自己而所做的努力中。华为坚持以奋斗者为本，使奋斗者得到合理的回报。

第三，自我批判。自我批判的目的是不断进步、不断改进，而不是自我否定。只有坚持自我批判，才能倾听、扬弃和持续超越，才能更容易尊重他人和与他人合作，实现客户、公司、团队和个人的共同发展。

第四，开放进取。为了更好地满足客户需求，华为积极进取、勇于开拓，坚持开放与创新。任何先进的技术、产品、解决方案和业务管理，只有转化为商业成功才能产生价值。华为坚持以客户需求为导向，并围绕客户需求持续创新。

第五，至诚守信。华为只有内心坦荡诚恳，才能言出必行，信守承诺。诚信是华为最重要的无形资产,华为坚持以诚信赢得客户。

第六,团队合作。胜则举杯相庆,败则拼死相救。团队合作不仅是跨文化的群体协作精神,也是打破部门墙、提升流程效率的有力保障。[1]

一、"机会不是公司给的,而是客户给的。机会在前方,不在后方。华为要有战略部署,如果没有战略部署华为就无法去竞争。"

为客户创造价值,前华为海外市场副总裁范厚华是这样介绍的,如今的华为,已与全球 TOP 50 通信运营商中的 46 家、与跨国或本土主流运营商建立了战略伙伴关系。在抢占价值市场与区域,服务高端客户、价值客户的同时,不断进行技术、产品和解决方案的创新,交付高质量的产品、交付和服务,保护客户投资,持续为客户创造价值,保持客户满意度。1987 年华为创立,多年厚积薄发,持续为客户创造价值,直到 2015 年登顶世界,华为的内在驱动力和成长秘诀就是坚持以客户为中心,为客户创造最大价值。[2]

---

[1]《华为投资控股有限公司 2010 年年度报告》,http://www.doc88.com/p-5415954545468267.html。
[2]《以客户为中心的经营管理——中山大学岭南学院 EMBA 研讨会》,http://www.doc88.com/p-5876412417139.html。

作为华为老兵的范厚华，在华为负责国内外市场和管理工作17年，一一见证华为经历了中国本土农村市场、本土城市市场、海外新兴市场、海外发达市场的艰难发展过程。在每一个市场中，由于客户层次、客户需求、产品结构、市场地位存在天壤之别，其解决的需求也都大相径庭。

虽然如此，但是华为一直以客户需求为导向，根据国内外市场变化、文化差异、客户剧变，保持对客户需求的敏感性，持续满足客户需求。2019年，范厚华在"中山大学岭南学院EMBA研讨会"上讲道，截至2019年年底，华为在170余个国家或地区有18万员工，建立了36个创新中心、16个研究所、45个培训中心，使得华为的研发、产业、资源、资金、人才、运营与管理布局遍布全球，保证无论何时何地华为都能快速响应客户需求。[1]

在华为，帮客户解决实际困难的案例多如牛毛。在创业初期，由于产品质量差，问题频出。基于此，华为人就必须贴近客户，做好售后服务。媒体引用华为老员工的话——"守局"。此处的局指邮电局，如今所指的是的电信运营商。

一旦设备出问题，这就意味着华为那些年轻的研究人员、专家，十几个人经常在一台设备安装后，尽可能守在偏远县、乡的邮电局（所）一个月，甚至两个月。

---

[1]《以客户为中心的经营管理——中山大学岭南学院EMBA研讨会》，http://www.doc88.com/p-5876412417139.html。

由于白天设备在运行，只有晚上到机房检测和维护设备。这就为华为倡导微创新打下坚实的基础。有一个例子就很有意思，当年华为把交换机销售给湖南某地，到了冬天，许多设备就会发生短路。华为技术人员不得不把其中一台出故障的设备搬回深圳，研究到底出了什么问题。最后，技术人员发现，设备外壳上残留有不知道是猫还是老鼠的尿迹。于是，技术人员在该设备上撒一泡尿，电一插发现没问题，随即又陷入苦思冥想中。

第二天，有技术人员突然说不对，昨天那个谁谁撒尿之前喝了水，而且人也年轻，再找一个老一点儿的同事，几个小时别喝水，撒一泡尿再试试。果不其然，在设备上撒完尿，电源一插，"崩"一下断了。最终确定，尿里面所含的成分是断电的原因。[1]

湖南的冬天，老鼠经常出没，留在交换机设备上的污渍肯定是老鼠尿，设备出问题是老鼠撒尿导致断电。当找到原因后，华为的工程师们就针对该具体问题，进行了产品改造，不久就解决了该问题。

2005年，任正非在内部讲话《加强职业化和本地化的建设》中说道："华为将来在市场上的竞争不靠低价取胜，而是靠优质服务取胜，这就需要依靠服务职业化来保证。这些年来，我们能够在竞争中生存，也是因为我们有'服务好'这一条。哈佛大学

---

[1] 田涛、彭剑锋：《华为是创新型企业吗》，载《发现》，2015年第3期，第24—29页。

所写的华为案例中，总结华为公司之所以能够在国际竞争中取得胜利，最重要的一点'是通过非常贴近客户需求的、真诚的服务取得了客户的信任'，这就是整个华为公司的职业化精神。"

在任正非看来，只有服务好客户，才能赢得客户的认可。2020 年 3 月 24 日，《南华早报》商业财经新闻主编郑尚任以"现在华为的业务遍布全球，您个人也跑过七大洲、五大洋，视察过所有你们在新兴市场的业务，您个人觉得在哪个市场的开拓和发展最让您觉得骄傲，最有成就感？哪个市场让您最有挫折感？"为提纲采访了任正非。

任正非说道："当然中国是最大的市场。在海外市场，成就感最大的是欧洲，基本所有的欧洲国家都很喜欢我们。我们在欧洲的突起，也是公司改革的结果。欧洲有很多旧房子，街道很窄，不能修很多铁塔，如果设备很重就会把旧房子压塌，那怎么办呢？我们的无线系统 SingleRAN 既轻又小，功率还强大，就这样我们就突进了欧洲，从那时开始，这个口子就越撕越大。包括现在的 5G 基站，目前世界上也是最轻的，只要一个人手提着就可以安装，随便挂在墙上、下水道、电杆上都可以，很简单。为什么欧洲那么多人喜欢我们的东西，就是因为我们能解决问题。"

任正非提到的无线系统 SingleRAN，就是华为独创的分布式基站。正是凭借"分布式基站"技术，华为赢得了世界上最大的流动通信网络公司之一的沃达丰（Vodafon）的认可。

2006 年，沃达丰在西班牙市场的竞争中遇到了强劲的对手，不敌当地龙头企业西班牙电信（Telefonica）。

不甘心就此落败的沃达丰毅然在困境中求生。于是，沃达丰想到了之前华为研发的"分布式基站"技术，以此来与对手正面竞争。

虽然此刻的沃达丰节节败退，但是在华为面前，沃达丰依旧十分傲慢。沃达丰在与华为的谈判中说道："只有一次机会。"

华为为了突破欧洲市场的占有率，认为"胜负在此一战"。一旦"分布式基站"不能帮助沃达丰打败对手，欧洲市场的拓展就会更加艰难，甚至可能再也没有自己的立足之地。

欣慰的是，幸运之神眷顾了华为。沃达丰凭借华为提供的"分布式基站"技术，赢得客户的认可，其技术指标已经超过其对手西班牙电信。

在消费者中，很少有人知道，华为出名的余大嘴（华为消费者BG的首席执行官余承东）是"分布式基站"技术的第一发明人。更不知道的是，华为凭借该技术打开了欧洲通信行业的缝隙市场，并且硬是在欧洲市场拼出了自己的未来。

基于此，华为产品就这样逐渐进入欧洲客户的采购清单。2007年，华为凭借自己的"分布式基站"技术，斩获一连串的大订单。

在有条不紊地拓展市场时，华为面临一个艰难选择，准备将产品升级换代——竞标的公司就是行业大哥爱立信；或者另起炉灶。原因是，通过采用与非爱立信技术的架构，研发一个颠覆性的产品超越爱立信，从而让其产品升级换代。然而，这样的思路，不管是诺基亚，还是其他对手，都没有试过。对于华为来说，作出何种选择都是极其艰难的。

某天，余承东、邵洋和一位负责产品管理的同事约定攀登深圳海拔最高的山——梧桐山。在攀登梧桐山的途中，余承东反复问另外两个同事同样的问题："要不要做第四代基站？"

面对余承东的问询，邵洋的观点是，这一思路不可行。成本太高，会增加 1.5 倍，这将导致产品的价格过高，会给一线销售增加过大的市场压力。

另一位同事的答案与邵洋一致。该同事的理由是，"因为有很多技术风险无法克服"。在攀登梧桐山的 5 个小时途中，余承东不停地打电话问询相关负责人，总共有 10 多个人。据邵洋事后回忆称，当电话一接通，接听方就坦言该思路有难度，风险较高。

正因为如此，华为必须作出抉择。在华为内部，对于第四代基站也争论不休，在征询华为内部意见时竟然遭遇众多反对声，一个关键的原因是，升级第四代基站的成本会增加 1.5 倍，尤其是存在诸多技术风险无法克服。如果贸然大规模投入，一旦失败，几年的销售收入都将付诸东流。

面对棘手的选择，余承东排除万难地说道："必须做，不做就永远超不过爱立信。"经过华为团队的众志成城，该技术取得实质性进展。2008 年，华为第四代基站（Single RAN）问世，且技术优势非常明显。例如，基站需要插板，爱立信需要插12块板，华为的第四代基站技术只需要插3块板。

此次技术的突破为华为无线在欧洲市场的优势打下了基础。此后，华为通过自己的创新产品艰难拓展，成功地拿下来欧洲市场。数据显示，2010年前，历经多年艰难耕耘，华为无线占据西欧市场9%的份额。2012年后，华为的市场份额占比飙升至33%，高居欧洲第一。

对此，即使得到欧洲客户的较高评价，任正非始终有着清醒的认识。2007年，在以"将军如果不知道自己错在哪里，就永远不会成为将军"的内部讲话中，任正非说道："华为不是天生的高水平，要认识到不好的地方，然后进行改正。一定要在战争中学会战争，一定要在游泳中学会游泳。在很多地区，我们和客户是生死相依的关系，那是因为我们已经和客户形成了战略性伙伴关系。机会不是公司给的，而是客户给的。机会在前方，不在后方。我们要有战略地位，如果没有战略地位我们就无法站住。"

在任正非看来，要想赢得客户认可，就必须解决客户的实际困难，只有真正地解决了客户的困难，那么才能保证华为生存和发展下去。

二、"把自己的梦想与客户的梦想相结合，视客户的梦想为自己的使命。这是以客户为中心理念在企业发展目标上的体现。"

2004年，任正非在《华为公司的核心价值观》一文中详细地介绍道："以客户需求为导向，保护客户的投资，降低客户的Capex和Opex，提高了客户竞争力和盈利能力。至今全球有超过1.5亿电话用户采用华为的设备。我们看到，正是由于华为的存在，促进了人们的沟通，丰富了人们的生活。今天，华为形成了无线、固定网络、业务软件、传输、数据、终端等完善的产品及解决方案，给客户提供端到端的解决方案及服务。全球有700多个运营商选择华为作为合作伙伴，华为和客户将共同面对未来的需求和挑战。华为人把自己的梦想与客户的梦想相结合，视实现客户的梦想为自己的使命。这是以客户为中心理念在企业发展目标上的体现。"

在任正非看来，只有持续不断地解决客户需求，而且助力其成长，华为提供的解决方案才有价值，才会与客户共同成长。华为与和记电讯的合作就是其中一个案例。

20世纪90年代，电信是香港经济的支柱产业之一，蕴含着巨大的利益和机会，每年的市场容量估计为39亿美元。香港的电信网为数字网，电话普及率（1994年统计）为66%，是世界上电话普及率最高的地区之一。香港正在寻求成为世界上多媒体通信走在前列的城市，正积极推行各种交互式业务。香港已成为连接500多家跨国企业的通信枢纽。以前，香港电信市场主要由香港电信公司（Hong Kong Telecommunications，HKT）垄断。1995年6月30日，香港本地电信市场放开，使香港电信市场出现一种复杂局面。[1] 由此引发新一轮的市场竞争，给华为与和记电讯创造了一次合作的机会。

1996年，和记电讯获得了固定电话的运营牌照。让和记电讯高层没有想到的是，该项目的完成难度之大超乎想象，要在移机不改号的前提下完成改造，且限定的时间只有短短的3个月。

取得运营牌照后，和记电讯率先在欧洲寻求合作者，例如爱立信、诺基亚。但在接触和沟通的过程中，和记电讯很是失望。其原因如下：不管是爱立信还是诺基亚，完成该项目的时间都较长，即使是最短的时间也需要6个月，是限定期限的两倍。此外，完成该项目的价格过于昂贵。基于上述原因，和记电讯高层不得不表达与欧洲暂停合作的意向。

随着限定时间一天天临近，此刻的和记电讯高层依旧一筹莫展，甚至将该项目视为"不可能完成的任务"。就在近乎绝望的时候，和记电讯的高层把目光转向了香港对岸的华为。事不宜迟，和记电讯迅速地派出高管与华为接洽，双方一拍即合。

接到和记电讯的"紧急任务"项目后，华为派出自己最精干

---

[1] 王继英：《香港电信市场现状》，载《当代通信》，1996年第10期，第21页。

的工程师，风餐露宿，不畏艰苦，最终在限期内非常顺利、出色地完成了该项目。与国际跨国企业爱立信、诺基亚等相比，除了销售价格的优势，和记电讯更加青睐华为所提供新设备的便携性以及对环境的灵活适应性。

华为提供的通信设备不仅可以放置在办公室，甚至还可以放置在楼梯间里，有效地解决了香港人多地少对通信设备的限制问题。在此次与和记电讯的合作中，和记电讯在产品质量、服务等方面提出的要求近乎"苛刻"。面对挑战，华为提出了比和记电讯更高的要求，尤其是在艰难时刻，华为临危不惧，顺利地完成了该项目，这为华为日后拓展国际市场进行了一次前所未有的"大练兵"。

和记电讯项目的顺利完成，使得初出茅庐的华为展露出非凡的影响力，同时也赢得了香港运营商的认可。

华为之所以看重香港市场，是因为当时中国内地市场迟迟不发 3G 牌照，直到 2009 年 1 月 7 日，中国工业和信息化部才发放了 3 张 3G 牌照，分别由中国移动通信、中国电信和中国联通取得。

与韩国相比，中国的 3G 时代晚了近 10 年。2000 年 6 月，韩国凭借举办 2002 年韩日世界杯的机会，把 3G 业务投放市场。同年 10 月，韩国 SK 电讯启动首个基于 3G 技术的 CDMA20001X 服务，率先开启了 3G 时代。

相较于中国内地，中国香港的 3G 牌照的发放也比较早。

2004年1月27日，和记电讯率先获得3G牌照，成为香港首个3G运营商。香港特区政府一共发放了5个3G牌照，制式为CDMA 2000，为期15年。在5年后，内地才发放了3G牌照。

2003年年底，面对前路漫漫的中国3G市场，对于试图以3G来实现突破的华为来说，无疑备受煎熬。任正非开始着手调整其市场拓展区域。不得已，任正非再次把目光聚焦在香港市场。

2003年12月18日，华为在香港高调地宣布，在长达近一年的试验与测试后，华为成功竞标星期日通讯有限公司项目，签下价值1亿美元的订单。这意味着华为击败了中兴、爱立信、西门子和阿尔卡特等竞争者。

华为给星期日通讯独家提供了3G网络与业务设备，覆盖包括香港岛、九龙、新界，以及各离岛区域的WCDMA网络（基于GSM的3G技术）。

此次华为能够与星期日通讯达成战略合作，是因为华为能够满足星期日通讯的较为严苛的要求，详情如下：一是星期日通讯与华为达成初步协议，选定华为为其3G设备供应商，前提是华为同意支付给星期日通讯5亿港元的无抵押贷款。二是当星期日通讯无力偿还5亿港元贷款时，华为的身份依旧是供应商。三是作为供应商，华为无定期地赊销价值8.59亿港元的设备给星期日通讯。四是星期日通讯同意将附属的8个子公司及所持香港2G、3G牌照抵押给华为，冲抵8.95亿港元的设备款项。五是华为给星期日通讯提供一项约10亿港元的3G履约保证书贷款。

在合作过程中，华为也要求星期日通讯作出承诺，若合作协议由于星期日通讯的过失而没有能够顺利签订，星期日通讯将偿还华为所有的贷款，期限为半年。星期日通讯则提出，一旦中止的原因不在星期日通讯方，华为的贷款约定维持不变。媒体和研究者都批评华为的做法过于冒进，因为华为承担了5亿港元无担保借贷的贷款风险。

虽为如此，虎嗅网联合创始人蔡钰却认为，华为把此次合作作为打破3G瓶颈的一个突破点。蔡钰曾写道："与香港最小3G运营商签单的举动，足以表明这只执着的巨兽再也无法承受多年来在3G上的投入，急于盘活这笔资金。"[1]

从这个角度来解读华为的做法，就很容易理解华为的处境。在当时，华为的3G业务投入就如同一个无底洞，且一直见不到起色。事实上，在三大3G标准中，华为在WCDMA的技术已然达到炉火纯青的地步。2002年年底，在参与星期日通讯的竞标中，华为就向星期日通讯推荐过较为成熟的整套WCDMA商用版本产品，在信息产业部和中国移动组织的几次3G厂商WCDMA测试中，华为研发的产品都表现卓越，甚至名列前茅。

"老酒"虽好，却困在深巷中，这让华为决策层非常苦恼。此外，华为在只见投入、不见产出的情况下，还面临着国内外对

---

[1] 蔡钰：《华为大举进入香港3G市场"示范"意义重于"效益"》，载《财经时报》，2004年1月12日。

手的激烈竞争。对此，华为不得不持续地投入大量资金进行维护与升级，试图维持自己的 3G 技术领先地位。华为每年会将营业收入 10% 的资金投入到研发当中，其中又有三分之一的费用投入 3G。

面对困局，即使香港市场规模甚微，华为拿下星期日通讯的意义也是重大的。与拥有 170 万香港移动用户的和记电讯相比，星期日通讯的用户就少多了，资金实力与产品线调动能力也不可同日而语，更何况星期日通讯计划推出 3G 的时间比和记电讯晚一年。而圈内更看重的是华为在香港 3G 商用的示范意义。对此，民族证券的电信分析师蒋海评价道："香港这个小市场对华为的业绩起不到多大影响。但星期日通讯不大的用户网络规模正好在华为的调控和维护能力范围之内，有利于华为进行 3G 实地磨合和规划，商用实验能够达到技术实验达不到的进步。"[1]

在蒋海看来，香港是中国内地通讯企业尝试 3G 的绝佳实验田，谁能在香港推开 3G 产品，谁就更容易赢得内地市场。

虽然香港狭小、拥挤，但是在华为看来，在这块 3G "试验田"上能够发挥多大能力，很大程度上预示着它在内地市场未来的市场份额。

功夫不负有心人，其后的华为在香港市场如鱼得水，一举拿下香港电讯。2013 年 12 月 20 日，香港电讯对外高调宣布，以

---

[1] 蔡钰：《华为大举进入香港 3G 市场"示范"意义重于"效益"》，载《财经时报》，2004 年 1 月 12 日。

24 亿美元的价格并购香港移动通讯。2014 年 5 月，并购交易完成。香港移动通讯是原澳洲电讯 Telstra 旗下子网，原香港第一大移动运营商，拥有 400 多万用户，其中包括数十万 1010 品牌最高端用户，同时拥有最为丰富的无线频谱资源。

对于香港电讯来说，首先需要解决的问题是如何整合香港电讯和香港移动通讯的两张网络，以及两网如何平稳地有效整合，尤其需要优先保障最高端用户的良好体验问题。

经过海选后，香港电讯选择了华为，由华为独家承建网络。在此次承建中，华为为香港电讯提供包括 2G、3G、LTE、核心网、承载网在内的全网端到端解决方案，以及 NFV、SDN、LTE-MOCN、多频 CA、eMBMS、CloudBB 等面向未来的关键技术。

华为不仅对原香港移动通讯有限公司的无线基站进行搬迁改造，同时大大提升了港铁（Mass Transit Railway）地铁站等话务繁忙区域的吞吐量。此外，华为与香港电讯共同建设了亚太区域，甚至全球技术最领先的移动网络，华为也由此成为中国香港地区移动网络的最大供应商。

三、"华为没有哲学，我本人也不学哲学，我认为华为所有的哲学就是以客户为中心，就是为客户创造价值。"

2019 年 5 月 21 日，媒体记者以"市面上有很多书写华为管理，您认为华为存在管理秘籍吗？"为提纲采访任正非。

对于外界的好奇，任正非回答道："华为没有哲学，我本人也不学哲学，我认为华为所有的哲学就是以客户为中心，就是为客户创造价值。"

所言非虚，研究华为发展史就不难发现，华为的使命非常清楚，20世纪90年代初，华为就较早地提出使命追求——实现客户的梦想。

1993年5日11日，《华为人》主编周学军撰文写道，"华为的企业文化应有下面一些内容：一是公司的价值观。以人为中心，尊重人的个性与才能。华为公司一定要消除传统中国藐视个人价值的陋习，把培养一代新人视为己任。人才是公司最宝贵的资源，必须让他们充分发挥自己的才能，使他们在华为有归属感、成就感。二是公司的目标。公司的眼光紧紧盯住世界一流企业，充分吸收、引进、消化先进的技术和管理方法，逐步提高自己的技术开发能力、市场开拓能力和综合竞争能力。通过自己的高品质产品和优良服务，不断地提高市场地位，先在国内取得领先地位，进而向国际性公司靠拢。三是着重激励的工作环境。要充分发挥人才资源的优势，关键在于合理的工作绩效评价体系。公司职工的报酬应考虑三个基本点：其一，重视职工需要安全感和职业保障的心理需求；其二，报酬必须有很强的刺激性和鼓励性；其三，对个别值得嘉奖的职工一定要锦上添花。华为应运用合理的评价体系衡量员工的工作绩效，根据绩效给予适当的报酬，对有杰出贡献的人则应大力鼓励，这就可保证每一位付出了劳动的员工都不会因得不到适当的奖赏而感到失望。四是注重实效的组织结构。组织结构应有助于完成特定目标，因此应该反对没有效率的形式主义和官僚主义。华为的组织结构应该有利于沟通和工作的实质性进展，有利于内部创新，应该为不同部门制定明确的目标，赋予一定的自主权，实行小组责任制，用管理协调的办法来激励内部竞争和创新。另外，组织结构应保证灵活性以适应不断变化的外部环境。五是服务至上的原则。华为不仅仅是技术型企业，更是服务型组织。提供让用户满意的服务，与用户建立持久良好的关系是公司的经营宗旨。我们要建立一个专业性强、富有生气的高级市场营销组织。服务至上的原则不仅体现在对外销售上，而且应贯穿于公司内部各个部门之间的关系上，每个部门都要树立起为下一环节服务的观点，提高工作质量，以利于别的部门更顺利、更有效地工作。"[1]

或许正是因为华为倡导为客户创造价值，华为与众多的中国企业共同成长。查阅华为早期的资料发现，"顾客为先"的例子在初创阶段举不胜举，甚至已成为华为的传奇故事。

1997年10月，在北京举办的"第二届国际无线通讯设备展览会"上迎来了一个中国制造商——华为。华为之所以首次布展，是因为自己已经成功研发并打通了中国首个自主研发的GSM

---

[1] 周学军：《志在中国——略论华为的企业文化建设》，载《华为人》，1993年5月11日。

通信网络的电话。

在这个古都的秋天，和煦的阳光伴随天高云淡的爽爽初秋，点缀着人山人海的华为展台，在展台上一个精致的"小盒子"上写着"中国人自己的GSM"。从这个细微的姗姗起步的步子来看，华为敢于和勇于押注自主研发电信基础设备，其雄心已经初显。

然而此刻，华为的品牌知名度较低，自主研发的消息淹没在历史的尘埃中，而之前的轰动效应已经归零，这意味着华为成功研发的GSM解决方案的销售前景存在诸多的不确定性。其中一个重要的原因是，国外跨国企业垄断此刻的中国电信基础设备市场。

2006年7月21日，任正非在其撰写的《天道酬勤》一文中复盘华为走过的艰难历程："设备刚出来，我们很兴奋，又很犯愁，因为业界知道华为的人很少，了解华为的人更少。当时有一个情形，一直深深地印在老华为人的脑海中，经久不褪：在北京寒冬的夜晚，我们的销售人员等候了8个小时，终于等到了客户，但仅仅说了半句话：'我是华为的……'，就眼睁睁地看着客户被某个著名公司接走了。望着客户远去的背影，我们的小伙子只能在深夜的寒风中默默地咀嚼着屡试屡败的沮丧和屡败屡战的苦涩：是啊，怎么能怪客户呢？华为本来就没有几个人知晓啊。"[1]

---

[1] 任正非：《天道酬勤》，载《华为人》，2006年7月21日。

一方面，相比跨国企业，华为的实力十分弱小，GSM 项目的全部研发人员还不足 500 人；另一方面，缺乏商业经验的华为，起步之艰难让人难以想象，甚至一度连一个实验局都找不到。

艰难的历程磨难着华为人，不得已，华为开始了自我证明和寻求合作信任的第一步。几经交涉，中国移动成为接纳华为的运营商客户之一。1998 年年底，中国移动内蒙古公司通过了华为 GSM 商用技术鉴定，实现了一个逐步式的突破。成功打开中国移动的大门后，华为把 GSM 产品覆盖到高、中、低端，进入市场上的华为迅速迭代的"一路进击"中，背后总有中国移动提供的扶持与联合创新合作，也让"同舟共济"4 个字写进了中国通信征途的不灭往事。[1]

其后，华为与中国移动的合作书写了一系列的神话，一举改写了中国的社会生活：2007 年，华为与中国移动合作，在中国珠穆朗玛峰建立第一座 GSM 基站，发回北京 2G 首条彩信；2008 年，华为与中国移动合作，在汶川大地震发生后，华为全力抢修其移动网络，在第一时间内完成了灾区人民发出报平安的短信；2010 年 5 月 10 日，华为与中国移动合作，全程保障上海世博会的 4G 网络通信；2019 年，华为与中国移动合作，以全程 5G 多角度顺利地直播了国庆 70 周年阅兵；2020 年，华为与中国移动

---

[1]《人民邮电》报编辑部：《砥砺奋进 20 载中国移动携手华为再启新征程》，载《人民邮电》，2020 年 4 月 23 日。

合作，在新冠肺炎疫情期间进入武汉方舱医院快速部署 5G 网络，保障远程医疗网络系统和数字化办公网络建设；2020 年，中国移动联合华为将 5G 信号覆盖到珠峰峰顶。在如今的万物互联的 5G 时代，"5G +"智能时代想象力，如煤矿、港口、医疗、教育、高清直播等大力赋能商业数字智慧，让万物互联落脚每个触手可及的社会角落，提供给人们观察世界的崭新方式与内心风貌。未来无法预测，但永远值得重构想象。在这样的机遇下，"敢于先行"的中国移动与"锐意进取"的华为，还势必共同写下一个又一个"风雨同舟"的新故事。[1]

在解决客户需求的过程中，华为也经历了一些具有很难克服的严峻气候挑战的项目。例如，在喜马拉雅山脉珠穆朗玛峰 6500 米处安装全球最高的无线通信基站，在北极圈内部署首个 GSM 网络等。还有一些项目同样也让华为积累了经验。例如，华为在欧洲拓展 3G 市场时发现，欧洲运营商希望基站能占地更小、更易于安装、更环保、更节能且覆盖范围更广。基于这些要求，华为成为首家提出"分布式基站"概念的公司。这种新式基站使得为大型网络设计的无线接入技术也同样适用于小型专用网络。这一创新降低了运营商部署基站的成本，因此迅速风靡欧洲。[2]

---

[1]《人民邮电》报编辑部：《砥砺奋进 20 载中国移动携手华为再启新征程》，载《人民邮电》，2020 年 4 月 23 日。
[2] David De Cremer and Tian Tao, "Huawei's Culture Is the Key to Its Success", *Harvard Business Review*, No. 6, 2015, pp. 24-25.

第 4 章

"认真倾听客户的需求,从客户视角定义解决方案的价值主张,帮助客户解决他们所关心的问题,为客户创造价值,帮助客户实现商业的成功。"

任正非始终强调,为客户创造价值,就必须倾听客户的需求,从客户视角提供解决方案。华为心声社区管理栏目曾转发了华夏基石刊发的一篇名为《华为的宿敌思科,诞生爱情土壤中的技术之花》的文章,且作为创始人的任正非亲自撰写了按语。按语如下:"我不如钱伯斯。我不仅倾听客户声音不够,而且连听高级干部的声音也不够,更不要说员工的声音啰!虽然我不断号召以客户为中心,但常常有主观臆断。尽管我和钱伯斯是好朋友,但又真正理解他的优点有多少呢?"

任正非认为,洞察客户的需求,才是华为的当务之急。因此,在内部讲话中,任正非说道:"在客户面前,我们要永远保持谦虚,洞察未来,认真倾听客户的需求,从客户视角定义解决方案的价值主张，帮助客户解决他们所关心的问题，为客户创造价值，帮助客户实现商业的成功。"

一、"产品经理要勇敢地走到前线去，经常和客户吃吃饭，多和客户沟通，了解客户的需求是什么"

华为之所以能够赢得客户的认可，一个最重要的因素就是能够解决客户的需求问题。要想满足客户的真正需求，就需要先弄明白客户是谁。

2014年，任正非在一次内部讲话中谈道："我们的客户应该是最终客户，而不仅仅是运营商。运营商的需求只是一个中间环节。我们真正要把握的是最终客户的需求。"

在任正非看来，用户需求是否能够满足，关系到华为的生存和发展。从华为产品开发的视角，华为认为需求特指针对产品和解决方案的功能、性能、成本、定价、可服务、可维护、可制造、包装、配件、运营、网络安全、资料等方面的客户要求。客户需求决定了产品的各种要素，是产品和解决方案规划的源泉，也是客户与公司沟通的重要载体，是市场信息的重要体现。对于华为公司来说，客户需求决定了产品和解决方案的竞争力。[1]

---

[1]《客户需求导向和需求管理》，https://www.shangyexinzhi.com/article/4295814.html。

究其原因，华为人在满足客户需求时不能仅从纯粹技术层面考虑，而是要综合考虑运营商的运营目标、网络现状、投资预算、市场竞争环境、困难、压力和挑战等因素，然后再优化客户的需求方案。华为由此总结了 16 字方针，即"去粗取精、去伪存真、由此及彼、由表及里"，以此来分析、理解和满足客户的实际需求。

具体的做法是，"华为 IPD（集成产品开发）有专门的需求洞察与商业构想流程，并且强调用'场景化''案例化'的方式去理解客户需求，主动深挖客户背后的'痛点'和问题。"[1]

所谓场景，是指客户的产品场景，同时也是华为满足客户产品需求的场景，即华为用技术满足客户现实需求。

在这里，我们就以特尔福特（Telfort）为例。在华为拓展荷兰市场时，由于华为的知名度不高，其市场拓展进度异常缓慢。在当时，华为在接触客户的过程中发现，特尔福特这个荷兰 4 家最小的运营商之一，也在试图摆脱自己的困境。

特尔福特也在准备筹建 3G 网络，给客户提供更加优质的网络。但是特尔福特由于实力较弱，机房的空间过于狭窄，增加第二台机柜根本就不可能。

在没有其他办法的情况下，特尔福特积极主动地找到设备供

---

[1]《客户需求导向和需求管理》，https：//www.shangyexinzhi.com/article/4295814.html。

应商诺基亚，说服其研发小型机柜，以满足自己的特殊需求。

诺基亚直接就拒绝了特尔福特的合作请求，其拒绝的原因有二：一是研发市场较小的小型机柜成本过高，没有过多的必要；二是特尔福特的产品合作标的太小。

遭到诺基亚拒绝的特尔福特并未甘心就此被困死，其高层把目光转向该地区的市场冠军——爱立信，期望爱立信能够研发小型机柜。

为了说服爱立信，特尔福特向爱立信承诺，若其研发小型机柜满足特尔福特的需求，特尔福特将抛弃全网的诺基亚设备，转而购买爱立信的产品。让特尔福特没有想到的是，尽管提出如此承诺，爱立信也断然拒绝了特尔福特的要求。

特尔福特积极主动的策略并未取得半点儿效果，反而四处碰壁，不得不暂时搁浅该决策。当华为欧洲拓展团队得知此信息后，特地登门拜访了特尔福特高层。此刻，特尔福特濒临破产，犹如困兽。

在别无他法的前提下，特尔福特高层接纳了华为的解决方案——"分布式基站"。所谓"分布式基站"，是指将基站的室内部分一分为二，即室内和室外，如同分体式空调。

华为提出"分布式基站"解决方案，就是旨在破解像特尔福特这样的微型运营商面临的空间狭窄问题。该方案甚至可以把机柜体积减小到DVD机的大小；此外，还可把基站的大部分功能放置在室外。

面对华为的"分布式基站"解决方案,特尔福特高层有些疑惑地问道:"基站能说分就分,说合就合吗?"

华为给出肯定的答案:"我们可以做到。"

经过8个月的奋战,华为"分布式基站"方案顺利解决了特尔福特空间狭窄的问题。从这个角度来看,华为在成就客户的同时也是在成就自己。在当时,华为在欧洲的市场拓展并不顺利。然而,正是通过给特尔福特提供解决方案,华为才开始赢得欧洲客户的进一步认可。华为按照客户需求规划产品,根据产品适配各种场景,把细分市场对应产品和解决方案的场景一个一个列出来,每个场景都聚焦一个案例,并深度打开,从而通过对案例的深度分析来解决客户需求问题。其中,华为人将洞察场景化需求分成三个阶段。

第一个阶段,建立场景视图,确定典型业务场景。为了更好地弄清楚客户的需求,华为产品管理部通常会联合研发、市场等部门组织一个"需求洞察团队",在与标杆客户的合作中,通过站点、机房、营业厅等多个场景与用户沟通,了解客户的有效诉求,由此构建客户的业务场景全视图。然后,再分析客户或者潜在客户所面临的问题,以此理解最典型特征的场景,再结合华为产品自身的解决方案能力,聚焦客户的需求。

第二个阶段,识别客户有效"痛点",找到关键需求。对于客户的有效需求,必须对其有一个清晰的判断,尤其是有效识别客户关键需求。对此,华为的做法是,通常以客户场景中的关键用户、关键事件为突破口,以此总结客户需求场景背后的关键需求和场景的对应关系,有效地识别客户需求的真伪。

第三个阶段,构想解决方案,明确竞争力构筑点和商业设计。结合前期识别出来的关键需求,站在客户场景角度构建解决方案,明确解决方案设计思路和竞争力构筑点,对形成的解决方案构想,可以通过原型和样机去验证实际的可能性,找到解决方案给客户带来价值的同时,进行相应的解决方案商业设计,建立商业变现思路。[1]

二、"为更好地服务客户,我们把指挥所建到听得到炮声的地方,把计划预算核算权力、销售决策权力授予一线,让听得见炮声的人来决策。"

事实证明,但凡一个企业想要江山永固、永续经营、基业长青,就必须以客户为中心。遗憾的是,在镀金时代的当下,一些企业家总是在制造和炒作概念,一大堆诸如"产品周期说"、商业模式、战略管理、绩效考核、团队建设、管理创新与技术创新等概念横空而出。当我们分析这些商业概念时发现,一旦背离以客户为中心的原则,那些所谓的商业概念都荡然无存,无疑是空中楼阁。

---

[1]《客户需求导向和需求管理》,https://www.shangyexinzhi.com/article/4295814.html。

正是基于对商业本质的理解，任正非才把一切战略都建立在以客户为中心的基础上。面对客户问题，任正非用"宗教般的虔诚"来回应；无数次地用"唯一""只能"这样的话反复定义华为以客户为中心的价值主张。

在这个主张中，华为把人、组织链条、业务流程、研发、产品、文化都注入了生命——面向客户则生，否则便死。在这里真实代替幻想，执行超越创造，绩效高于过程，没有什么东西、什么人能够摆脱一个烙印：客户需求导向。

回望华为30多年的发展历程，任正非从未动摇过华为一贯的价值观。针对外界诸多不确定性，任正非说道："为更好地服务客户，我们把指挥所建到听得到炮声的地方，把计划预算核算权力、销售决策权力授予一线，让听得见炮声的人来决策。打不打仗，后方决定；怎么打仗，前方说了算。由前方指挥后方，而不是后方指挥前方。机关是支持、服务和监管的中心，而不是中央管控中心。"

对于主导者是谁，任正非非常明确。到底谁来呼唤炮火？就是那些能够听得见炮声的人。因为只有听得见炮声的人才知道客户的需求，才能尽可能地、更好地满足客户要求，实现客户理想，同时也成就华为自己。

当识别出客户的有效需求后，华为快速响应，其中包括需求收集、分析与决策、研发实现等，华为为此建立了一套较为科学的需求管理流程：

第一，需求业务团队。在华为需求管理业务中，需求管理团队（Requirement Management Team，RMT）和需求分析团队（Requirement Analysis Team，RAT）是其重要的核心角色。

所谓需求管理团队，是指需求决策的责任团队，主要业务活动包括：需求动态排序与决策、需求承诺管理、重要需求实现进展及风险跟踪管理、需求变更沟通等。[1]

在决策客户有效需求时，决策依据主要还是需求自身的潜在商业价值。其团队核心成员包括：产品管理代表、开发代表、系统工程师、市场代表、营销支持代表、技术服务代表及首席质量与运营官。

而需求分析团队主要的职责是担负产品领域内需求的商业价值分析，即对收到的原始需求进行专业分析，包括理解、过滤、分类、排序等，必要时进行市场调研，最终给出需求的评估建议，包括需求收益、工作量大小、实现难度、是否接纳等，并依据需求价值优先级进行排序，[2] 是给需求管理团队作出有效决策的核心支撑团队，主要成员包括：产品管理代表、需求管理工程师、开发代表、系统工程师、市场代表、服务技术代表。

第二，需求管理流程。在需求管理流程中，其组成分为需求收集、分析、分发、实现和验证5个步骤（见图4-1）。

---

[1]《客户需求导向和需求管理》，https：//www.shangyexinzhi.com/article/4295814.html。

[2] 同[1]。

资料来源：商业新知网。

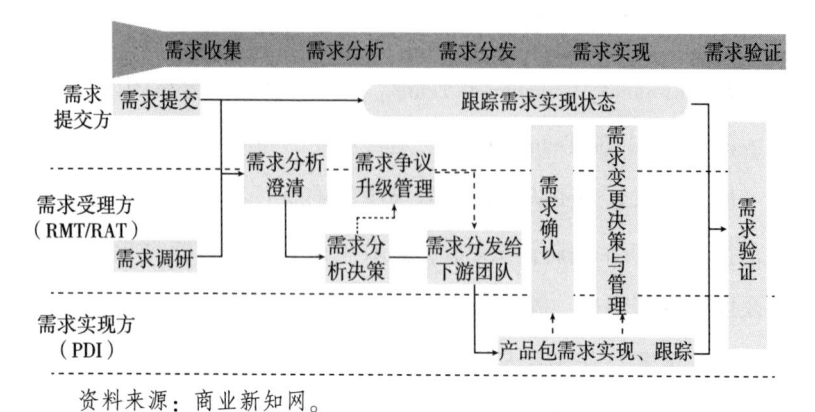

图 4-1 需求管理流程图

（1）需求收集阶段

在客户需求收集中，需要多种渠道和方法，例如场景化洞察方法、客户拜访、协议标准、法律法规、入网认证、展览会议、第三方报告、标书分析、技术演进、运营维护等。

例如，在《华为独树一帜，不是因为华为的技术，而是华为能够真正成就客户》一文中就介绍了一个关于需求的案例。作者发现在某局点的交流中，"我们认为的客户需求"可能只是最表面的功能诉求，例如，平安城市场景中，交警会拍摄到很多疑似违章图片，这些疑似违章图片在人工审核后，一部分被确认为真正的违章图片，另一部分则作为废片，放入废片库。这些废片基本上就没人去看了，过了保存周期就被删除掉。一次，华为收到某客户局点的需求，希望华为能够对废片再次检查，看看是否有遗漏的违章图片。接到这个需求后，华为立即设计 AI 方案来检查这些图片，因为这个也是 AI 可以发力的领域。经过一段时间的推动，解决方案终于落地了，成功接入客户的系统，大家都非常高兴。但是，第三天早晨，客户却表示："你们这个需求还可以，发现了很多被遗漏到废片库的违章图片，其实我想了解的是为什么会出现这种情况。这些图片中，哪些是因为审核人员的能力导致的（我们要强化培训），哪些是有人打招呼的（我们要堵上这些人为漏洞），哪些是系统误拍的（例如某些摄像头总是误拍，就要维修），等等，我需要根据不同原因采取不同的管理优化措施，提升系统和人员的效率，这才是我的要求。"客户说的这些内容颠覆了作者的认知："我们所做的一切，仅仅是客户的诉求，但不是客户的需求，更不是客户的痛点。"[1]

从这个案例不难看出，关于客户有效需求的收集，华为非常强调与客户之间的有效互动。2002 年，任正非就指出："产品经理更要多和客户交流。我们过去的产品经理为什么进步很快？就是因为和客户大量交流。不和客户交流就会落伍。所以我认为产品经理要勇敢地走到前线去，多和客户沟通，了解客户的实际需求。如果不能精准了解客户的需求，你花了很多精力，辛辛苦苦把系统做好，却不符合客户需求，你还得加班加点修改，无形中浪费了大量时间。就好比你烧了黄金珍珠饭给客户送过去，人家

---

[1]《华为独树一帜，不是因为华为的技术，而是华为能够真正成就客户》，https://baijiahao.baidu.com/s?id=1676910575762558461&wfr=spider&for=pc。

不吃,他们需要的只是大米饭,你回过头又重新烧了大米饭,这样时间就浪费了!所以还是要重视客户需求,真正了解客户需求。"否则,可能就被客户边缘化了。2014年,在《任总在解决方案重装旅第一期学员座谈会上的讲话》一文中,任正非告诫华为人说道:"将来战争越来越复杂,特别是服务,也会越来越复杂。我们通过研发提供全世界最优质的产品,通过制造生产出最高质量的产品,还必须要有优质的交付,从合同获取到交付、售后服务。我们赚了客户的钱,就要提高服务质量;如果服务做不好,最终就要被客户边缘化。"

在这个思想指导下,华为工程师遍及世界,为世界提供优质服务。在这里,我们来介绍一个真实的案例。

2018年12月初的某个晚上,菲律宾运营商P的首席技术官(CTO)在自己的办公室里通过Speedtest软件测试办公区所在基站的性能指标。当测得的网络延迟数据显示为400 ms时,该首席技术官有些不淡定了。原因是,在非高峰期,基站的时延指标为50 ms;400 ms的网络延迟会影响用户拨打语音、浏览视频,以及玩游戏时的体验。

据了解,菲律宾运营商P是一个综合运营商,在无线业务领域的能力和技术相对较弱。在无线业务这一领域,竞争对手G就要强大很多。运营商P有意提升无线业务,目的是超越自己的对手G。鉴于此,移动网络的体验也就摆在较为重要的位置。战略目标提出后,该首席技术官就牵头组建了一个端到端性能优化的组织。该首席技术官和运维部各级成员要求在手机上安装第三方测速软件，随时随地了解和体验 P 网络的实时性能，甚至每周找到数十个到上百个基站。

该首席技术官发现问题后，把问题反馈给华为服务团队，并要求协助解决该问题。对于华为服务团队来说，解决问题，必须理顺移动业务中所涵盖的涉及手机、基站、承载网和核心网等众多网元问题。据了解，运营商 P 的现网虽然采用集成性能管理系统，但是无法自动分析和精准识别网络容量的瓶颈点。

当然，对于无线基站性能指标出现波动或异常问题时，华为服务团队通常需要核查基站参数配置、覆盖范围、信号强度等。但正如当时负责该问题的团队负责人李长泰所说："如果都没有问题则会怀疑传输链路有问题，比如拥塞、丢包、抖动等。但传输问题的定位非常复杂，以一个用户浏览视频为例，从基站到网站之间可能有多条通路，每一条通路可能经过数十个传输节点。由近及远在现网逐段抓包分析，工作量非常大。"[1]

正是因为如此，在耗费了 21 天的时间后，华为服务团队和客户运维团队依旧没能彻底解决此问题，原因是现网运行的看网工具能够有效监控的指标实在太少。

鉴于此，华为服务团队和客户运维团队提出一种新的解决办

---

[1] 李长泰：《被客户追是怎么一种体验》，载《华为人》，2020 年第 4 期，第 26—29 页。

法——移动业务流量压抑自动分析。该方案是通过对E2E网络拓扑的自动还原,获取到基站和承载网络拓扑的完整链接关系,再利用承载网络各链路的实时性能数据进行关联分析,由此自动分析出"问题基站"的传输链路。

实现这样的解决方案,就必须通过海量数据资源采集、数据分析逻辑、根因判断和决策等方面进行相关的系统工程设计。

为了尽快解决此问题,"产品管理分部团队和路由器、微波、网管等研发专家一起,从10月到11月放弃了所有周末,争分夺秒地画流程图、确定方案,以便让开发团队能尽早交付Beta版本,并上网验证。我们负责场景分析和总体方案设计。所幸,经过前后方的高效协作,赶在圣诞节客户封网前的一个礼拜,我们的网络性能数字化分析系统Beta版本上线了。"[1]

几天后,首批现网数据中已经可以分析出客户所在区域的基站与承载网拓扑关系、承载网发生拥塞的链路等。就这样,分析和解决基站延迟劣化的问题也就顺理成章。当获得基站ID后,华为服务团队通过系统分析出拓扑和拥塞链路数据,把所有可能影响"问题基站"的链路找出来。在当时,技术解决方案还没有实现全自动化,只能手动找出所有链路,一条条地进行有效的匹配分析和排除,最后终于找到了与该基站延迟劣化相关的4条位

---

[1] 李长泰:《被客户追是怎么一种体验》,载《华为人》,2020年第4期,第26—29页。

于骨干层的问题链路，这4条链路一到晚上7点就流量暴涨。李长泰回忆说："现网的维护工具也可以看到链路的平均利用率达到70%。当时服务团队认为70%利用率是一个潜在风险因素，但链路利用率没有到90%—100%，并不会严重影响业务性能。而在我们的Beta系统里，可以很明显地看出当这几条链路的平均利用率大于70%时，拥塞丢包数便会极速地增加，从而会成倍地放大业务的E2E延迟，这与客户在第三方测试工具上观察到的，50 ms上升到400 ms延迟的现象是吻合的。"

当把监测和分析的结果告知服务团队后，服务团队在当晚8点基于李长泰团队指出的4条链路，在设备上进一步查看端口详细的性能数据统计，也发现了流量暴增、端口丢包数极速增加的现象。通过流量分担等试验操作、数据测试等，客户办公室这边的基站不拥塞了，时延从400 ms降回了60 ms。由于影响该基站性能劣化的链路并不在该商业区附近，而是在汇聚全网流量的骨干侧，全网流量的高峰期仍然是晚上8点。这个分析结果可以100%地解释基站在非业务高峰期出现性能劣化的现象。经过两个星期的反复对比持续观察，运营商P的首席技术官也认为该问题得到了准确定位和彻底解决。[1]

此次与服务团队联合作战，增强了联合创新项目的信心。为

---

[1] 李长泰：《被客户追是怎么一种体验》，载《华为人》，2020年第4期，第26—29页。

了快速地解决闭环运营商 PCTO 关注的基站性能优化问题，也为了加速推进联合创新项目和提升华为网络方案创新影响力，系统部策划于 2019 年 1 月 10 日，向网建 VP 客户汇报了华为创新方案和现网应用的发现。

"我们改变以往高举高打的汇报整理思路（比如强调华为有全球领先的方案、全球有很多局点在规模部署），而是从客户现网和业务痛点出发，突出在客户现网如何部署 E2E 性能自动化分析方案、华为方案关键技术及带来性能自动分析价值。"李长泰刚介绍完两页 PPT，VP 客户就指着第二页 PPT 说："停！停！停！太好了！这就是我们想要的！"会议室里面的氛围瞬间变得很热烈，VP 客户现场起身打电话通知不在现场的华为客户经理，要求在两天内提供相关 BoQ（但该项目为 PoC，6 个月内无法提供报价项）。系统部反馈说这是他们在菲律宾第一次遇到 P 客户追着买、研发暂时不让卖的产品方案。该特性在 2020 年第一季度正式集成到 NCE、网管版本及全球应用。系统 1 月上线后，不断迭代优化，到 3 月时，已相对稳定。[1]

(2) 需求分析阶段

当客户的需求提交后，需求分析团队会就原始需求与需求提出客户进行澄清，还原和确认客户的真实业务场景和痛点，并进

---

[1] 李长泰：《被客户追是怎么一种体验》，载《华为人》，2020 年第 4 期，第 26—29 页。

一步细化需求描述。在正确理解客户需求的基础上完成需求价值评估、需求实现方案设计、开发可行性分析。完成分析的需求（此时称为初始需求 IR）会提交给 RMT 进行基于需求价值的决策。RMT 例行召集会议，审视 RAT 完成分析并给出初步建议的需求，负责决策需求是否被接纳，并根据产品节奏和研发管道给出预计的需求交付时间。需求决策是需求管理中最重要的环节，其核心是对需求排序，需求排序主要关注客户重要程度、需求对客户的价值、市场格局、普遍适用性、技术准备度、需求实现的成本、开发管道资源等因素，常用的排序方法是 PDC 排序方法。[1]

在需求分析方面，日本东京理工大学教授狩野纪昭（Noriaki Kano）提出卡诺（KANO）模型。狩野纪昭教授通过卡诺模型，对用户需求进行分类和优先排序，以此来分析用户需求对用户满意度的影响。

根据不同类型需求的特性与客户满意度之间的关系，狩野纪昭教授把产品服务的需求特性分为五类：

一是兴奋（魅力）型需求。用户意想不到的，如果不提供此需求，用户满意度不会降低，但当提供此需求时，用户满意度会有很大提升。二是期望（一元）型需求。当提供此需求时，用户满意度会提升，当不提供此需求时，用户满意度会降低。三是基

---

[1]《客户需求导向和需求管理》，https://www.shangyexinzhi.com/article/4295814.html。

本（必备）型需求。当优化此需求时，用户满意度不会提升，当不提供此需求时，用户满意度会大幅降低。四是无差异需求。无论提供或不提供此需求，用户满意度都不会有改变，用户根本不在意。五是反向需求。用户根本没有此需求，提供后用户满意度反而会下降。为了更明显地表述这五类需求，狩野纪昭教授将其放在一张坐标图中，以此来体现每一类需求的特性。横坐标为提供程度，纵坐标为满意程度（见图4-2）。[1]

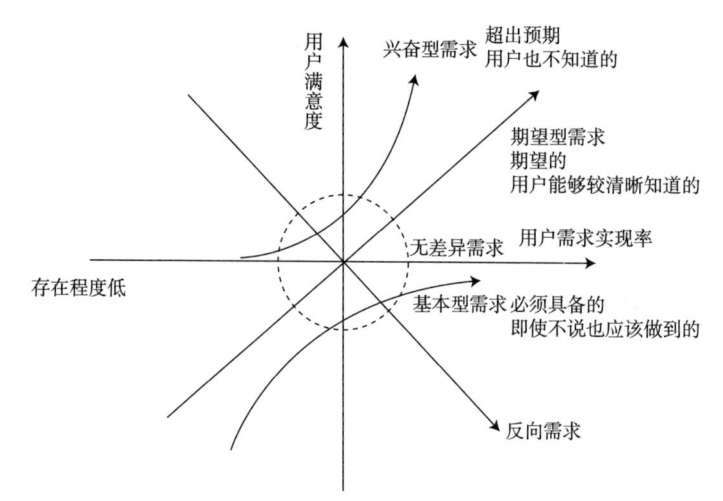

图4-2 用户需求对用户满意度的影响

通过调研分析，狩野纪昭教授计算出上述五类需求的Better-Worse系数，由此构建了卡诺模型的四分位图（见图4-3）。

---

[1] 狩野纪昭著，梁红霞等译：《品质进化——可持续增长之路》，载《品质》，2006年第2期，第108—114页。

Better-worse系数分析

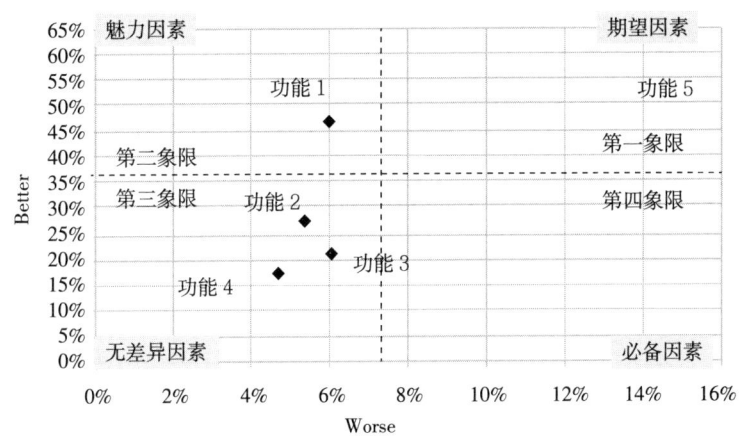

[图表:卡诺模型四分位图，横轴Worse (0%-16%)，纵轴Better (0%-65%)。四个象限标注：左上"魅力因素"（第二象限），右上"期望因素"（第一象限），左下"无差异因素"（第三象限），右下"必备因素"（第四象限）。数据点：功能1、功能2、功能3、功能4、功能5]

图 4-3　卡诺模型的四分位图

根据五类需求的 Better-Worse 系数值，将散点图划分为四个象限。在第一象限中，当 Better 系数值高，Worse 系数绝对值也很高。当产品提供此功能时，用户满意度会提升，当不提供此功能时，用户满意度就会降低。在第二象限中，当 Better 系数值高，Worse 系数绝对值低。当产品不提供此功能时，用户满意度不会降低，但当产品提供此功能时，用户满意度会有很大提升。在第三象限中，当 Better 系数值低，Worse 系数绝对值也低。即无论提供或不提供这些功能，用户满意度都不会有改变，这些功能点是用户并不在意的功能。在第四象限中，当 Better 系数值低，Worse 系数绝对值高。即当产品提供此功能时，用户满意度不会提升,当不提供此功能时,用户满意度会大幅降低。[1]

事实证明,一款好的产品,往往能够反映人性最本质的需求,即"站在用户的角度说,就是判断产品有没有解决用户的痛点问题,有没有满足用户的需求。现在市场上的产品多样化、差异化明显,如果你的产品没有用户需要的话,再多的广告、再多的市场营销策略,都是无用功。只有用户需要你的东西和服务,才会愿意为你的产品买单。"

问题 最需要解决的 三个问题 P	解决方案 产品最重要的 三个功能 P	独特卖点 用一句简明扼要 但引人注目的话 阐述为什么你的 产品与众不同, 值得购买 P	门槛优势 无法被对手轻易 复制或者买去的 竞争优势 M	客户群体分类 目标客户 C
	关键指标 应该考核 哪些东西		渠道 如何找到客户 C	
成本分析 争取客户所需花费 销售产品所需花费 网站架设费用 人力资源费用等 M			收入分析 盈利模式 客户终身价值 收入 毛利 M	
产品			市场	

图 4-4 精益画布 Product & Market

---

[1] 狩野纪昭著,梁红霞等译:《品质进化——可持续增长之路》,载《品质》,2006 年第 2 期,第 108—114 页。

自媒体"蝌蚪互娱"在《循序渐进的增长黑客指南：找到产品和市场的最佳契合点 PMF》一文中提出了产品和市场的最佳契合点——"产品-市场匹配"（Product-Market Fit，PMF）。

为了分析 Product（产品）和 Market（市场）的关系，"蝌蚪互娱"专门利用了精益画布解读了产品商业模式设计的过程与 PMF 的过程路径对比（见图 4-4）。

"蝌蚪互娱"提出，精益画布左侧产品商业模式的设计过程，其实就是设置一个 CPS［Customer（客户）、Problem（问题）、Solution（解决方案）］假设。如果我们要找到 PMF，那么意味着我们必须验证以下假设。一是客户：你是否明确产品的目标客户；二是问题：你的目标客户可能遇到了你认为存在的问题/痛点/需求；三是解决方案：你的目标客户会使用你的产品解决方案并会为此付费。简而言之，精益画布的 CPS 假设说明，如果有足够多的用户愿意为你的解决方案付费，那么你的 PMF 就算是找到了，即产品和市场匹配了。[1]

对此，IRB 主任汪涛在 2018 年产品组合与生命周期管理部长角色认知会议中指出："产品管理既要善于采纳客户需求，也要善于拒绝需求。16 字方针'去粗取精、去伪存真、由此及彼、由表及里'很好地概括了需求取舍的精髓。需求管理最难的事情是

---

[1]《循序渐进的增长黑客指南：找到产品和市场的最佳契合点 PMF》，http://www.woshipm.com/it/1409863.html。

说'不',对于不在主航道的需求要敢于说'不',在资源受限的情况要对优先级相对较低的需求说'不'。产品管理要从行业趋势、技术准备度、方案准备度、产品准备度等方面对行业和客户进行洞察,同时,要和客户进行深入沟通,主动管理客户的需求。通过为客户创造价值,引导客户到产业发展的主流方向上,这样才能够在拒绝需求的情况下还让客户满意。"

关于对客户需求的决策,任正非在2014年就强调指出:"我们以客户为中心,帮助客户取得商业成功,但也不能无条件去满足客户需求。一是不能满足客户不合理的需求,内控建设使公司建立长久的安全系统,和业务建设一样,也要瞄准未来多产'粮食',但是不会容忍你们用非法手段增产。审计不能干预流程,你做你的事儿,他查他的,只要你本人没有做错事,总是能讲清楚的。如果使用不法手段生产'粮食',就会给公司带来不安全因素,欲速则不达。二是客户需求是合理的,但要求急单优先发货,那就得多付钱。因为整个公司流程都改变了,多收飞机运费还不够,生产线也进行了调整,加班加点,这个钱也要付。因此在满足客户需求中,我们强调合同场景、概算、项目的计划性和可行性。"

(3)分发阶段

一旦需求决策拍板,需求就即将开始开发。在此阶段,主要目标是根据客户需求实现节奏的不同,保证已接纳的需求被恰当地分配到最合适的产品中。接纳后的需求一般分为紧急需求、短期需求、中长期需求。紧急需求以变更管理的方式进入正在开发的产品版本，短期需求纳入产品规划，中长期需求作为路标输入跟踪管理。[1]

（4）实现阶段

在实现需求的过程中，一些具有重大价值和影响的需求，尤其是复杂度较高的需求，通常会与客户澄清需求实现的解决方案，避免客户在解决方案上的理解偏差。在实际解决的过程中，需求是随时发生变化的，这就需要对需求的变更进行及时、有效的管理，特别是对客户之前所做的承诺需求。

（5）验证阶段

需求验证通常涵盖需求确认和需求验证。在验证过程中，具体的就是各种评审和测试等，始终贯穿在整个需求管理流程过程中。通过确认和验证后，只有在各个环节中都得到准确理解的实现结果，才是有效的需求。

---

[1]《客户需求导向和需求管理》，https://www.shangyexinzhi.com/article/4295814.html。

第 5 章

"全世界只有客户对我们最好,他们给我们钱,为什么我们不对给我们钱的人好一点呢?为客户服务是华为存在的唯一理由,也是生存下去的唯一基础。"

在《哈佛商业评论》上,一篇标题为《华为文化是其成功的关键》(Huawei's Culture Is the Key to Its Success)的文章同样介绍了华为以客户为中心的理念。

该文写道:"优秀领袖都会对其员工提出明确的奋斗目标,任正非也不例外。他将客户放在首位。许多公司都宣扬以客户为中心的理念,但又有多少公司真正把这一理念落到了实处?正因为真正做到了以客户为中心,华为在竞争中才能脱颖而出。任正非在华为创立之初就要求员工眼睛盯着客户,屁股对准主管。举例来说,几年前,摩根士丹利投资公司的首席经济学家斯蒂芬·罗奇(Stephen Roach)曾带领机构投资者代表团造访了华为深圳总部。风险投资者造访华为，通常是希望投资华为。任正非委派研发体系执行副总裁费敏接待了这个代表团。后来罗奇失望地说：'我们能为他带来3万亿美元的投资，他竟然不见我们。'任正非对此事的解释表明了他的心声，他认为不论公司多小，如果是客户，他都会接待，但罗奇不是客户。"[1]

一、"我们真诚为客户服务的心一定会感动上帝，一定会让上帝理解物有所值，逐步地缓解我们的困难。"

在任正非看来，只有客户的支持和认可，才能让华为走向持续的成功。这就是任正非为什么没有会见和接待罗奇的真正原因。这样的观点并非孤例。2015年1月22日下午，在达沃斯论坛上，英国广播公司（British Broadcasting Corporation，BBC）首席财经记者岳·琳达（Linda Yueh 采访任正非）时问道："大家最想知道的是，华为成功的秘密是什么？他们可以不可以学？"

面对外界好奇的探寻，任正非坦言，华为没有秘密。任正非解释道："我认为，第一，华为就没有秘密；第二，任何人都可以学。华为也没有什么背景，也没有什么依靠，更没有什么资源，唯有努力工作才可能获得机会。努力工作首先要有一个方

---

[1] David De Cremer and Tian Tao, "Huawei's Culture Is the Key to Its Success", *Harvard Business Review*, No.6, 2015, pp.24-25.

向，这个方向就是为客户服务。"[1]

在任正非看来，华为一旦没有客户，其生存和发展就犹如"镜中月、水中花"。1994年6月，在以《胜利祝酒词》为题的内部演讲中，任正非讲道："在当前产品良莠不齐的情况下，我们承受了较大的价格压力，但我们真诚为客户服务的心一定会感动上帝，一定会让上帝理解物有所值，逐步地缓解我们的困难。我们一定能生存下去……"

自此以后，任正非在华为的内部讲话上，尽管个别措词稍有一些变化，但是以客户为中心的战略思想一直贯穿在华为发展和壮大的每一个阶段和每一个环节中。

事实上，这就是华为如今能战无不胜的秘密。中国人民大学商学院教授、华为顾问杨壮回忆称，"这就是华为以客户为中心的价值观——在客户和投资者两者中，任正非把时间给了客户。当年起草《华为公司基本法》时，第一稿曾经提出一条——为客户服务是华为存在的理由，任正非看后拿起笔就改为——为客户服务是华为存在的唯一理由。"[2]

2001年7月，华为内部刊物《华为人》拟将刊发由中国人民大学商学院教授、华为顾问黄卫伟撰写的一篇题为《为客户服务是华为存在的理由》的文章。

---

[1]《任正非：最大的敌人是自己》，https://www.sohu.com/a/790555_117960。
[2] 杨杜：《文化的逻辑》，北京：经济管理出版社，2016版，第35—37页。

当相关负责人把稿件送给任正非做最后审定时，任正非建议在该文的标题上增加"唯一"两个字，改成《为客户服务是华为存在的唯一理由》。但是作为学者的黄卫伟教授不赞成任正非的修改，而是坚持自己的观点用了原标题。

黄卫伟教授在文中直言，但凡新员工就职华为，就需要服从华为存在的理由。"什么是华为公司存在的理由呢？很简单，就是为客户服务。"此外，黄卫伟教授在该文中还分析了西方企业为谁存在的三种代表性的价值观。

第一，认为企业存在的理由是为股东利益最大化。这是美国企业的价值观，西方经济学的产权理论和代理理论就是建立在这种假设上的。我们认为这种价值观不适合华为公司。美国的股票市场是世界上最发达的。因此，提出企业是为实现股东价值最大化的价值观有其客观性。但大量实践表明，企业如果天天盯着股价的波动，按证券分析家们的观点来决定企业做什么、不做什么，非陷入困境不可。股票市场带有很大的投机性，而企业追求的是长期绩效，是可持续发展。股东看到企业短期业绩不好，就把股票抛出去跑掉了，但企业跑不掉，企业还要生存下去。

第二，认为企业存在的理由是实现员工价值最大化。这是日本企业的观点，他们称之为"从业员主权"。我们认为这种价值观也不适合华为公司。日本企业以员工为中心，实行终身雇佣制，在工资和人事制度上实行年功序列制，虽然在20世纪80年代辉煌过一段时间，但进入20世纪90年代，日本企业却陷入了长期的萧条。事实证明，企业以员工为中心，是不能长久生存下去的。终身雇佣制和年功序列制造成企业内部缺乏正常的竞争和淘汰机制，优秀人才不能脱颖而出，落后的员工仍然占据着重要的管理岗位，新鲜血液不能及时得到补充，企业不能新陈代谢，这是日本企业竞争力下降的内在原因。日本企业界的有识之士已经在尝试改变这种状况，华为公司要吸取日本企业的教训。企业不能以员工为中心，还因为企业生存的价值是从外部获得的，而不是内部自然生长的。而要从外部获得价值，就要为外部作出贡献，也就是为客户创造价值和提供满意的服务，这样企业才能存在，才有希望长久生存下去。

第三，认为企业存在的理由是实现利益相关者（stakeholder）的整体利益适度与均衡。所谓利益相关者，包括股东、员工、客户、供应商、合作者，还有政府和社区等等。这种观点的合理性在于从整个价值链的角度看待企业，主张利益相关者相互利益之间的适度、均衡与合理化。但问题是，在众多的利益相关者中，谁处在最优先的位置？我们认为是客户，客户是价值的源泉，离开了客户，企业就没有了利润，就成了无源之水、无本之木。这就是为什么我们主张华为公司存在的理由是为客户服务的原因。[1]

---

〔1〕 黄卫伟：《为客户服务是华为公司存在的理由——在与新员工交流会上的讲话》，载《华为人》，2001年7月30日。

至于在当时为什么不赞成加上"唯一"两个字，黄卫伟教授在多年后的一篇文章中详细解释了原因。黄卫伟写道："为什么把'唯一'两个字拿掉，是因为未敢突破西方的企业理论。"

在黄卫伟教授看来，作为学者，自己提出的每一个理论观点都很谨慎，"最忌讳的就是前后矛盾，自己否定自己"。

黄卫伟教授坦言："我理解任总的这一思想，首先是站在客户角度，而不是投资者的角度来看华为存在的价值的。客户选择华为的产品和服务只有一个理由，就是华为的产品和服务更好，更能满足他们的需求，客户才不管华为的投资者是谁、员工是谁呢。其次，如果客户不购买华为的产品和服务，哪会有股东和员工的利益，皮之不存，毛将焉附。再次，华为是一家员工持股的公司，员工和企业家都是股东，我们总不能将自己的利益置于客户之上。最后，任总的这一思想还涉及做生意的大道，什么是生意的大道呢？就是通过利他来利己，越是能够利他，就越是能够利己。利己谁都明白，但通过利他达到利己的目的，就不是谁都能真正认识到和自觉做到的了。"[1]

黄卫伟还解释道："投资者在企业价值分配中是排在最后的，为了获得剩余价值，就必须控制好排在前面的收入和支付给各个利益主体的成本，所以，投资者一定要追求利润最大化，这是促

---

[1] 黄卫伟：《"走在西方公司走过的路上"的华为为什么没有倒下？》，https://www.sohu.com/a/166242068_178777。

进企业效率的原因和动力。但这也是客户抛弃企业的原因,事物都有两面性。而按照任总的逻辑来看,客户持续购买华为的产品和服务,才是推动华为长期有效增长的压力、动力和原因。华为没有上市,实行员工持股,出钱购买公司股票,转让都没处转让,只有让客户首选华为,让公司更有效率,才能使大家持续获益。为此,公司只追求合理的利润,将更多的利益与客户、员工分享,加大未来的投入,持续推进管理变革。华为是从自身的长期利益出发理性地控制人性对利润的贪婪,而不是利用人性对利润的贪婪去经营企业"。[1]

二、"员工是要给工资的,股东是要给回报的,天底下唯一给华为钱的,只有客户。我们不为客户服务,还能为谁服务?"

在华为,任正非始终强调以客户为中心的重要性。任正非在内部讲话中说道:"从企业活下去的根本来看,企业要有利润,但利润只能从客户那里来。华为的生存本身是靠满足客户需求,提供客户所需的产品和服务并获得合理的回报来支撑;员工是要给工资的,股东是要给回报的,天底下唯一给华为钱的,只有客户。我们不为客户服务,还能为谁服务?客户是我们生存的唯一

---

〔1〕 黄卫伟:《"走在西方公司走过的路上"的华为为什么没有倒下?》,https://www.sohu.com/a/166242068_178777。

理由。既然决定企业生死存亡的是客户，提供企业生存价值的是客户，企业就必须为客户服务。现代企业竞争已不是单个企业与单个企业的竞争，而是一条供应链与另一条供应链的竞争。企业的供应链就是一条生态链，客户、合作者、供应商、制造商的命运在一条船上。只有加强合作，关注客户、合作者的利益，追求多赢，企业才能活得长久。因为，只有帮助客户实现他们的利益，华为才能在利益链条上找到华为的位置。只有真正了解客户需求，了解客户的压力与挑战，并为其提升竞争力提供满意的服务，客户才能与你的企业长期共同成长与合作，你才能活得更久。所以，需要聚焦客户关注的挑战和压力，提供有竞争力的通信解决方案及服务。"[1]

任正非之所以有如此观点，源于21世纪初他在法国考察时与阿尔卡特（Alcatel）前董事长兼首席执行官瑟奇·谢瑞克（Serge Tchuruk）的一次交流。

在交流中，瑟奇·谢瑞克对任正非谈道："我一生投资了两个企业：一个是阿尔斯通；一个是阿尔卡特。阿尔斯通是做核电的，经营核电企业要稳定得多，无非是煤、电、铀，技术变化不大，竞争也不激烈；阿尔卡特虽然在电信制造业上也有着一定地位，但说实话，这个行业太残酷了，你根本无法预测明天会发生

---

[1] 任正非：《华为公司的核心价值观》，载《中国企业家》，2005年第18期，第10—18页。

什么，下个月会发生什么……"[1]

作为在欧洲倍受尊重的实业家和投资家，瑟奇·谢瑞克创造了不少企业神话。例如，阿尔卡特不仅是全球电信行业的标杆企业，而且与爱立信、诺基亚、西门子这3家欧洲电信企业并肩成为欧洲电信行业的巨擘。

面对企业经营中的诸多不确定性，任正非深有感触，当时的华为就正处在艰难的爬坡关键阶段。返回深圳总部后，任正非在内部讲话中多次复述瑟奇·谢瑞克的观点，以此告诫华为高层并抛出关于华为命运的3个问题："华为的明天在哪里？华为的出路在哪里？华为的路径在哪里？"

华为由此展开了一场声势浩大、前所未有的对未来命运的争论。经过多轮探讨，最后达成一致共识——高举以客户为中心的旗帜。大家一致认为，华为之所以取得当时的业绩，就是因为坚持了以客户为中心的战略思维。而华为的未来同样也只能依赖客户，只有客户才是保证华为生存和发展的秘诀，同时也是华为存在的唯一理由。

从这个角度来看，华为不俗的业绩离不开任正非以客户为中心战略的指导，正是因为始终坚持以客户为中心，华为才成为信息与通信领域的霸主。华为1995—2020年销售收入的数据直接证

---

[1] 田涛、吴春波：《下一个倒下的会不会是华为》，北京：中信出版社，2012年版，第2—3页。

明了这个观点（见图5-1）。

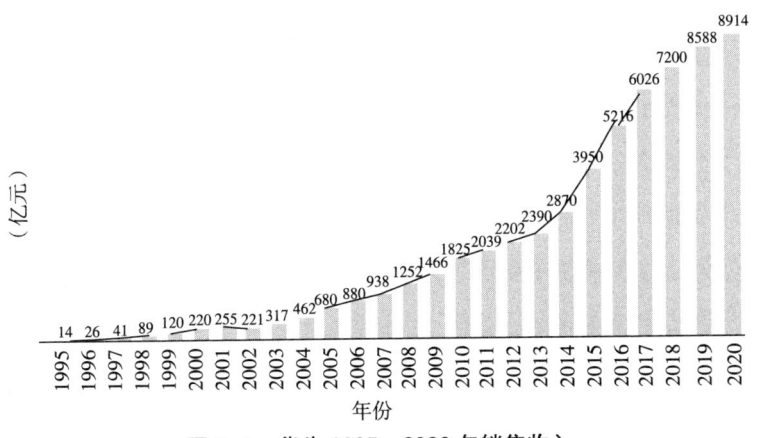

图5-1 华为1995—2020年销售收入

客观地讲，华为虽然十分强调以客户为中心，但并不是任正非和华为的独家发明创造，这是一个世界范围内广受认可的商业价值思维。在中国古代的商业思想中，经营者把顾客当作衣食父母。例如，始创于1669年至今已有300多年历史的同仁堂，就曾提出以客户为中心的商业训条："炮制虽繁必不敢省人工，品味虽贵必不敢减物力。"

古代的经营者之所以把顾客当作衣食父母，是因为企业存在的意义就是赚取客户的钱，以此获得利润，一旦企业不能赚取客户的钱，那么就无法获得生存和发展。正因为秉持了这一理念，同仁堂才得以历经百年风雨，依旧充满竞争优势。正是基于这一思维，华为才自始至终都把以客户为中心作为一切工作的中心。

在《华为投资控股有限公司2020年年度报告》中，华为公司轮值董事长胡厚崑写道：

以客户为中心，帮助客户解决问题，持续创造价值。

"以客户为中心，为客户创造价值"是华为存在的唯一理由。我们要保持定力，持续聚焦ICT基础设施和智能终端，有所为，有所不为，以优质的产品与服务持续为客户创造价值。

我们围绕联接和计算持续创新，携手客户和伙伴共创ICT基础设施产业价值。全力支持客户的技术领先，构建5G精品网，引领智能IP网络，构建确定性时延的全光网络底座。通过打造泛在、超宽、确定性体验和超自动化的智能联接，不断优化用户联接体验，最大化网络价值；华为云坚持技术创新，践行创新普惠，持续为客户提供稳定可靠、安全可信、可持续发展的云服务，赋能应用，使能数据，做智能世界的黑土地。我们聚焦计算架构创新，加强从硬件到基础软件、应用使能的全栈协同创新，为世界提供"鲲鹏+昇腾"等多样性算力，并坚持"硬件开放，软件开源，使能合作伙伴"的策略，推动计算产业发展和生态构建。

面对行业数字化转型机遇，构建跨领域、跨部门的协同机制，以"智能体"架构为蓝图，推进解决方案落地，与政府、企业、运营商和伙伴一起紧密协作，识别场景，抓住刚需，共创新价值。消费者业务坚持以消费者为中心，持续实现突破性创新，基于"1+8+N"战略，围绕智慧办公、运动健康、智慧家居、智慧出行和影音娱乐为主的五大生活场景，为消费者打造极致的全场景智慧生活体验。

华为将ICT产业延伸至智能汽车领域，通过智能网联、智能驾驶、智能电动、智能座舱和智能车云打造智能汽车解决方案，做智能网联汽车的增量部件供应商，帮助车企"造好"车，造"好车"，与产业伙伴携手构建美好的智能出行世界。[1]

从这个角度来看，以客户为中心的战略思维始终都主导着华为的生存和发展。即使华为已走过了初期的艰难历程，但以客户为中心的理念并未因为自身规模的壮大而有所改变。

任正非认为，华为只有把潜在的客户转化为自己的长期客户，然后再提升其忠诚度，华为才能在与对手竞争中立于不败之地，并保证自己不断地向海外的缝隙市场开疆拓土。正因为如此，华为在海外市场的拓展中才能如此顺利，即使遭遇美国的四面围堵，甚至在把华为列入"实体清单"的背景下，华为在2020年的海外市场营业收入也占据其营业收入的34.4%（见图5-2）。

---

[1]《华为投资控股有限公司2020年年度报告》，https：//www.doc88.com/p-98673059371240.html？r=1。

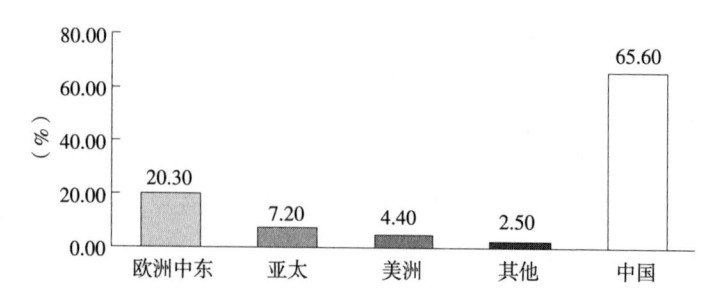

图 5-2　华为 2020 年的海外市场营业收入占比

表 5-1　华为 2020 年区域市场营业收入增幅变动

区域	2020 年 （亿元人民币）	2019 年 （亿元人民币）	同比变动 （%）
中国	5849.10	5067.33	15.4
欧洲中东非洲	1808.49	2060.07	-12.2
亚太	643.69	705.33	-8.7
美洲	396.38	524.78	-24.5
其他	216.02	230.82	-6.4
总计	8913.68	8588.33	3.8

由于新冠肺炎疫情和美国对华为的打压，华为 2020 年的地区市场营业收入占比与 2019 年相比存在不同程度的变化。在中国市场，运营商业务受益于中国本土市场 5G 网络高速建设，企业业务抓住了数字化与智能化转型机遇，消费者业务进一步完善了 PC、平板、智能穿戴、智慧屏等全场景智慧生活战略布局，实现销售收入 5849.10 亿元人民币，同比增长 15.4%；在欧洲中

东非洲地区市场，运营商业务受益于 5G 网络建设保持稳健发展，企业业务借助行业数字化转型保持良好的增长势头，但受消费者业务无法使用 GMS 生态的影响，销售收入同比下滑 12.2%，为 1808.49 亿元人民币；在亚太地区市场，运营商业务受益于 5G 网络建设同样保持稳健发展，企业业务受益于企业数字化转型加速保持高速增长，但受消费者业务无法使用 GMS 生态的影响，销售收入同比下滑 8.7%，为 643.69 亿元人民币；在美洲地区市场，受部分国家运营商市场投资波动、消费者业务无法使用 GMS 生态的影响，销售收入同比下滑 24.5%，为 396.38 亿元人民币（见表 5-1）。[1]

---

[1]《华为投资控股有限公司 2020 年年度报告》，https://www.doc88.com/p-98673059371240.html？r=1。

03 赛道：贸工技转向技工贸

我们广泛吸收世界电子信息技术最新研究成果，虚心向国内外优秀企业学习，在独立自主基础上，开放合作地发展领先核心技术体系。我们紧紧围绕电子信息领域来发展，不受其他投资机会所诱惑，树立为客户提供一揽子解决问题的设想，为客户服务。公司从创业到现在，紧紧围绕着通信，后来扩展到信息。大家知道，深圳经历了两个泡沫经济时代：一个是房地产，另一个是股票。而华为公司在这两个领域中一点都没有卷进去，倒不是什么出污泥而不染，而是我们始终认认真真地搞技术。房地产和股票起来的时候，我们也有机会，但我们认为未来的世界是知识的世界，不可能是这种泡沫的世界，所以我们不为所动。[1]

——华为创始人 任正非

---

[1] 任正非：《华为的红旗到底能打多久——向中国电信调研团的汇报以及在联通总部与处以上干部座谈会上的发言》，载《华为人》，1998年6月20日。

第6章

> "掌握核心,开放周边,使企业既能快速成长,又不受制于人。只有拥有核心技术知识产权,才能进入世界竞争。"

20世纪80年代,处于初期发展阶段的交换机产品销售出现三个特点:一是供不应求,非常紧俏;二是产品故障率居高不下,让很多代理商头疼;三是交换机产品以进口为主,备板、备件等技术服务无从谈起。

针对交换机产品售后无法解决的问题,任正非果断地摒弃传统的"老大"思维,站在经销商的角度思考产品的销售和维修问题,此举赢得经销商的热捧。具体的做法是:为便于经销商维护和保修交换机,除了维修备件外,华为还会多发一套交换机。一旦某台交换机出现故障,经销商可在维修故障交换机时,把备用交换机作为测试用,或者取下备用交换机的电路板,更换使用,经销商最后还可以把这台交换机,以及故障的电路板全部邮寄给位于深圳的华为总部。

华为与众不同的做法，不仅提升了经销商的忠诚度，而且还保证了产品的售后服务质量，而当时销售同类产品的其他公司根本就无法做到。正因为如此，华为的交换机销售异常火爆，自然也引发交换机生产厂家的不满，甚至担心自己的市场被华为独占了，于是开始拒绝给华为供货。

多年后，任正非回忆道："那我们做代理的公司，一个是珠海通信B703，一个是香港的公司。因为我们代理得太好了，把市场占稳，就不给我们货了，把我们好不容易赚到的钱逼到市场上去高价买货，再卖给客户，从而维护这个市场信用。"

不得已，任正非开始更换赛道，力图通过掌握核心技术来夺取话语权。任正非说："掌握核心，开放周边，使企业既能快速成长，又不受制于人。只有拥有核心技术知识产权，才能进入世界竞争，我们的（08）机之所以能进入世界市场，是因为我们的核心知识产权没有一点儿是外国的。"

一、"一个小公司要做高技术标准，这怎么可能呢？我们付出的就是生命的代价，就是我们不可能再后退，一分钱都没有了，不可能后退，所以我们就走上了这条不归路。"

香港鸿年公司等供货商的"断供"，打乱了华为的战略路径。任正非警醒地认为，局限于交换机的代理显然已经不符合华为的自身发展。经过慎重考虑，任正非毅然开启自主研发之路。

任正非做出这样的战略抉择，原因如下：第一，1989年，任正非敏锐地发现，用户小交换机的市场需求太大，仅有200多家国营企业涉足用户小交换机的生产和销售。一旦以低价切入，价高的产品就可能被挤出市场。第二，华为不能自主研发和生产交换机，一旦代理的交换机产品出现故障，华为的优质服务就很难进行，华为践行的"为客户提供优质服务"的宗旨就成为一句空话。第三，当华为打通渠道后，客户、订单、现金流等这些关乎公司命运的核心要素都必须掌握在自己手上。第四，国家信贷政策收缩，造成代理商的资金链濒临断裂，很多代理商不会也不敢冒更多的资金风险研制交换机。

当时想做自主研发的并非只有任正非，很多代理商因为缺乏技术和人才，只能放弃了，只有邮电部下属的几个国营单位自主研发、生产单位用小交换机。华为自主研发和生产交换机，面临一个较为现实的问题——到底从哪里开始入手？与其他代理商一样，华为没有技术和人才，用于研发的资金也不多。

权衡一番，任正非不得不曲线拓展：通过采购散件的方式自行组装小交换机供应市场，同时有意识地打造华为的品牌；通过定价策略赢得代理商的预订，解决急需的研发资金。

此前两年，华为已经建立了一张全国范围的销售网络。1989年，任正非着手BH01 24口小交换机的研发。

华为向国营生产单位采购BH01相关的散件，再进行组装，撰写产品说明书,并直接以华为品牌进行推广和销售,慢慢地把自己的优质服务注入功能、外观设计中。

曾就职华为的张利华在回忆草莽阶段的华为时说:"华为销售的第一款自主品牌的产品,其实就是把其他厂家生产的BH01宣传单上的厂家地址和品牌一抹,换成华为的,发个传真给客户就完成了。"[1]

一石激起千层浪,当华为控制散件后,明显的变化就是有效地控制了设备的备件,提升了客户的技术要求响应速度和服务质量,开始树立自己的品牌,从代理商转变为供应商,不再需要花钱购买代理权,而且还会提前半年以上收到自己代理商的订金。

身份的转换解决了华为急需解决的研发资金问题,华为可以在全中国发展自己的代理商,收取代理费,有效缓解了华为现金流紧张的压力。但是华为也面临新的挑战。

第一,华为向厂家采购散件时,相比之前采购整台交换机,订单数量和规模都更大。之前的采购,数量可多可少,一台也可以预订,但是,采购散件的起订量至少是几十件,否则厂家就不给受理。订单数量的增加,考验华为的资金周转和市场销售能力。

第二,当时,市场需求过大,导致的直接问题是厂家会优先给代理商发货,然后才把散件销售给华为这样的组装企业。厂家自己也在销售交换机产品,优先供应自家,过剩的生产产能才供

---

[1] 张利华:《华为研发》,北京:机械工业出版社,2009年版。

应给华为，所以华为的散件供货往往得不到保障。

此外，BH01交换机供不应求，甚至出现收了客户的货款，却没有货可发的情况，这加速了华为自主研发的进程。面对大量订单，华为必须解决产品的生产问题。1990年，任正非决定带领华为自行开发BH01产品全部的软件和电路，实现自己控制生产、控制产品，尽可能地把BH01交换机交到客户手上。否则，一旦客户到华为总部申请提货或者要求退还采购款，华为将面临资金断流，甚至有倒下的危险。

决策层委派时任香港华为财务管理部负责人莫军任项目经理，管理BH01自主知识产权的电路设计和软件开发。华为将新交换机命名为BH03，寄希望于让其更有延续性。与BH01相比，BH03的功能和其相似，但BH03的机壳更加漂亮，产品的每一块电路板都由华为自主设计，产品的软件也由华为自主开发。

这不同的几项是华为耗费了不少资源做到的。莫军担纲BH03项目经理，组建了一个六人小组，负责攻关BH03的项目研发。具体操作是，莫军把BH03项目的软硬件集中在一起完成，工程师在设计电路板、编写全部软件程序的同时，调试BH03的整机。

在艰苦的初创阶段，华为缺乏基础的研发环境，连最基本的测试设备也没有。一旦涉及复杂的、焊点上千个的电路板，只能委托外面加工。

在检查电路板时，工程师通过放大镜一个一个地检查电路板中的焊点，确保没有虚焊、漏焊或者连焊的情况发生。在测试BH03交换机的产品性能时由于缺乏自动测试设备，华为工程师只能通过话机一项一项地测试。在测试大话务量时，工程师不得不把华为的全部人员聚集在一起，一个人两部话机，同时拿起听筒进行测试。

时隔多年，张利华回忆道："当初价值100万元的8台BH03用户交换机，全部都要先经由工程师一台一台地调试、修改、再测试；测试通过后，方能拿给其他人贴标签和包装，再从华为办公室里出货。"[1]

BH03交换机的成功研发，耗时近一年。其后，BH03交换机通过了邮电部的验收，取得了正式的入网许可证。

1991年，华为开始宣传首款自主研发产品——BH03交换机。在其宣传资料上有几行小字写道："每月10—18日在深圳举办用户学习班，月月如此，不再另行通知"，"生活费用自理，技术培训免费，无论是否订货，一视同仁"。

在宣传资料的最上方是华为的广告语："祝您早日走上成功之路，电子通信是您发达的催化剂，一种优良的小程控交换机会使您的办公发生较大的变化。"

当时，华为的办公室，也是实验室，还是生产部。在办公楼一层，中间隔成了几个不同的办公区，没有专门的研发部门，只

---

[1] 张利华：《华为研发》，北京：机械工业出版社，2009年版。

有项目组。项目组负责BH03的研发、生产、测试。

BH03项目的工程师，一连几个月不分白天黑夜地干，吃、住、睡全在华为，简直是"不知有汉，无论魏晋"。其中一位工程师在BH03产品研制成功时，由于过度劳累，眼角膜都累掉了，不得不住院做手术。正是重金研发和华为人的艰苦奋斗，让华为旗开得胜。1992年，华为当年的销售额突破了1亿元。

在任正非看来，"后面就是莫斯科"，华为已经没有退路。任正非说道："一个小公司要做高技术标准，这怎么可能呢？我们付出的就是生命的代价，就是我们不可能再后退，一分钱都没有了，不可能后退，所以我们就走上了这条不归路。"

二、"华为当时不仅将自己所有的利润用来投资这一研发，而且把客户预订小交换机的钱也都投了进去。如果到1991年这一产品还不能供应市场的话，华为就会破产了。"

BH03交换机的成功仿制，让华为迈出了自主研发和制造的第一步。随着华为BH03交换机渐渐得到客户认可，任正非和华为对研发投入的的决心愈加明确。任正非把目光聚焦在利润更高、能够带更多分机的大型交换机的研发和生产上。华为由此开启了新的征程。

但是仍有一个棘手的问题横亘在任正非面前——人才。对于从零开始起步的华为来说，唯有人才才能保证华为建立自己的品牌产品并实现技术积累。任正非把目光转向了大学,主动联系华中科技大学(当年叫华中理工大学)、清华大学等高校,谦卑地邀请教授带着老师和学生参观华为,尽可能地寻求一切可能的技术合作。

就这样,任正非遇到了他想要的技术人才。一次,华中科技大学的一位教授带着他的研究生郭平参观华为。让任正非没有想到的是,正是这位教授给自己送来一位能够解决华为当时棘手问题的人才。

郭平当时刚刚研究生毕业,按照当时的工作分配政策已决定留校任教。任正非的接待让郭平有相逢恨晚之感。任正非打造世界领先企业的抱负、待人的热情和诚恳,吸引着即将步入教书育人工作岗位的郭平。

在参观期间,郭平与任正非有过一番热情洋溢的交流。面对更具梦想的任正非,郭平毅然放弃了教师的工作,决定加盟华为。

郭平的到来,让任正非如虎添翼。任正非任命郭平担任华为第二款自主产品——HJD48小型模拟空分式用户交换机研发的项目经理。HJD48是一款一台机可以带48个用户的新产品,当时考虑到产品的延续性,一开始叫BH03U,原来莫军负责BH03,改为BH03K。

郭平给华中科技大学的优秀人才做了一个榜样,为华为的人才引进打下了基础。郭平加盟华为后,郭平的同学郑宝用也来了。

1989年，在华中科技大学本硕毕业、留校任教的郑宝用，刚考上清华大学的博士。郑宝用与郭平一样，在参观华为之际，被任正非的理想和抱负打动。经过短暂的沟通和交流，郑宝用就毅然放弃回清华大学读博士的计划。

郑宝用的入职，加快了华为自主产品的研发和生产步伐。任正非把研发、制造能带48门分机的HJD48交换机，以及能带256门和500门分机的两款交换机的重任，交给了郭平和郑宝用这两位电信专业人才。

初入华为时，郑宝用被安排在郭平主导的项目组里研发HJD48交换机。不久，郑宝用成为HJD48的软硬件开发主力。HJD48交换机研发成功后，任正非提拔郑宝用为华为副总经理兼第一位总工，负责华为产品的战略规划和新产品研发。当时中国企业尚不清楚"战略规划"为何物，华为人理解为"只要是不生产、不发货的产品，凡是没做出来的产品，都归郑宝用负责"。

火线提拔足以说明华为对郑宝用的器重，技术大咖的到来，提升了华为的技术研发水平，华为很快就推出了HJD48小型模拟空分式用户交换机，在技术上取得了新的突破。

任正非回忆道："华为当时不仅将自己所有的利润来投资这一研发，而且把客户预订小交换机的钱也都投了进去。如果到1991年这一产品还不能供应市场的话，华为就会破产了。"任正非和华为都是幸运的，最终赢下了赌局。

相比较而言，华为前两款产品（BH01、BH03）一块板只能带 4 个用户，而 HJD48 交换机中的一块板可以带 8 个用户，大大地提高了产品的集成度。也就是说，相较于功能类似的产品，HJD48 交换机减少了产品所占的空间面积，提升了产品的容量，大幅降低了产品的成本。HJD48 交换机投入市场后，因质优价廉，受到很多用户的好评。

关于 HJD48 交换机，其特点有如下两个："第一，功能齐全、接口丰富。除所必备的功能外，还具有宾馆系统功能（如密码计费）、弹性编码（可至 4 位）、脉冲/音频/自动分机灵活设定、自动测试、灵活实用的计费系统、故障告警/切换、打印和停电转移等功能。一切为了用户，一切服务于用户，是我们立足的支点。我们将以雄厚的技术力量满足各种特殊用户的需要。HJD48 交换机具有各种硬件接口：DISA 电脑话务员板，可作用户板接入交换机中，在普通中继条件下实现无人值守。其脉冲识别准确度达国内一流水平。磁石中继 MTRK 板，适合于各种磁石中继的场合。DID 板，可实现中继直入分机，无需话务台转接。E/M 板和 A/B 实线板，可与载波机、微波机接口，适合于公安、边防、武警、电力等组成地区专网，其灵活的编码可实现全网等位自动拨号。第二，硬件可靠、操作维护方便。HJD48 机器硬件设计的宗旨就是：可靠第一。为此，公司引进了大量的先进器件，ASIC、PGA 等，其电源供电系统功耗小，噪音小，可靠性高。在杂音电平、传输衰耗、串音衰耗及 BHCA 等方面性能指标均大大高于国标。尤其值得一提的是，HJD48机具有特强的抗雷击、高压冲击能力。话务台和计费系统的全屏幕中文菜单，操作、编程十分简便，还具有测试功能。"[1]

1991年，郑宝用主导开发了华为HJD-04 500门用户机。该产品一台机就可以带500个用户，采用了光电电路和高集成器件，被邮电部评为国产同类产品质量可靠用户机。

与此同时，郑宝用在给华为做战略规划的同时，还带领研发人员成功开发出了带100门、200门、400门、500门等系列化的用户交换机，极大地填补了中国通信市场的空白。[2] 华为正在成为小交换机市场上具有全系列产品的一个完整供应商。

1993年7月，《华为人》刊发一则关于优化HJD48用户交换机性能的快讯："（1993年）5月29日，在鉴定委员会主任郭平主持下，HJD48用户交换机通过了内部优化鉴定。这次鉴定委员会由市场部、制造部、品质部、文件中心等部门的同志组成，下属的测试小组和资料审查小组对优化后的HJD48机器的软硬件、功能及技术资料进行了全面的测试与审查，一致认为：优化后的HJD48机器性能稳定，解决了复位丢失数据、阻塞、内外码唯一性、反极计费、话务台大液晶翻滚等问题，软件增加了立即计费、自动分机、热线及呼叫转移功能。HJD48的优化是公司从用

---

[1]《华为人》编辑部：《HJD48型程控用户交换机》，载《华为人》，1993年9月27日。

[2] 张利华：《华为研发》，北京：机械工业出版社，2009年版。

户的角度，严格按照 QE 要求进行的，旨在通过不断的自我完善提高产品的品质及可靠性，为用户提供值得信赖的产品。"[1]

---

［1］ 江梅坤：《HJD48 通过优化鉴定》，载《华为人》，1993 年 7 月 21 日。

第7章

"我们一定要搞基础研究,不搞基础研究,就不可能创造机会、引导消费。我们的预研部,只有在基础研究出现转化为商品的机会时,才大规模扑上去。"

对于任何一个企业来说,其边界都是在向外扩张中的,在创新时也同样如此。不过,在任正非看来,创新必须"聚焦主航道,以延续性创新为主,允许小部分力量有边界地去颠覆性创新"。

任正非的观点是,"互联网总是说颠覆性创新,我们要坚持为世界创造价值,为价值而创新。我们还是以关注未来5—10年的社会需求为主,多数人不要关注太远。我们大多数产品还是要重视延续性创新,这条路坚决走;同时允许有一小部分新生力量进行颠覆性创新,探索性地'胡说八道',想怎么颠覆都可以,但是要有边界。这种颠覆性创新是开放的,延续性创新可以去不断吸收能量，直到将来颠覆性创新长成大树苗，也可以反向吸收延续性创新的能量。"

为此，任正非曾举例说："公司要像长江水一样聚焦在主航道，发出巨大的电来。无论产品大小都要与主航道相关，新生幼苗也要聚焦在主航道上。不要偏离了主航道，否则公司就会分为两个管理平台。大公司为什么运转很困难？以前我们一个项目决策，要经过470多人审批，速度太慢，内部要允许大家有一条小路快走。而且主航道470多人审批也太多了，应该先砍掉绝大部分。"

一、"在我们公司的创新问题上，一定要强调价值理论，不是为了创新而创新，一定是为了创造价值。"

关于技术创新，任正非始终坚持创造价值："第一，一定要强调价值理论，不是为了创新而创新，一定是为了创造价值而创新。但未来的价值点还是个假设体系，现在是不清晰的。我们假设未来是什么，我们假设数据流量的管道会变宽，变得像太平洋一样宽，建个诺亚方舟把我们救一救，这个假设是否准确，我们并不清楚。如果真的像太平洋一样宽，也许华为押对宝了。如果只像长江、黄河那么宽，那么华为公司是不是会完蛋呢？这个世界上完蛋的公司很多，北电就是押宝押错了。中国的小网通也是押错宝了，押早了。小网通刚死，宽带就来了。它如果晚诞生几年，就生逢其时了。英雄常常是生不逢时的。有一些人性格很刚烈，大家不认同，我说你就生错时代了，你如果生在抗战时代说不定就是英雄，说不定就能当将军。我们是基于人类社会的需求和价值来看，假设将来数据流量会越来越大，但这不一定符合社会规律。马克思理论假设的前提是那时候没有汽车，没有飞机，他说的物质极大丰富，准确定义是什么呢？因为马克思没有拿出标准的数学公式来，我们还以为有更高的标准。所以，我们现在的假设是要接受长期批判的，如果假设不对，那我们就要修正。第二，在创新问题上，我们要更多的宽容失败。宽容失败也要有具体的评价机制，不是所有的领域都允许大规模宽容失败，因为你们是高端研究领域，我认为模糊区域更多。有一些区域并不是模糊的，就不允许他们乱来，比如说工程的承包等都是可以清晰量化的，做不好就说明管理能力低。但你们进入的是模糊区域，我们不知道它未来会是什么样子，会做成什么。因此，你们在思想上要放得更开，你可以到外面去喝咖啡，与人思想碰撞，把你的感慨写出来，发到网上，引领一代新人思考。也许不只是华为看到你了，社会也看到你了，没关系，我们是要给社会作贡献的。当你的感慨可以去影响别人的时候，别人就顺着一路走下去，也许他就走成功了。所以在创新问题上，更多的是一种承前启后。"

鉴于此，任正非始终坚持"公司运转是依靠两个轮子：一个轮子是商业模式，一个轮子是技术创新。"创新是为了解决客户的需求，而非是盲目创新。

纵观中外科技企业的创新，很多企业特别是世界大型跨国企业，由于不重视客户需求，最终导致最先进的技术创新无法转化为商业价值，企业无法正常运转，最终因资金链断裂而走向没落。

在20世纪90年代，摩托罗拉研发的铱星电话可谓雄心勃勃，但是却忽视用户需求，最终把自己拍死在沙滩上。纵观华为，同样也走过一段创新弯路。任正非在内部讲话中坦言："对技术的崇拜不要到宗教的程度。我曾经分析过华为技术、朗讯可能失败的原因，得出的结论是不能走产品技术发展的道路，而要走客户需求发展的道路。"

在任正非看来，只有把客户需求导向优先于技术导向，才是上上之策。任正非在内部讲话中告诫华为人说道："价值客户、价值国家、主流产品的格局是实现持续增长的最重要要素，各产品线、各片区、各地区部都要合理调配人力资源。一方面把资源优先配置到价值客户、价值国家和主流产品上；另一方面对于明显增长乏力的产品和区域，要把资源调整到聚焦价值客户、价值国家和主流产品上来。改变在价值客户、价值国家和主流产品上的竞争格局，以支持持续增长。"

2002年10月，对于不景气的通信设备市场来说，联通CDMA网二期招标可谓该年度中国电信行业的第一采购大单，因为仅二期招标总协议价格就达到100多亿。对于处于低迷状态的国内外电信设备商来说，这不啻为一棵救命稻草。国内外设备供应商对此期望很高，他们都摩拳擦掌、跃跃欲试。

由于电信行业自身调整，以及联通上市等重大事宜，招标工作一再拖延，这对国内不少设备供应商的年度赢利带来不小的冲击。

随着联通 A 股上市，其 CDMA 网二期招标突然加速。时任联通新时空总经理张云高介绍："招标已取得突破性进展。"

联通暗地布局二期工程后，其竞争策略也在悄悄发生变化，一方面业务扩张向纵深发展，另一方面则更看重集团用户。

在此次招标过程中，已有包括北电网络、摩托罗拉、朗讯、爱立信、贝尔、三星、中兴六家厂商签下合同。但让业界震惊的是，来自深圳的华为却意外落标。

众所周知，作为国内电信设备供应商的领头羊，在错过联通 CDMA 一期招标后，华为全力进行 CDMA1X 研发，但终因价格因素未能中标。

当在中国联通 CDMA 项目招标中落选后，华为痛定思痛，在反省此次教训中发现，其失败的关键在于，产品开发的战略思路不正确。在以往，产品开发都通常是由技术驱动，研发什么就制造、销售什么。

如今，其趋势已经变化了，不断问世的新技术早已大大超越了用户的现实需求，甚至对于一些超前太多的技术，一旦用户不能接受，企业就会因此付出大量的沉没成本，甚至可能破产。

基于此，对于华为来说，其研发战略必须从技术驱动转变为市场驱动，其宗旨是以新的技术手段满足客户需求。

在华为看来，创新的动力源自客户的需求，在创新实践中必须坚持以客户为导向。具体的体现是，从最初研发阶段就考虑到市场，甚至考虑到售后阶段的如何维护产品等问题。

华为为此建立了一套具有特色的"战略与市场营销"体系，理解、分析客户需求，并基于客户需求确定产品投资计划和开发计划，以确保以客户需求来驱动华为公司战略的实施。

尽管有些项目已立项，但在开发过程的各个阶段都要进行动态评估，基于客户需求决定是否继续开发，是否要加快或放缓开发进度。

为了更好地做好技术创新，从 2000 年开始，华为变革了集成产品开发的模式。这样的做法打破以前由研发部门独立完成的产品开发模式，变成跨部门的团队运作，即任何产品一经立项，就成立一个由市场、开发、服务、制造、财务、采购、质量等人员组成的团队。该团队对产品开发的全流程进行管理和决策，做到产品一被推到市场，就能满足客户的性能需要。

通过服务、制造、财务、采购等流程后端部门的提前介入，确保在产品设计阶段就充分考虑到可安装、可维护、可制造的需求，以及成本和投资回报，从而使得市场驱动的研发战略拥有了制度和机制的保障。

在华为看来，这样做是适应市场，而不是单纯的就技术论技术的研发，是基于客户需求的价值创新，而不是搞盲目出新。

2020年6月19日，任正非在题为《星光不问赶路人》的演讲中讲道："不要因美国一时打压我们而沮丧，放弃全球化的战略。我不赞成片面地提自主创新，只有在那些非引领性、非前沿领域中，自力更生才是可能的；在前沿领域的引领性尖端技术上，是没有被人验证的领域，根本不知道努力的方向，没有全球共同的努力是不行的。"

对此，在创新时，华为允许小部分力量有边界地去进行颠覆性创新，避免陷入创新者的窘境。大量事实证明，在历史上，很多大公司几乎在一夜之间就倒闭了，这样的窘境让任正非忧虑不安。为此，任正非强调："至少在大数据传送这个领域不会出现这种状况。即使有'黑天鹅'，也是在我们的咖啡杯中飞。我们可以及时把'黑天鹅'转化成'白天鹅'。我们内部的思想氛围是很开放自由的。我们这里已经汇集了世界主要的技术潮流。"

二、"公司在世界资源聚集地建立了20多个能力中心，没有这些能力中心科学家的理论突破，就没有我们的领先世界。"

在当前，创新似乎并不被关注，很多企业家关注最多的就是资本运营。究其原因，创新不仅投入较大，而且还必须抵制各种诱惑。

对此，任正非在接受媒体记者采访时坦言："高科技领域最大的问题,是大家要沉得下心,没有理论基础的创新是不可能做成大产业的。'板凳要坐十年冷',理论基础的板凳可能要坐更长时间。我们搞科研,人比设备重要。用简易的设备能做出复杂的科研成果来,而简易的人即使使用先进的设备也做不出什么来。"

任正非很乐观地预测,如果中国企业都踏踏实实地搞研发,在未来的中国,类似华为的企业将不胜枚举。任正非的理由是:"第一,小企业做大,就得专心致志为客户服务。小企业特别是创业的小企业,就是要认认真真、踏踏实实,真心诚意地为客户服务。小企业不要去讲太多方法论,就是要真心诚意地磨好豆腐,豆腐做得好,一定是能卖出去的。只要真心诚意对待客户,改进质量,一定会有机会。不要把管理搞得太复杂。第二,先在一个领域里做好,持之以恒地做一个'螺丝钉'。第三,小公司不能稍微成功就自我膨胀。我始终认为,企业要踏踏实实一步一步发展才行。"

为此,任正非告诫企业家说道:"泡沫经济对中国是一个摧毁,我们一定要踏踏实实搞科研。一个基础理论变成大产业,要经历几十年的工夫,我们要有战略耐性。要尊重科学家,有一些人踏踏实实做研究。如果学术研究泡沫化,中国未来高科技很难有前途。不要泡沫化,不要着急,不要'大跃进'。没有理论的创新是不可能持久的,也不可能成功。"

任正非举例说道:"我们公司在世界资源聚集地建立了20多个能力中心,没有这些能力中心科学家的理论突破,就没有我们的领先世界。中国必须构建理论突破,创新才有出路。小改、小革,不可能成为大产业。"

究其原因,是由于"有理论创新才能产生大产业,当然有技术创新也能前进。日本一个做螺丝钉的小企业,几十年只研究螺丝钉,它的螺丝钉永远不会松动,全世界的高速铁路大都是用这个公司的螺丝钉。一个螺丝钉就有非常多的地方可以研究。"

任正非解释说道:"理论创新比基础研究还要超前,因为他写的方程也许连神仙都看不懂,就像爱因斯坦100年前写的引力场方程,当时谁也看不懂,经过许多科学家100年的研究才终于证明理论是对的。很多前沿理论突破以后,人类当时都不能理解。"

为此,华为聘用国外很多科学家。据任正非介绍:"我们海外研究所的科学家大多是外国人,所长是中国人,所长就是为科学家服务的。我们'2012实验室'现在有700多位科学家,今年会到1400多人。"

当然,任正非强调,高科技发展必须以市场需求、客户需求为基础。《华为的创新哲学:把二道贩子公司做到通信老大》一文对华为的创新是这样介绍的:"20多年来,一个倒买倒卖设备的二道贩子公司,怎么做到了把全球的通信行业搅得天翻地覆?是依靠技术的强大吗?依靠资本的力量或者政府力量吗?显然都不是。"

那么是什么因素导致华为的成功呢?答案是哲学与文化的成

功，同时也是创新的成功。

在华为创新中，其核心的基础理念是，紧紧抓住市场的需求、客户的需求。任正非直言，主航道就是市场需求、客户需求。一旦背离这样的需求，即使是那些上百年的巨头，纵有技术和资本加持，同样也会走向衰落。如美国摩托罗拉公司，该公司可以说是华尔街最具创新精神的公司之一。摩托罗拉创始人保罗·加尔文（Paul V. Galvin）和他儿子罗伯特·加尔文（Robert W. Galvin）在多年前提出的企业愿景是，"摩托罗拉是一家不以赚钱为目的的公司，实现顾客梦想代表着摩托罗拉的企业使命。"

事实上，这样的使命感在家族企业中十分常见。然而，在20世纪末21世纪初，由于互联网技术与资本经营引领华尔街，再加上摩托罗拉走向技术崇拜，无视客户需求，盲目投资50亿美元研发"铱星计划"，直接导致了摩托罗拉的衰败。由于摩托罗拉遭受重大的技术投资失败，华尔街的资本市场开始用脚投票，无疑加速了摩托罗拉的崩溃。如今的摩托罗拉，已经成了一个"被忘却的伟大的符号"淹没在历史的长河中。

为此，任正非吸取了摩托罗拉的教训，在创新中始终坚持以市场需求、客户需求为导向。在任正非看来，华为投入了世界最大的力量在创新，但反对盲目的创新，反对为创新而创新，华为推动的是有价值的创新。

华为副董事长胡厚崑接受媒体采访时说："华为无疑是5G技术的领跑者。华为起步于6年前，已取得了大量技术突破，这让华为在 5G 知识产权领域占据更有优势的地位。"

　　正是因为如此，华为才取得了突飞猛进的发展。众所周知，对于华为这样的高科技企业来说，唯有创新才能生存和发展，才能赢得与思科和爱立信等通信企业的竞争。

　　欧洲市场，不仅是一个技术和市场高地，同时也是华为在国际化中开疆拓土的突破点。华为荷兰分公司首席执行官王德贤接受《光明日报》记者郭丽君、严圣禾采访时说道："华为摸索出了研发的'欧洲模式'，构建了更加高效的科研体系，即依托当地优势资源，利用欧洲基础研究的先进成果、领先的人才技术，与当地公司、科研机构联合创新，将伦敦的全球财务风险控制中心、匈牙利的物流中心、德国的工程能力中心和意大利的微波中心等创新研发成果，转化成华为的解决方案，提供给全球客户。"

　　截至 2020 年年底，华为在全球共持有有效授权专利 4 万余族（超过 10 万件），90% 以上专利为发明专利。

04 流程："IBM教会了我们怎么爬树，我们爬到树上就摘到了苹果"

对于过去的规章制度，持"祖宗之法不可变"的态度是错误的，但"变法"一定要保证科学性，要保持不断的协调，要先"立"后"破"，这样才能避免旧的已经废除，新的还未产生，制度上的真空地带引起的混乱。要吸取现代科学精髓，但也要重视老方法。公司在组织变革上，要采取"补台"而非拆台的政策，赞成改良，不希望"天翻地覆"的改革。在公司组织建设上，ISO9000办公室这一年多来的工作，起到了潜移默化的作用，我们应该看到，我们在组织建设上的进步还是很大的。公司（19）95年下半年，要推行ISO9001，其中也涉及开发部。在以后的推行工作中，各部门要负责所属中文件的编写，ISO9000办公室负责提供指导和进行审查。[1]

——华为创始人　任正非

---

[1] 任正非：《坚定不移地坚持发展的方向——任正非在中央研究部干部就职仪式上的讲话》，载《华为人》，1995年1月9日。

第 8 章

"我不认识韦尔奇,我的老师是IBM,韦尔奇是多元化,我们公司不提倡多元化。IBM教会了我们怎么爬树,我们爬到树上就摘到了苹果。"

吉姆·柯林斯研究发现,在从优秀公司到伟大公司的转变过程中,根本没有什么"神奇时刻",成功的唯一道路就是清晰的思路、坚定的行动,而不是所谓的灵感。究其原因,"我们没有伟大的学校主要是因为我们有优秀的学校;我们没有伟大的政府主要是因为我们有优秀的政府;很少人能经历伟大的人生,这主要是因为我们能比较轻松地获得不错的生活。"[1]

鉴于此,中国企业从优秀迈向伟大的过程中,企业家们探索的热情与浪潮仍旧在蔓延。作为组织流程变革道路上的先驱者,华为规范的制度化一直被奉为中国企业运营管理的典范。然而,

---

[1] 余智骁:《吉姆·柯林斯:优秀是伟大的敌人》,载《经济观察报》,2002年10月22日。

在这条鲜花、掌声与陷阱、魔咒并存的道路上，华为的流程管理变革之路经历了外界难以想象的艰难。

为了借鉴国际跨国企业的先进管理制度，从1992年开始，任正非先后走访了法国阿尔卡特（Alcatel）、德国西门子（Siemens）、美国朗讯（Lucent）、惠普（Hewlett-Packard）、IBM等行业领先跨国企业。在考察期间，这些巨型跨国企业的规范管理给予任正非太多触动。

随后着中国加入世贸组织的步伐逐步加快，以及跨国企业在中国本土市场的长驱直入，任正非理智地认为，"与国际一流对手在全球市场上拼杀，是中国企业走向世界的必由之路"。要想与跨国企业比拼高下，规范化的流程管理制度就是一道不得不跨越的坎。

经过几轮的考察，IBM的集成产品开发（Integrated Product Development，IPD）模式进入任正非的视野。在接受媒体采访时，任正非坦言："我没有受到他的任何影响，因为我不了解韦尔奇。我们学的方法是IBM的。IBM教会了我们怎么爬树，我们爬到树上就摘到了苹果。我们的老师主要是IBM。"

一、"只有加强管理与服务，在这条不归路上才有生存的基础。"

任正非选择借鉴 IBM 的管理制度，原因在于，作为行业巨人，IBM 的优越感曾阻碍其技术创新，并为此付出惨痛代价。而 IBM 的管理体制正是基于这种代价总结出来的，具有行业共性。

纵观 IBM 的历史不难发现，作为巨无霸的 IBM 一直处在优越的产业地位，由于长期的经验主义和官僚主义，导致对新技术的普及无动于衷，结果当个人电脑、网络技术蓬勃发展时，迟钝的 IBM 决策层依旧没有察觉新技术带来的机遇，以及对 IBM 自身优势的冲击。当然，IBM 决策层之所以如此傲慢，是因为在 20 世纪 80 年代初期，IBM 的股票市值曾经超过西德股票市值的总和，同时也成为世界上有史以来盈利最大的一个公司。

随后，个人电脑、网络技术严重地吞噬了 IBM 赖以生存的大型机市场，IBM 为此付出了惨重的代价。1993 年 1 月 19 日，IBM 宣布 1992 会计年度亏损 49.7 亿美元，创下当时美国历史上最大的公司年亏损记录。

对此，IBM 不得不实行变革。1992 年，IBM 开始精简机构，裁员人数达到 15 万人（41 万人裁到 26 万人），并为此付出了 80 亿美元的行政改革费用。

在此次变革中，被长期胜利麻痹的 IBM 暴露出了冗员、官僚主义、产品线又多又长、管理混乱等各种沉疴积弊，这几乎令

IBM 解体。

1993年4月1日，临危受命的路易斯·郭士纳（Louis Gerstner）担任IBM董事长兼首席执行官。面对IBM的诸多问题，路易斯·郭士纳提出了四项主张：一是保持技术领先；二是以客户的价值观为导向，按对象组建营销部门，针对不同行业提供全套解决方案；三是强化服务，追求客户满意度；四是将精力集中到网络类电子商务产品上，发挥IBM的规模优势。[1]

这四项主张尤其是第四项，主要是针对1992年IBM所面临的解体为七个公司的情况而说的。此次变革后，IBM销售额增长了100亿美元，达到750亿美元，股票市值增长了四倍。面对IBM遇到的问题，任正非自问："华为会不会也因盲目乐观，导致困难重重呢？"

带着这样的忧虑，任正非曾于1997年考察了美国几个大型企业，逐步对IBM这种大公司在管理制度上的规范、灵活、响应速度有了新的认识，对这样一个庞然大物的有效管理有所了解，对如何让华为的成长少走弯路有了新的启发。任正非反思道："华为的官僚化虽还不重，但是已有不少苗头出现。企业缩小规模就会失去竞争力，扩大规模却不能有效管理，又面临死亡。管理是内部因素，是可以努力改善的。规模小，面对的都是外部因素，是客观规律，是难以以人的意志为转移的，它必然抗不住风

---

[1] 任正非：《我们向美国人民学习什么》，载《华为人》，1998年2月20日。

暴。因此，我们只有加强管理与服务，在这条不归路上才有生存的基础。这就是华为要走规模化、搞活内部动力机制、加强管理与服务的战略出发点。"

事实证明，很多企业家不愿意积极转型，一个最核心的问题是总沉溺于过去的成功中。除了IBM，柯达也犯过类似的错误。众所周知，柯达率先发明数码相机，但是却固守曾经的优势业务，结果被数码相机、手机照相所替代。柯达因此被时代所遗弃。

2012年1月19日，对于柯达来说，这个日子似乎宣告了这个拥有131年历史、曾盛极一时的王牌摄影器材企业结束，因为当天柯达正式向法院递交了破产保护申请。

作为摄影界的一代霸主，曾被誉为美国荣光的企业，柯达怎么就穷途末路了？

答案就是柯达过于害怕颠覆性创新，担心因此砸了自己的金饭碗。20世纪70年代，作为全球最著名的胶卷生产企业，柯达当时已经着手研发先进的照相技术，但是却不敢大胆使用。然而，正是这一自家发明的数码照相技术导致柯达最终走向没落，直至破产。

1975年，当柯达工程师史蒂文·萨森（Steven Sasson）把世界上第一台数码相机诞生的喜讯汇报给直属部门领导时，却没有得到嘉奖，甚至被告知要严格保守商业机密，以免影响胶卷的销量。

现在看来，这是一个非常典型的颠覆式创新，却被柯达的官僚主义给忽略了。正是因为否定了这个颠覆创新，让柯达错过了一个绝佳的引领潮头的机会。在后来的较量中，柯达走向衰败，不是因为别人发明的数码相机，而是害怕砸了自己的金饭碗，是自己打败了自己。如今，柯达成了企业高管的警钟：在颠覆性技术侵入市场时，必须要及时回应。为什么这样说呢？那就是颠覆性创新砸了自己的金饭碗，但是也可能砸了竞争者的金饭碗，机遇与挑战同在，只要能够自我变革和转型，依然可以引领时代。

客观地说，柯达之所以能够创造全球传统胶卷市场的神话，是因为柯达的创新机制。据公开数据显示，柯达在鼎盛时期曾占据全球三分之二的胶卷市场，其特约经营店遍布全球各地。正是因为这样的金饭碗，才让柯达高管患得患失，最终导致决策失误。

2000年左右，随着数码成像技术的发展与普及，颠覆性技术的数码产品开始以迅雷不及掩耳之势伸展到世界各地，面对如此冲击，传统胶片市场开始渐渐地萎缩。

当长期贡献业绩的传统胶片市场下滑时，柯达高层依然没有紧跟时代。有学者评论说道："在数字时代，没有核心技术，企业的经营就会随时处于危险的状态，过去的一切都会在瞬间贬值。数字科技的发展，无疑给以传统影像为重心的柯达带来了致命的冲击。加上管理层满足于传统胶片市场份额和垄断地位，没有及时调整经营战略重心，决策犹豫不决，错失了良机。"

2003年，柯达的胶卷业务遭遇寒冬，其市场份额萎缩十分厉害，传统影像部门的销售利润从2000年的143亿美元锐减至41.8亿美元，跌幅竟然高达71%。

迫于此，柯达不得不开始重视数码业务。2004年，尽管柯达推出6款数码相机，但是仍没能挽救其市场份额下滑的颓势，其利润率仅为1%，传统业务的收入则萎缩了17%。

几经折腾，柯达已经迷失在数码时代，2006年，柯达把其全部数码相机制造业务出售给新加坡伟创力公司。2007年，柯达又将医疗成像部门，以25.5亿美元的价格出售给加拿大资产收购公司OneXyi。

同年，柯达为了自保，不得不实施第二次战略重组，裁员达2.8万人，可谓壮士断腕，背水一战。但随后又遭遇2008年金融危机，导致柯达亏损竟高达1.33亿美元，金融危机让仅凭出售资产勉强盈利的柯达彻底失去了发展的机会。

2011年9月，柯达公司的股价下跌至0.54美元，为有史以来最低水平。在这一年内，柯达公司股价的跌幅超过80%，全球员工的数量减少至1.9万人。

基于此，2012年，柯达公司不得不向法院递交破产保护申请。此时，辉煌不再的柯达，不得不进行第三次战略重组。2013年11月，柯达完成第三次重组，不过这个昔日的业界霸主，其地位已经一落千丈，其市值不足10亿美元，且大部分股权被私募股权公司和投资公司收购。

因此，对于任何时代、任何行业，中国企业都必须主动地变革，主动地颠覆旧有优势，打破陈规，如此方能在与竞争者较量中获胜。正因为如此，华为请来了IBM作为自己的老师。

二、"这次请IBM当老师请对了。华为就是要请这种敢骂我们、敢跟我们叫板的顾问来做项目。"

经过几年的高速发展，初创企业通常都会突破原有的边界，一旦此刻管理制度无法与之匹配，那么企业将遭遇重大的经营危机。针对此问题，任正非撰文写道："在扩张的过程中，管理不善也是非常严重的问题，华为一直想了解世界大公司是如何管理的，有幸IBM给了我们真诚的介绍。回公司又在高层进行了两天的传达与研讨，这100多页简报激起新的改革火花。"

在任正非看来，华为积极变革，与自身的短板有关。随着华为高速发展，生产规模也不断扩大，随之而来的诸多问题也开始显现，尤其是采购系统问题比较明显。华为公司前集成供应链（ISC）变革项目采购组负责人张文斌回忆说："例外事件逐渐增多，采购流程难以支持，采购理念落后，不成体系，大家做事各有一套，经验得不到共享；采购手段单一落后，诸如搜寻新货源、供应商的综合管理等工作不足；没有与相关部门形成团队合作，各自关注自己的目标，沟通不畅；等等。"

当问题出现后，采购部便展开一系列的流程管理，主要有如下几个：第一，组建采购计划部，组建物控中心和认证中心，做好物料需求的预测，前瞻性地做好货源开拓与准备；第二，与供应商进行全方位接触谈判，确立关系，签定供货协议；第三，建立新的规范化流程，拟订新的工作规章制度，起草发放《供应商操作须知》等等。[1]

张文斌撰文写道："在1996年、1997年公司规模发展的历史时期，采购部不辱使命，克服缺少长期预测、全球物料紧缺、新系统切换等困难，保证了生产物料的及时供应，与生产部门协作，共同创下过一个个生产发货的历史新高。"[2]

回顾20世纪90年代，由于受计算机技术等诸多条件的限制，尽管采购部也考察和评估供应商，但是仅凭与供应商加强合作并不能维系中长期的采购战略，导致合作仅限于简单的交易关系。张文斌直言，华为在采购中存在以下问题："对供应商缺少全面与公正的综合评价；接口关系不清晰；双方的承诺不对等；《供应商操作须知》的措辞语气生硬简单。"[3]

针对华为存在的问题，任正非积极地探寻解决之道。1998年8月10日，任正非启动了"IT策略与规划"项目，合作方就是之前考察的IBM。

---

[1] 张文斌：《采购穿上"美国鞋"——回顾华为采购的改善历程，展望ISC》，载《华为人》，2001年1月18日。
[2] 同[1]。
[3] 同[1]。

据了解，该项目涵盖华为未来 3—5 年内成为世界级企业所需要的规范化管理制度，涉及集成产品开发、集成供应链、IT 系统重整、财务四统一等 8 个方面。

1998 年 8 月 29 日，首批 IBM 外国顾问共 50 多人进驻华为。与德国顾问不同的是，IBM 顾问更加强势，更能击穿任正非的管理瓶颈。

在 IBM 到来之前，华为就开启了变革。1995 年，华为耗资 1000 万元从美国和德国分别引进先进的管理系统，但是却收效甚微。没有达到预期的效果，原因有二：一是美国和德国的顾问甘愿接受华为干部的"指挥"；二是华为干部对美国和德国管理系统进行了有针对性的"改进"和"优化"。结果耗资 1000 万元引进的管理系统以失败收场，这给试图积极转型的华为带来难以言表的伤痛。

与之前有天壤之别的是，IBM 顾问个个趾高气扬，态度相当强硬，在给出建议方面，没有半点儿讨价还价的余地。

例如，在项目问询期间，华为高阶干部必须用英语回答 IBM 顾问的问题。在回答相关问题时，只允许华为干部回答"是"或"不是"，没有其他，更不能问"为什么"。这样的方式与进入福特汽车公司"蓝血十杰"有着一样的态度和作风。

第二次世界大战结束后，大量军人开始回归社会。当时，上校查尔斯·桑顿（Charles Thornton）以迅雷不及掩耳之势把包括自己在内的"九校一尉"打了个大包，整体卖给福特汽车创始人亨利·福特的孙子小亨利·福特，由此开创了全球现代企业科学管理的先河。这"九校一尉"就是后来影响世界的"蓝血十杰"（见表8-1）。

表8-1 "蓝血十杰"的名单

序号	姓名	军衔	年龄(岁)	年薪(美元)
1	查尔斯·桑顿（Charles Thornton）	上校	32	16 000
2	罗伯特·麦克纳马拉（Robert Mcnamara）	中校	29	12 000
3	法兰西斯·利斯（Francis Reith）	中校	31	12 000
4	爱德华·蓝迪（J. Ed-ward Lundy）	少校	31	12 000
5	班·米尔斯（Ben mills）	少校	30	11 000
6	詹姆斯·莱特（James Wright）	中校	33	11 000
7	乔治·摩尔（George Moore）	中校	25	10 000
8	威伯·安德森（Wilbur Andreson）	上校	30	9000
9	阿杰·米勒（Arjay Miller）	上尉	29	8000
10	查尔斯·包士华（Charles Bosworth）	中校	30	8000

"蓝血十杰"的到来，把数字管理引入现代企业，一方面让深陷危机的福特汽车走出低谷，由此奠定了福特的领导地位；另一方面也推动了美国历史上最惊人的经济成长。[1]

---

[1] 刘素宏、郭永芳：《军人转业"哪家强"全球多家银行争着抢》，载《新京报》，2014年11月25日。

在华为，IBM 的顾问对公司也开始了"蓝血十杰"般的介入模式。经过半个多月的问询，IBM 的顾问终于厘清并全面剖析和诊断了华为的管理现状。

1998 年 9 月 20 日，当着任正非和数十位华为副总裁的面，IBM 顾问系统而细致地、毫不留情地指出了华为当前存在的十大问题："第一，缺乏准确、前瞻的客户需求关注，反复做无用功，浪费资源，造成高成本；第二，没有跨部门的结构化流程，各部门都有自己的流程，但部门流程之间是靠人工衔接，运作过程被割裂；第三，组织上存在本位主义，部门围墙高耸，各自为政，造成内耗；第四，专业技能不足，作业不规范；第五，依赖个人英雄，而且这些英雄难以复制；第六，项目计划无效且实施混乱，无变更控制，版本泛滥……"[1]

IBM 顾问的"揭短"，让自信满满的华为人觉察到，问题的严重性远超过他们当初的预估。在聘请 IBM 顾问之前，创始人任正非和其他华为高层经理，已经觉察到华为研发体系、供应链体系，以及采购体系存在大小不一的诸多问题，但是由于"不识庐山真面目，只缘身在此山中"的局限，无法准确地诊断出华为问题的根源。

IBM 顾问列举的问题，让任正非很满意，任正非随即示意

---

[1] 杨少龙：《40 亿拜师 IBM，到底值不值？》，https://new.qq.com/omn/20190530/20190530A0PCWT00。

IBM顾问暂停一下，并立马吩咐秘书通知华为其他副总裁和总监级干部全部参加此次会议，足见这次会议的重要程度。

在此次诊断报告会中，尤其是在此次交流和答疑的环节，任正非和华为原副总裁李一男就曾提出自己的疑惑："为什么把华为定位成一个量产型公司，华为每年将销售额的10%投入研发，应该是一个创新型公司。"

面对质疑，IBM顾问没有直接解释原因，而是反问道："请二位阐述一下，创新型公司的界定标准是什么？量产型公司与创新型公司的差别又是什么？"

IBM顾问后来解释道，所谓创新型企业，是指在市场竞争中，在某个细分领域内，该企业不仅拥有自主知识产权的核心技术、核心技术产业链、知名品牌，同时具有较好的创新管理和文化，在同行业中保持领先地位，尤其是在市场竞争中，拥有核心不可替代优势和持续发展能力。

在此次交锋中，作为创始人的任正非明显感觉到IBM顾问坚定的眼神和语气。当IBM顾问对比了量产型公司和创新型公司后，之前有所质疑的任正非也不时地点头表示赞同，甚至还做了笔记。

诊断报告会结束后，任正非不安的心终于踏实了。他说："这次请IBM当老师请对了。华为就是要请这种敢骂我们、敢跟我们叫板的顾问来做项目。"

第9章

"世界上最难的改革是革自己的命,
而别人革自己的命,比自己革自己的
命还要困难。"

"华为十大问题"的提出,使任正非更加坚定了IBM在项目管理上的优势,尤其是项目从预研到寿命终结过程中的投资评审、综合管理、结构性项目开发、决策模型、筛选管道、异步开发、部门交叉职能分组、经理角色、资源流程管理、评分模型等。[1]

在学习IBM的经验中,采购部学到了全新的采购思维,把采购项目进行分层式分解,涵盖流程、组织和IT全方位等。

张文斌坦言:"通过项目的开展,我们懂得了用全流程的观点看待和分析解决问题,学会了相互间的理解与团队合作。运用IBM的采购理念,反思过往的采购行为,检讨工作方法,重新认

---

[1] 任正非:《我们向美国人民学习什么》,载《华为人》,1998年2月20日,第4版。

识采购对于企业运作的重要性，明白了我们存在的价值。结合顾问的指导，我们总结出采购体系的核心价值观与核心理念，有了采购准则，有了选择和管理供应商的三阶九步，有了从管理需求、执行采购到供应商评审的端到端的采购流程，也有了与之相配套的组织模式。经过多次的会议研讨和方案分析，输出了大量的文档，顾问以最终报告的形式交付了全套的改善建议与流程。"

即使如此，华为要想彻底执行IBM的流程管理依然异常艰难。张文斌直言："首先要将IBM顾问交付的高层面的采购流程，包括从输入输出的工作模板，到操作层面的细化活动及相应的指导书，都进行一一细化设计，之后才具备可操作性。其次，IBM的采购理念，看似简单，可我们要经过多次的研讨才能透彻理解。在学习研讨的过程中，我们头脑中固有的观念与思维模式仍常常与IBM的理念发生冲突。而且在具体执行中，人们仍然会按照惯性思维去理解和操作，总是不能完全协调一致。执行采购的人员职业化水准不够是重要原因，因此必须要有职业化的采购队伍。于是开发引进教材、培训讨论、模拟演练，再结合案例的研讨讲解、顾问评审，提高采购人员的谈判策略与谈判技巧，强化进行内外访谈与考察的实际锻炼，并进行了文档规范化、行为规范化的培训，还包括礼仪、谈吐的训练，等等。采购队伍从形式到内容都开始按照职业化要求做起来了。"[1]

张文斌分析道:"此刻的华为采购,已经不是原来模式的简单意义上的采购,是基于核心理念与准则指导下的体系化运作,主要表现在:与供应商在平等互利的基础上,诚信合作,签定双方协议,实现双赢;与研发人员团队合作,加强沟通,在研发选型过程中即介入供应商的管理;运用多种方式寻找货源,降低采购成本;以流程为导向,并简化采购流程,分层授权,提高采购效率;与供应商进行多层次的沟通,全方位地进行供应商评审;与合作良好的供应商建立伙伴关系并进一步扩大合作;履行承诺,承担责任,言而有信,与供应商共享预测,风险共担;建立一支素质过硬、精诚协作的采购团队;等等。"[2]

一、"我们现在只明白 IT 这个名词概念,还不明白 IT 的真正内涵,在没有理解 IT 内涵前,千万不要有改进别人的思想。"

经过 IBM 顾问的咨询,采购部非常清楚地意识到曾经犯的不少错误,以及当前依旧存在的不少问题。张文斌举例说道:"由于曾经对 IBM 采购理念理解不到位,在采购执行当中出现过偏差;当合作出现问题的时候,采购部门过多地关注自身的感受,

---

[1] 张文斌:《采购穿上"美国鞋"——回顾华为采购的改善历程,展望 ISC》,载《华为人》,2001 年 1 月 18 日。
[2] 同[1]。

缺少与供应商的友好沟通，以长远的观点去处理问题，化解冲突，形左实右；与供应商交往中受宠惯了，有时难免带有'以我为主'的自傲倾向；跨部门的团队合作，运作的也并不理想；还没有建立起一个与采购流程运作相匹配的 IT 系统；等等。"[1]之后随着 IBM 咨询的深入，经过一年多反复磨合，华为的采购体系终于发生了翻天覆地的改变。

任正非多次告诫华为人，尤其是华为的高层干部，要认真、虚心地学习 IBM 的经验，要敢当学生。虽然华为高层的态度如此谦卑，但是底层干部的自大和自满却很难避免。究其原因，在 1996 年、1997 年和 1998 年 3 年中，华为的销售收入实现翻番式增长。公开信息显示，1996 年，华为销售额达到 26 亿元。1997 年，华为销售额增加到 41 亿元。1998 年，华为销售额达到 89 亿元。在如此高歌猛进中，辉煌的战绩滋生了一部分华为人骄傲自大的心性，当初作为学生应有的虚心和耐心早已荡然无存。

在学习 IBM 的过程中，强势的 IBM 顾问也遭遇一部分华为人的质疑和抵制。在早期的培训课上，一部分华为员工因不屑而懈怠，甚至公然在课堂上睡觉，甚至还有一部分华为干部频频迟到和早退……

甚至有华为员工直接回怼 IBM 顾问："华为的业务流程比美

---

[1] 张文斌：《采购穿上"美国鞋"——回顾华为采购的改善历程，展望 ISC》，载《华为人》，2001 年 1 月 18 日。

国企业的还要先进，因为朗讯、摩托罗拉等美国顶尖企业在中国通信市场上已经被我们打败了。"

任正非听说后毫不客气地批评了这些员工。1999年4月17日，在华为集成产品开发动员大会上，任正非针对当时的战斗作风表达了不满，一落座就严厉地告诫道：

"现在有多少人有新的想法能超越IBM的请举手，不要怕吗。当你也能产生900亿美金以上的产值，我们就应该向你学习，我们就不向IBM学习。而眼前你没有这个能力，自己学习又不够认真，在没有完全充分理解后就表明一些东西，你那是在出风头，怎么办，我只有把你从我们的变革小组当中请出去！

"虽然世界上还有非常多好的管理，但是我们不能什么都学，那样的结果只能造就一个白痴。因为这个往这边管，那个往那边管，综合起来就抵消为零。所以我们只向一个顾问学习，只学一种模型。

"学得不好怎么办，我的态度很明确，就是撤职。有什么好害怕的，年纪轻轻的，滚回去做个工程师，做个工人有什么了不起的，有什么好迁就的?!"

接下来，任正非又坚决地说道：

"IBM确实是世界上很优秀的公司。我们好不容易请到一个好的老师，而这个老师在帮我们推进管理改革中表现出非常优秀的素质，他们非常真诚，教我们的方法非常实用。所以，我们有幸请到一个好老师，一定要端正我们的学风。

"我们的老师这么诚心诚意地给大家讲课,他们每次都这么投入让我很感动,但我们做学生的如果不能让我很感动的话,我认为只有撤职,因为在这3年的管理转变中,有一些人从高级干部成为普通员工是很正常的,有些人从很不起眼的位置上来,这也是很正常的。如果全都进步了,反而是不正常的。"

散会后,任正非又专门召集了一次变革领导小组会议,对高层干部应该如何以身作则、认真地向IBM学习表明了自己的态度:"要学会明白IBM是怎样做的,学习人家的先进经验,要多听取顾问的意见。首先高中级干部要接受培训搞明白,在不懂之前不要误导顾问,否则就会作茧自缚。而我们现在只明白IT这个名词概念,还不明白IT的真正内涵,在没有理解IT内涵前,千万不要有改进别人的思想。"

任正非试图用强硬的学习态度告诫华为干部员工必须吃透IBM的集成产品开发。在其后的半年多时间里,华为的大部分员工都虚心地接受了第一阶段集成产品开发概念导入的系统培训。

二、"世界上最难的改革是革自己的命,而别人革自己的命,比自己革自己的命还要困难。"

在任何一项企业改革中,最大的阻力往往是来自创始人自己。1998年7月,在题为《不做昙花一现的英雄》的讲话中,任正非就曾语重心长地说道:"世界上最难的改革是革自己的命,而别人革自己的命，比自己革自己的命还要困难。"

在任正非看来，组织变革最大的障碍就是组织变革中的每一个人。"颠覆式创新"之父、哈佛商学院工商管理金·克拉克（Kim B. Clark）教席教授克莱顿·克里斯坦森（Clayton M. Christensen）曾告诫创始人说道："越是管理良好的公司，越容易在颠覆式创新来临的时候遭遇惨痛的失败。"

在克莱顿·克里斯坦森看来，在成熟型公司中，由于自身的竞争优势壁垒，任何试图打破这一现状的员工或者管理者都被视为异端。当然，最主要的还是决策层，吴晓波频道总编、公司副总裁魏丹荑曾撰文写道，"都说企业转型是困难的，企业转型的本质是核心竞争力的重构。转型的第一个敌人就是董事长，企业转型就是革自己的命，这当然很难。只有当企业家的认知迭代后，技术变革才有可能完成。"

正是因为如此，任正非才敢于打破自我僵化的思维，从被动的转型者，成为积极转型的推动者。任正非在当时的用意很清楚，提醒每一个华为人需要在管理变革的过程中做好迎接"自己革自己的命"痛苦的准备。

正如任正非所言，在组织的变革中，对组织成员固有思维模式的改造，其难度之大远超想象。2000—2003 年的 IT 市场的"寒冬"直接影响到华为的高速发展，甚至让华为首次遭受重创——创业来首次负增长、零增长。

是否和能否进行管理变革，开始出现在任正非的战略视野中，这不仅考验任正非此次集成产品开发管理变革的勇气，同时也在考验任正非自身的企业家精神和"三分天下"的雄心壮志，以及几万名华为员工的集体意志和集体信仰。

最终，任正非选择砥砺前进。在这场历时5年的管理变革中，华为不仅遭遇全球IT行业的"寒冬"，同时也在"削足适履"的管理变革中初遇组织变革的极度摧残。一些通信企业为了求生纷纷转型，开始投资股票和房地产业务，华为却依然坚守在凛冽的"寒冬"里，等待"春天"的来临。

2003年12月，IBM顾问完成了自己的战略咨询使命——为期5年的第一期管理变革培训即将落下帷幕。IBM顾问在离开华为的前一天，给华为研发部门上了最后一堂课，这堂课带给华为人的不仅是对一段痛苦历程的回顾，同时也是一个全新的开始。

当IBM顾问回顾了1998年9月首次展示的PPT文档时，绝大多数研发人员惊奇地发现，华为的10个管理弊端中至少有9个问题已经得到解决并达成共识，集成产品开发的战略思维以一种全新的思路植入华为人的血液中，并彻底改变了华为人的做事方法——从产品开发的第一天，从市场到财务、从研发到服务支持……所有责任角色都参与进来并在整个投资过程中实施相应的权力，目标只有一个，那就是满足市场需求并快速赢利。[1]

---

〔1〕 杨少龙：《40亿拜师IBM，到底值不值？》，https：//new.qq.com/omn/20190530/20190530A0PCWT00。

不仅如此，集成供应链（ISC）变革也在稳步推进。经过IBM顾问为期5年的指导，华为核心竞争力的全面提升尤为显著："1998年12月，IBM顾问在对华为供应链进行变革之前，曾对华为的运行现状做过一次详细的摸底调查，那时候华为的订单及时交货率为30%，而世界级企业平均为90%；华为的库存周转率为3.6次/年，而世界级企业平均为9.4次/年；华为的订单履行周期为20—25天，而世界级企业平均为10天左右……2003年12月，IBM顾问再次给华为做出的考核数据显示：订单及时交货率已达到65%，库存周转率则上升到5.7次/年，而订单的履行周期也缩短到17天。"[1]

虽然这一结果单与世界级企业相比仍有不小的差距，但是华为只用了短短5年。按照此速度，华为的未来无疑更加光明。

如此成绩，证明了任正非的眼光。然而，在任正非看来，这仅仅是华为向世界级企业学完了初级的学习阶段。其后，任正非又开启了第二期管理变革，此次的投入费用依然是20亿元。

在第二阶段，2004—2007年，在IBM顾问的主导下，先后对华为经营管理团队（Executive Management Team，EMT）、财务监管等进行了管理变革。

为了让第二期管理变革能够落地，IBM董事会精心甄拔出90

---

[1] 杨少龙：《40亿拜师IBM，到底值不值？》，https://new.qq.com/omn/20190530/20190530A0PCWT00。

多位拥有多年跨国企业"领导力、决策、市场、流程管理、财务监管"等工作经验的高级顾问组成顾问团。在IBM顾问指导下，华为再次迎来了脱胎换骨的转变。

05 聚焦：
数十年攻击一个城墙口

华为坚定不移28年只对准通信领域这个"城墙口"冲锋。我们成长起来后，坚持只做一件事，在一个方面做大。华为只有几十人的时候就对着一个"城墙口"进攻，几百人、几万人的时候也是对着这个"城墙口"进攻，现在十几万人还是对着这个"城墙口"冲锋。密集炮火，饱和攻击。每年1000多亿元的"弹药量"炮轰这个"城墙口"，研发近600亿元，市场服务500—600亿元，最终在大数据传送上我们领先了世界。引领世界后，我们倡导建立世界大秩序，建立一个开放、共赢的架构，有利于世界成千上万家企业一同建设信息社会。[1]

——华为创始人　任正非

---

[1] 赵东辉等：《28年只对准一个城墙口冲锋》，载《新华每日电讯》，2016年5月10日，第4版。

第 10 章

"我们聚焦战略,就是要提高在某一方面的世界竞争力,也从而证明不需要什么背景,也可以进入世界强手之列。同时,我们坚持'利出一孔'的原则。"

20 世纪 80 年代以来,深圳作为中国创业者淘金的热土,各种诱惑让深处特区的投资客目不暇接,股票热、房地产热等投资热潮成为风口,然而,一旦风停下后,一地鸡毛的惨状让社会投资客血本无归。

理性的任正非透过历史规律了解到,必须有效地坚持战略聚焦,集中有限的炮火,攻击一个高地,这样拿到山头的概率要大得多。在内部讲话中,任正非讲道:"我们聚焦战略,就是要提高在某一方面的世界竞争力,也从而证明不需要什么背景,也可以进入世界强手之列。同时,我们坚持'利出一孔'的原则。"

一、"聚焦在自己优势的地方，充分发挥组织的能力，以及在主航道上释放员工的主观能动性与创造力，从而产生较大的效益。"

2000多年以前，管仲曾经劝诫君王齐桓公说道："利出于一孔，其国无敌。出二孔者，其兵不诎，出三孔者，不可以举兵。出四孔者，其国必亡，先王知其然，故塞民之羡，隘其利途；故予之在君，夺之在君，贫之在君，富之在君。故民之戴上如日月，亲君若父母。"

管仲这段话的核心思想是"利出一孔"，学界称之为"管仲陷阱"。主要表达了管仲的国家治理政策，即国家通过采用政治经济法律手段，控制一切谋生渠道，同时垄断社会财富的分配，那么人民要想生存与发展，就必然要事事仰给于君主（国家）的恩赐，这样君主就可以随心所欲地奴役支配其治下的民众了。[1]

在其后的战国时期，秦国改革家商鞅在《商君书》也提出"利出一孔"的思想。这个唯一的孔道，就是"农战"。除此之处的商业、娱乐等事项，尽在禁除之列。[2]《农战篇》曰："圣人之治国，作壹抟之于农而已矣。""止浮学事淫之民壹之于农。"

---

［1］ 徐惠君：《利出一孔的管仲陷阱：解读中国专制历史的钥匙》，http://news.ifeng.com/history/special/shiyan/201001/0103_9078_1496614.shtml。

［2］ 夏增民：《评〈商君书〉的自治观》，载《咸阳师范学院学报》，2007年第3期，第1—3页。

"是以明君修政作壹，去无用，止畜学事淫之民，壹之农，然后国家可富，而民力可抟也。"

管仲和商鞅所提出的"利出一孔"的思想其实都在阐述一个问题，那就是集中所有力量来办同一件事情，一定能取得较好的业绩。管仲推行的改革，使齐国出现了民足国富、社会安定的繁荣局面，齐桓公成为春秋第一。

秦国的商鞅变法，按照"利出一孔"和"驱农归战"的核心思想，把秦国整个社会打造成了一个"农战"体制，全民为兵，为秦始皇武力统一中国奠定了坚实的基础。在任正非看来，"利出一孔"的聚焦战略尽管已经有2000多年的历史，但是依然对华为的发展起到重要的促进作用。

在2013年轮值首席执行官的新年献词上，任正非发言说："'聚焦战略，简化管理，提高效益'，彰示了我们新一年的目标。我们就是要聚焦在自己的优势的地方，充分发挥组织的能力，以及在主航道上释放员工的主观能动性与创造力，从而产生较大的效益。"

根据《华为投资控股有限公司2012年年度报告》数据，在2012财年，华为坚持业务聚焦战略，有效提升经营质量，公司实现了销售收入2202亿元人民币，净利润153.8亿元人民币，取得了稳中有升的经营业绩（见表10-1）。[1]

---

〔1〕《华为投资控股有限公司2012年年度报告》，https：//www.doc88.com/p-98673059371240.html? r=1。

表 10-1　华为 2008—2012 年营业收入数据　（单位：百万元）

	2012 年	2011 年	2010 年	2009 年	2008 年
销售收入	220 198	203 929	182 548	146 607	123 080
营业利润	19 957	18 582	30 675	22 241	17 076
营业利润率	9.1%	9.1%	16.8%	15.2%	13.9%
净利润	15 380	11 647	24 716	19 001	7891
经营活动现金流	24 969	17 826	31 555	24 188	4561
现金与短期投资	71 649	62 342	55 458	38 214	24 133
运营资本	63 251	56 728	60 899	43 286	25 921
总资产	210 006	193 849	178 984	148 968	119 286
总借款	20 754	20 327	12 959	16 115	17 148
所有者权益	75 024	66 228	69 400	52 741	37 886
资产负债率	64.3%	65.8%	51.2%	64.6%	68.2%

2012 年，华为构筑的全球化均衡布局使公司在运营商网络、企业业务和消费者业务等领域，均获得了快速健康的发展。其中，运营商网络收入达到 1600.93 亿元（见表 10-2）。

表 10-2　华为 2012 年业务板块营业收入　（单位：亿元）

	2012 年	2011 年	同比变动
运营商网络	1600.93	1499.75	6.7%
企业业务	115.30	91.64	25.8%

续表

	2012 年	2011 年	同比变动
消费者业务	483.76	446.20	8.4%
其他	199	170	17.1%
合计	2201.98	2039.29	8.0%

2012 年,华为在区域市场,也呈现了不同程度的增长。在中国市场,实现销售收入 735.79 亿元人民币,同比增长 12.2%,运营商网络仍保持了小幅增长,企业和消费者业务开始发力,特别是消费者业务增长超过 30%;在欧洲中东非洲片区(EMEA)市场,受益于专业服务的持续拓展,以及西欧、尼日利亚、沙特等地区和国家基础网络的快速增长,实现销售收入 774.14 亿元人民币,同比增长 6.1%;在亚太地区市场,受益于日本、印尼、泰国、澳大利亚等国市场的发展,保持了良好的增长势头,实现销售收入 373.59 亿元人民币,同比增长 7.2%;在美洲片区市场,拉美基础网络增长强劲,北美消费者业务持续增长,实现销售收入 318.46 亿元人民币,同比增长 4.3%(见表 10-3)。[1]

---

[1]《华为投资控股有限公司 2012 年年度报告》,https://www.doc88.com/p-98673059371240.html?r=1。

表10-3 华为2012年区域市场营业收入　　（单位：亿元）

区域	2012年	2011年	同比变动
中国	735.79	655.65	12.2%
EMEA	774.14	729.56	6.1%
亚太	373.59	348.62	7.2%
美洲	318.46	305.46	4.3%
合计	2201.98	2039.29	8.0%

二、"聚焦主航道，优化产品投资组合，在战略机会点上抢占机会。"

2015年10月31日，任正非在以"聚焦主航道，在战略机会点上抢占机会"为题的产品投资策略审视汇报会上的讲话中坦言："视频将是未来信息社会的应用主流，要在图像研发方面敢于投入；石墨烯时代还没有到来，流量做大还有机会；电信软件不要做颗粒而是做平台；敢于改变商业模式，要从'迁就客户'变成'为优质客户服务'；医生都能转行做革命家，人才更要跨平台加速流动。"

在此次讲话中，任正非规划了华为的战略："我们有些产品虽然销售额不大，但对主航道有贡献，就是亏损也可以继续做；有的产品即使销售额大，我们也要看它对战略有没有意义，如果没战略意义就只赚点钱,那我们就要清理。"

与此同时,任正非还回顾了创业以来的战略聚焦点:"28年来,十几万人瞄准的是同一个'城墙口',持续冲锋。历史上都是跑得快的人把慢的打败了,元代灭掉宋代,因为马跑得快;苏联打败德国,因为坦克跑得快;现在美国用直升飞机把坦克打败了,因为直升飞机比坦克更快。我们的投资策略就是要以快打慢,聚集在一个点上实际就是快打慢,所以会产生好的结果;如果我们拖着很多漩涡,就会走不动。"

鉴于此,任正非强调,"未来的信息社会实际上主要是视频,但视频不仅是视频会议,我认为我们要加强对视频的研发。日本的图形、图像基因很好,应该敢于在日本建立图像的研究队伍,加大对图像的投入。传统计算机我们是不可能胜利了,老牌计算机厂家是很厉害的,我们没这个积累;在通信这一领域,我们肯定会胜利;图像现在大家都不行,我们就有机会胜利。"

在产品研发中,不能过分理想化,投资失败的产品要关停,人员要快速转移。任正非说道:"我们不要老是往理想方案里面使劲儿,我认为石墨烯时代还没有到来,硅片是可叠加的,矩阵式的叠加,流量照样会增大,也是能解决问题的。所以,英雄不能过分追求理想化,等到理想实现的时候我们已是白骨累累,我们等不到那个时代,我们也没能力创造那个时代。投资失败的项目虽要关掉,但失败的项目里面也有英雄,这些人员也是宝贵财富,因为他们经历的这些弯路都是财富,我们要加快人员转移的步伐。"

与此同时，需要学会战略舍弃，只有舍弃才会战胜。任正非说道："当我们发起攻击的时候，我们发觉这个地方很难攻，久攻不下去，可以把队伍调整到能攻得下的地方去，我只需要占领世界的一部分，不要占领全世界。胶着在那儿，可能会错失一些未来可以拥有的战略机会。未来3—5年，可能就是分配这个世界的最佳时机，这个时候我们强调一定要聚焦，要抢占大数据的战略制高点，占住这个制高点，别人将来想攻下来就难了，我们也就有明天。大家知道这个数据流量有多恐怖啊，现在图像要从1k走向2k，从2k走向4k，走向高清，小孩儿拿着手机啪啦啪啦照，不删减，就发送到数据中心，你看这个流量的增加哪是你想象的几何级数啊，是超几何级数的增长，这不是平方关系，可是立方、四次方关系的增长。这样管道要增粗，数据中心要增大，这就是我们的战略机会点，我们一定要拼抢这种战略机会点，所以我们不能平均使用力量，组织改革要解决这个问题，要聚焦力量，要提升作战部队的作战能力。企业业务在这个历史的关键时刻，也要抢占战略制高点。你们也有战略要地，也做了不少好东西。"

在这样的指导思想下，华为开始做减法。工商登记显示，2021年11月5日，超聚变数字技术有限公司发生工商变更，原股东华为退出，新增股东河南超聚能科技有限公司，持股100%；同时，公司法定代表人由郑丽英变更为白利民（见表10-4）。

表 10-4 超聚变数字技术有限公司发生工商变更

序号	变更日期	变更项目	变更前	变更后
1	2021-11-05	章程备案	无	无
2	2021-11-05	投资人变更（包括出资额、出资方式、出资日期、投资人名称等）	华为技术有限公司：100%【退出】	河南超聚能科技有限公司：100【新增】
3	2021-11-05	负责人变更（法定代表人、负责人、首席代表、合伙事务执行人等变更）带有*标记的为法定代表人	郑丽英	白利民*
4	2021-11-05	高级管理人员备案（董事、监事、经理等）带有*标记的为法定代表人	郑丽英【退出】田 峰【退出】	白利民*【新增】冯 武【新增】郝建庆【新增】李翔宇【新增】谢林涛【新增】张小华【新增】

此次股东变更的完成，意味着华为 x86 服务器业务出售一事的"另一只靴子"落地了。[1] 根据工商信息显示，河南超聚能科技公司成立的时间是 2021 年 8 月 30 日，注册资本高达 30 亿

---

[1] 李佳师：《出售＝自救＝自强？华为 X86 服务器的取舍逻辑》，载《中国电子报》，2021 年 11 月 8 日。

元，李亚东是该公司的法定代表人。该公司的经营范围包含软件开发、大数据服务、网络技术服务等。股东是河南豫上信联企业管理咨询中心（有限合伙）和河南信息产业投资有限公司。前者持有该公司80%的股份，后者持有该公司20%的股份。其中，河南豫上信联企业管理咨询中心（有限合伙）由吴斌持股约98.04%（见图10-1）。[1]

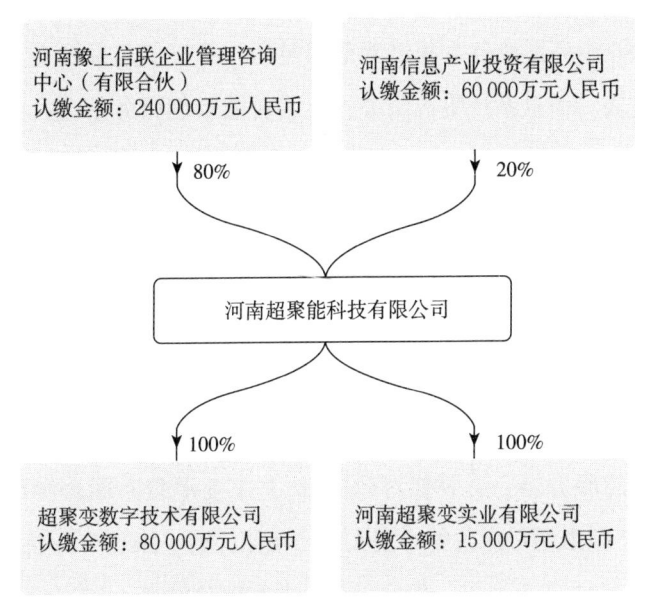

图 10-1　河南超聚能科技公司的股东信息

---

[1] 李佳师：《出售=自救=自强？华为X86服务器的取舍逻辑》，载《中国电子报》，2021年11月8日。

随着媒体的深度披露，接盘华为 x86 服务器业务的买家也随之浮出水面，它们由产业基金、海外国家主权基金、互联网公司、银行等多方社会资本组成。有关人士透露，"此次工商变更只是完成了第一步，后续其他投资方将陆续完成工商变更。"等各家投资方完成工商变更后，新公司的组团与运作方式才会逐渐清晰。[1]

《南方都市报》披露，超聚变数字技术有限公司主营华为旗下的 x86 服务器业务。其经营范围包括计算机信息系统安全专用产品销售；信息系统集成服务；人工智能双创服务平台；大数据服务等，由华为公司 100%控股。此次股东变更，意味着华为 x86 服务器业务出售一事已有实质进展。据天眼查显示，目前河南超聚能科技有限公司是由河南省财政厅通过下属公司 100%控股（见图 10-2）。[2] 据公开的信息显示，华为服务器业务分为两个部分：一是以 x86 架构为基础的服务器，采用英特尔、AMD 等公司的处理器，占华为服务器出货量的主要部分；二是以 ARM 架构为基础的服务器，主要针对政府部门、事业单位、国企和国有银行。[3] 其市场份额占据中国大陆市场第三位。根据市调机构 IDC 报告，2021 年上半年，中国垂直行业和电信网络（MEC）边缘计

---

[1] 李佳师：《出售=自救=自强？华为 X86 服务器的取舍逻辑》，载《中国电子报》，2021 年 11 月 8 日。

[2] 孔学劭：《华为出售 x86 服务器业务获实质性进展，此前受缺芯问题困扰》，载《南方都市报》，2021 年 11 月 8 日。

[3] 同[2]。

05 聚焦：数十年攻击一个城墙口　191

```
河南省财政厅
    │ 100%
    ▼
河南投资集团有限公司
    │ 100%        │ 100%
    ▼             ▼
河南信息产业投资   河南投资集团汇融
有限公司          基金管理有限公司
    │ 65%         │ 35%
    └─────┬───────┘
          ▼
    河南信息产业基金
    管理有限公司
          │ 执行事务合伙人
    │ 20% │ 1.96%
    └─────┬─┘
          ▼
    河南豫上信联企业
    管理咨询中心（有限合伙）
          │ 80%
          ▼
    河南超聚能科技
    有限公司
          │ 100%
          ▼
    超聚变数字技术
    有限公司
```

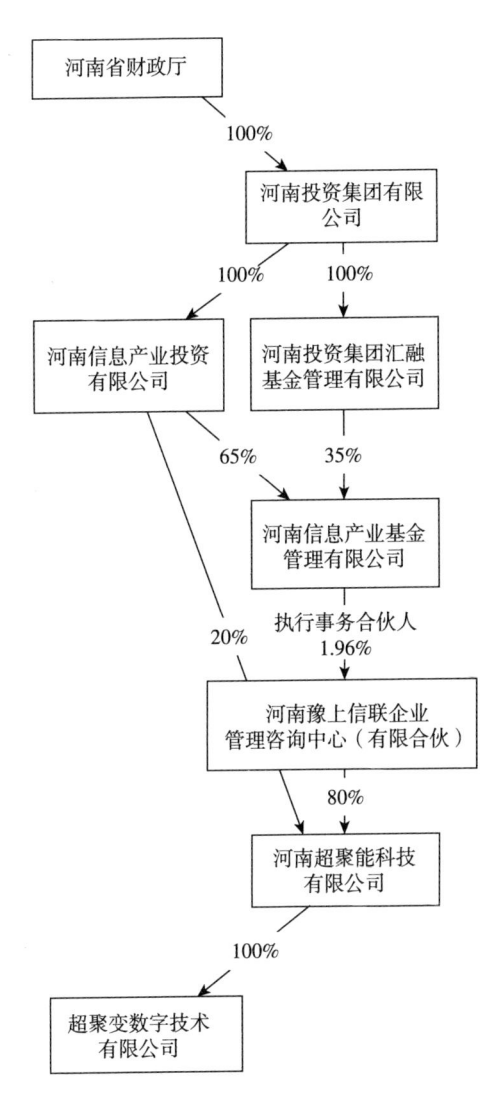

图 10-2　河南超聚能科技有限公司的股权结构

算服务器细分市场规模达到 2 亿美元，同比增长 84.6%（见图 10-3）。

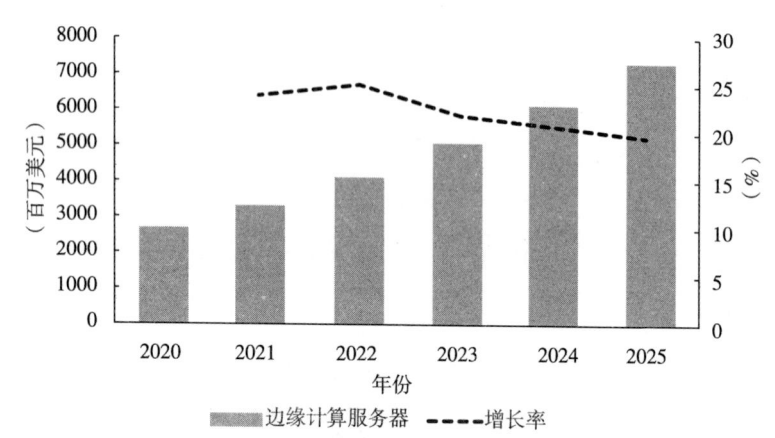

图 10-3　2020—2025 年中国边缘计算服务器市场规模预测

该报告还提到，在出货量方面，浪潮、新华三、华为占据中国边缘定制服务器市场前三位，市场份额分别达到 43.0%、35.5% 和 11.2%，共占据整个市场近 90% 的份额（见图 10-4）。

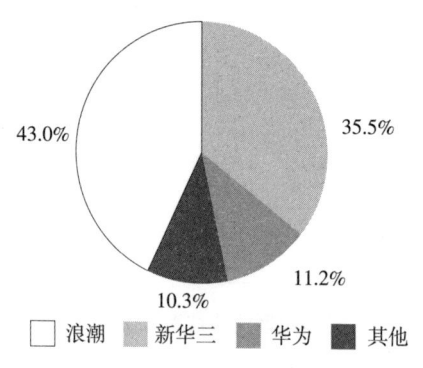

图 10-4　2021 上半年中国边缘定制服务器市场份额

华为服务器供应链尤其是芯片遭遇美国打击，可能将在很长一段时间内无法购买到英特尔的芯片。2021年10月27日，美国政府要求美国数据存储设备供应商希捷，立即停止对华为出售硬盘。此外，2021年10月29日，美国参议院审议通过了《2021年安全法案》，以"安全威胁"为由，禁止美国联邦通讯委员会（FCC）对华为和中兴等"涵盖设备或服务清单"的公司进行审议或颁发新的设备执照。[1]

美国的无端打压无疑会造成华为x86服务器业务出现持续性困难，华为在此前就有过这样的预判，甚至考虑出售服务器业务。2021年9月底，华为召开2021全联接大会时，作为华为轮值董事长的徐直军坦言，华为x86服务器确实遇到了困难。徐直军说道："我们也在积极解决，与一些潜在投资者在接触，还没有最终结果，有进展再告诉大家。"

客观地讲，面对围堵，华为不得不出售x86服务器业务，进行战略性收缩的确是最好的选择。根据《中国电子报》披露，华为在被美国商务部纳入"实体清单"前，其服务器业务年销售额约在300—400亿美元的规模；被纳入"实体清单"后，华为目前的服务器业务年销售额不足百亿美元。与此同时，由于x86服务器芯片断供，华为的服务器业务在2020年第三季度跌到了全

---

[1] 孔学劭：《华为出售x86服务器业务获实质性进展，此前受缺芯问题困扰》，载《南方都市报》，2021年11月8日。

球第五（IDC 数据），2021 年上半年则跌出了前五。

作为数字信息基础设施重要组成部分的服务器，目前依然呈现旺盛的增长趋势，IDC 发布的报告显示，2021 年上半年，中国服务器市场出货量同比增长 8.9%，市场规模同比增长 12.1%。[1] 当然，华为此次出售 x86 服务器业务是出于战略目的，并不意味华为就此全盘放弃该项业务。华为之前为了更好地开展云计算业务，专门开发了使用华为鲲鹏技术、基于 ARM 的处理器。

2019 年 9 月 20 日，华为智能计算业务部总裁马海旭曾对此有过相关的介绍。在华为全联接大会上，马海旭介绍称，当条件成熟时，华为将退出服务器整机市场，更好地发展鲲鹏生态体系。同年，华为推出了基于 ARM 架构的数据中心高端处理器——鲲鹏 920。

华为这样的抉择源于对供应链安全的不确定性，同时有序地推进可控的业务板块建设。2020 年年初，华为公布鲲鹏+昇腾生态的最新进展。时任华为云与计算 BG 总裁侯金龙展望称，希望用 3 年的时间让 90% 的应用都可以"跑"在鲲鹏上。同时，侯金龙提出，5G 时代所有的应用都在上云化，手机、平板等端侧基于 ARM 架构，鲲鹏也是基于 ARM 架构，云、端同构后性能可以提

---

[1] 李佳师：《出售＝自救＝自强？华为 X86 服务器的取舍逻辑》，载《中国电子报》，2021 年 11 月 8 日。

升 40%。[1]

自 2020 年年中起，华为鲲鹏事业部的相关技术专家对华为 ARM 架构的服务器产品展开可行性论证和展望，甚至还多次公开讲解和演示"将代码迁出 x86 架构"的利弊。这样的战略转变其实就是"王佐断臂"[2]：第一，华为基于 ARM 架构的服务器产品线仍处于投入阶段；第二，营业收入在短期内很难达到 x86 服务器的规模。

---

[1] 孔学劭：《华为出售 x86 服务器业务获实质性进展，此前受缺芯问题困扰》，载《南方都市报》，2021 年 11 月 8 日。
[2] "王佐断臂"出自清代钱彩编次、金丰增订的长篇英雄传奇小说《说岳全传》，后被编入京剧《八大锤》。

第 11 章

"聚焦在一个目标上持续奋斗,从没有动摇过,就如同是从一个孔喷出来的水,从而产生了今天这么大的成就。这就是'力出一孔'的威力。"

在华为,任正非始终强调战略聚焦,究其原因,企业战略聚焦直接的优势就是能够通过有限的资源,发挥最大化的效用。正如任正非在《华为投资控股有限公司 2012 年年度报告》的首席执行官寄语中所言:"大家都知道水和空气是世界上最温柔的东西,因此人们常常赞美水性、轻风。但大家又都知道,同样是温柔的东西,火箭可是空气推动的,火箭燃烧后的高速气体,通过一个叫拉法尔喷管的小孔,扩散出来的气流,产生巨大的推力,可以把人类推向宇宙。像美人一样的水,一旦在高压下从一个小孔中喷出来,就可以用于切割钢板。可见'力出一孔'其威力。华为是平凡的,我们的员工也是平凡的。"

这样的战略原理应用到企业战略制定中,能够有效地推动企业的发展。在华为,"力出一孔"的作用不容小觑。任正非写道:"过去我们的考核,由于重共性,而轻个性,不注意拉开适当的差距,挫伤了一部分努力创造的人,有许多优秀人才也流失了。但剩下我们这些平凡的15万人,25年聚焦在一个目标上持续奋斗,从没有动摇过,就如同是从一个孔喷出来的水,从而产生了今天这么大的成就。这就是'力出一孔'的威力。"

相比于华为的战略聚焦,更多的企业经营者则更强调多元化战略。这样的战略路径源于:第一,改革开放后,潜力巨大的商业机会遍地都是,压根就忙不过来。第二,部分企业好大喜功,很难抵制商业诱惑。第三,专业化坡顶。当一些中小企业经历过高速发展之后,企业达到一定规模,就会遭遇专业化坡顶。

为了避免出现盲目铺开摊子的问题,任正非认为,"企业业务白手创业,目前取得了一些胜利,但也要聚焦,要盈利,不要盲目铺开摊子"。

任正非在内部讲话中告诫华为人说,胡厚崑的那篇文章已经上网了,我们贯彻的是获取分享制,就是说你不能老从爹妈这里拿钱,这样是不能持久的。你们白手创业,过去几年时间已经走过了极端困难的道路,未来发展走向了比较正确的、比较好的路,你们经历了这种磨难,承担了这么大的压力,也锻炼了很多优秀干部。爸爸妈妈扶植孩子走向市场,不可能扶一辈子,爸爸妈妈要死得早一点,所以历史上从来都是父母不宠爱的孩子,才最有出息。公司实际上把你们当成小狐狸,把你们扔在企业业务这个沙漠里面了，活得下来就是英雄，活不下来我们就把这块儿业务关掉，刚好你们这些小狐狸都活下来了，而且还有很多成为老狐狸。

任正非的看法是很有见地的，因为利用有限的资源聚焦在某一范围之内，可以有效地发展和壮大企业规模。任正非认为，拳头握紧才有力量，分散是没有力量的。"你们要考虑清楚怎么去突破、怎么去占领的问题，不要来问我要怎么办，我就看你能盈利多少钱。"

一、"在成功的关键因素和选定的战略生长点上，以超过主要竞争对手的强度配置资源，要么不做，要做，就极大地集中人力、物力和财力，实现重点突破。"

华为之所以能够取得火箭般的发展速度，是因为华为发展的核心其实就是毛泽东提出的"集中优势力量打歼灭战"转变成的华为的"压强战略"。

这样的聚焦战略在《华为基本法》中可以找到答案。《华为基本法》第二十三条指出："我们坚持压强战略，在成功的关键因素和选定的战略生长点上，以超过主要竞争对手的强度配置资源，要么不做，要做就极大地集中人力、物力和财力，实现重点突破。"

当创业公司想与实力雄厚的巨型企业战斗，集中优势力量打歼灭战的战略优势就凸显出来。对此，任正非在内部干部会上总结说："我们把代理销售取得的点滴利润几乎全部集中到研究小型交换机上，利用压强原理形成局部突破，逐渐取得技术的领先和利润空间的扩大，技术的领先带来了机会和利润，我们再将积累的利润投入到交换机的升级换代产品的研究开发中，如此周而复始，不断地改进和创新。尽管今天华为的实力大大地增强了，但仍然坚持压强原理，只在自己最擅长的领域做到业界最佳。"

之所以把战略聚焦作为华为的战略手段，是因为任正非认为，"未来的3—5年是华为抓住大数据机遇，抢占战略制高点的关键时期。我们的战略要聚焦，组织变革要围绕如何提升作战部队的作战能力。"

在任正非看来，只有战略聚焦，才能提升作战部队的作战能力。任正非曾告诫华为人说，在我们这个时代，最近的3—5年，对华为至关重要的就是要抢占大数据的制高点。这3—5年实现了超宽带化以后，不可能再有下一个适合我们的时代。什么是大数据的制高点呢？我们在东部华侨城会议已有决议，按决议去理解就行了。不是说那个400G叫制高点，而是任何不可替代的、具有战略地位的地方就叫制高点。那制高点在什么地方呢？就在10%的企业，10%的地区。从世界范围看大数据流量，在日本是3%的地区汇聚了70%的数据流量；中国国土面积大，分散一点，那么10%左右的地区也会汇聚未来中国90%左右的流量。我们怎么能抓住这个机会？我认为战略上要聚焦，要集中力量。

在这样的指导思想下，华为投入巨额资金研发新产品，以此来提升竞争力。根据《华为 2020 年年度报告》披露的数据，截至 2020 年年底，华为全球共持有有效授权专利 4 万余族（超过 10 万件），且 90% 以上专利为发明专利。

这与华为持续投入巨额的研发资金有关。任正非曾说，科技发展正处在一个饱和曲线的平顶端，付出巨大的努力并不能有对等的收益，反而给追赶者减少了追赶的困难。例如，我们每年投入研发经费是 200 亿美元，但收益只有研发投入的 40%，另外 60% 的蜡烛在黑暗的探索之路燃尽了。我们仍无怨无悔地努力攀登，也像欧、美、日、俄等地区和国家的领先公司一样，像蜡烛般燃烧自己，同时也照亮别人。

大量数据显示，华为在研发上从不吝啬投入，《华为创新和知识产权白皮书》数据显示，2002—2019 年，华为历年投入的研发费用持续增长（见图 11-1）。

即使在非常艰难的 2020 年，华为的研发投入也依旧保持在超过 15% 的水平。2021 年 4 月 13 日，徐直军在演讲中介绍了华为的研发情况："2020 年研发投入达到 1419 亿元，约占总收入的 15.9%。"在演讲中，徐直军还展示了 2010—2020 年间研发投入情况（见图 11-2）。

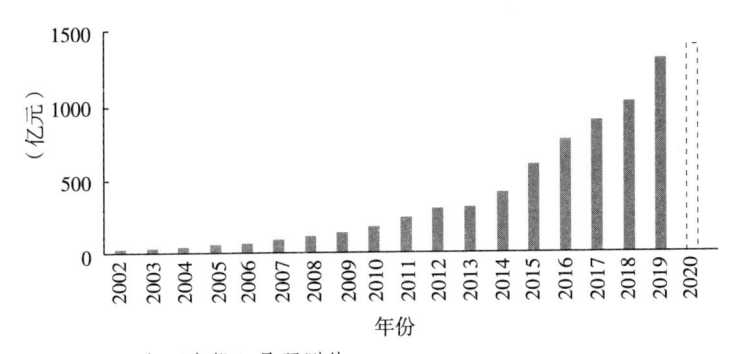

注：2020 年研发投入是预测值。

图 11-1　华为 2002—2019 年研发费用数额

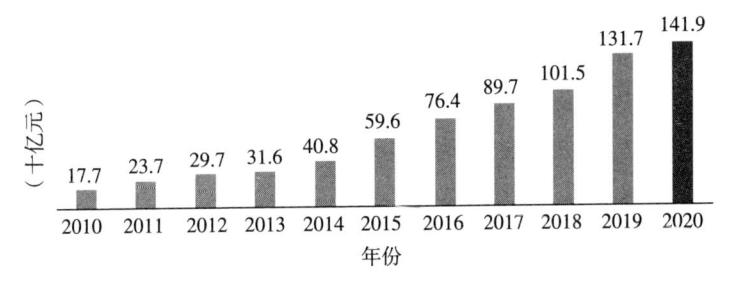

图 11-2　华为 2010—2020 年间研发投入情况

梳理资料发现，华为专利申请的历史可以追溯到 1995 年。公开信息显示，华为 1995 年就开始专利申请之路，随后持续在中国、美国及欧洲等主要国家和地区进行专利布局。1995—2006 年，华为专利申请数量增速明显加快（见图 11-3）。

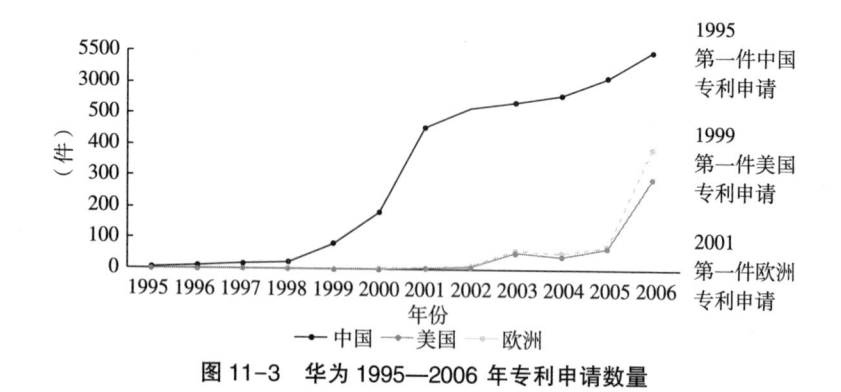

图 11-3 华为 1995—2006 年专利申请数量

《华为创新和知识产权白皮书》数据显示,从 2001 年开始,华为全球专利申请量已经达到行业领先的美国公司同等规模(见图 11-4)。

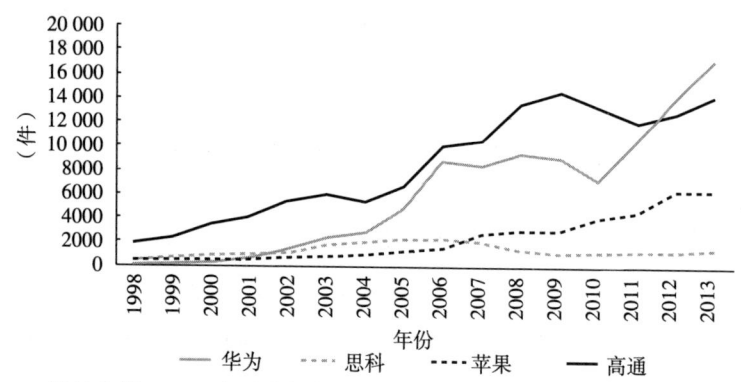

资料来源:Orbit 专利数据库。

图 11-4 华为公司在 1998—2013 年全球递交专利申请的数量

持续的创新投入使华为成为全球最大的专利持有企业之一。截至 2020 年年底,华为从事研究与开发的人员有 10.5 万人,约占公司总人数的 53.4%。2019 年，研发费用支出为人民币 1317 亿，约占全年总收入的 15.3%。截至 2019 年，近 10 年累计投入的研发费用超过人民币 6000 亿元（约 900 亿美元）。正因为大笔的研发投入，华为赢得"2020 年欧盟工业研发投资排名"第三名。

二、"我们聚焦战略，就是要提高在某一方面的世界竞争力，也从而证明不需要什么背景，也可以进入世界强手之列。同时，我们坚持利出一孔的原则。"

华为在通信行业战略聚焦，从而形成一股强大的推动力量，让华为如火箭般高速发展。对于华为的快速上升，任正非理性地看待，他认为，华为聚焦战略，就是要提高在某一方面的世界竞争力，也从而证明不需要什么背景，也可以进入世界强手之列。同时，华为坚持"利出一孔"的原则。华为经营管理团队（EMT）宣言就是表明华为从最高层到所有骨干层的全部收入只能来源于工资、奖励、分红等，不允许有额外的收入。从组织上和制度上堵住了从最高层到执行层谋个人私利、通过关联交易的"孔"掏空集体利益的行为。

任正非所言非虚，华为进入世界强手之列屡见报端。2008 年年初，《第一财经日报》官网就刊载了一篇标题为《华为"2008 新年宣言"：2007 年已进入世界 500 强》的文章。该文称，如果按照销售额来计算，2007年华为已经进入世界500强企业俱乐部。数据显示，2007年，华为的销售收入为117亿美元。

《华为投资控股有限公司2007年年度报告》数据披露，2007年，华为全球合同销售额为160亿美元，比2006年增长45%，其中海外销售额占72%。在欧洲、美国和日本等发达地区和国家的市场实现超过150%的增长，在亚太、拉美、中东、北非等地区的新兴市场也保持了良好的增长态势（见图11-5）。[1]

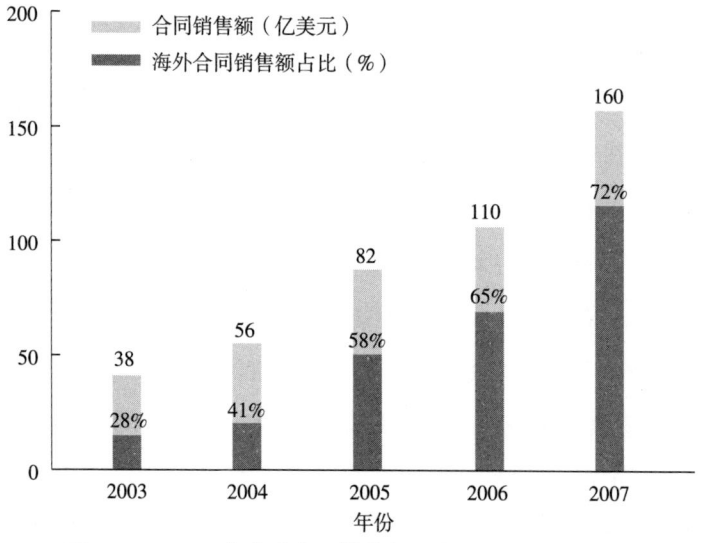

图11-5 2007年华为合同销售额及海外合同销售额占比

尽管当时华为117亿美元的销售收入仍与思科、爱立信、阿

---

[1] 华为：《华为投资控股有限公司2007年年度报告》，2008年。

尔卡特-朗讯、诺基亚西门子相差很大，只超过排名第五的北电。各大设备商公布的业绩数据显示，思科、爱立信、阿尔卡特-朗讯、诺基亚西门子、北电在 2007 年的销售收入分别为 349 亿美元、314 亿美元、279 亿美元、210 亿美元、109.5 亿美元。

虽然华为进入世界 500 强，但是任正非对华为是否进入世界 500 强俱乐部不大关心。任正非并不指望企业业务迅猛地发展，他说，你们提口号要超谁超谁，我不感兴趣。我觉得谁也不需要超，就是要超过自己的肚皮，一定要吃饱，你现在肚皮都没有吃饱，你怎么超越别人。企业业务不需要追求立刻做大、做强，还是要做扎实、赚到钱，谁"活"到最后，谁"活"得最好。华为在这个世界上并不是什么了不起的公司，其实就是我们坚持活下来，别人"死"了，我们就强大了。所以现在我还是认为不要盲目做大、盲目铺开，要聚焦在少量有价值的客户和少量有竞争力的产品上，在这几个点上形成突破。好比战争中我这个师是担任主攻任务，就是要炸开城墙，那么我打进城也就是前进 400 米左右，这个师已经消耗得差不多了，接着后面还有两个师，然后就突进去了，从 400 米突到 1 公里、2 公里左右，接着下来再进去 3 个师，攻城是这么攻的。所以，我们在作战面上不需要展开得那么宽，还是要聚焦，取得突破。当你们取得一个点的突破的时候，这个胜利产生的榜样作用和示范作用是巨大的，这个点在同一个行业复制，你可能会有数倍的利润。所以说，我们要踏踏实实地沿着有价值的点撕开口子，而不要刚撕开两个口子，就赶快把这些兵调去另外一个口子,这样的话你们就是成吉思汗,你们想占领全世界,你们得兵分多路,最后就必然是死亡。我还是要强调,企业网目前取得了一些胜利,但不要盲目铺开摊子作战,还是要聚焦在一定的行业和一定的产品范围内,越是在胜利的时候,越别急着盲目行动。我原来也讲过,你们中国区实现了盈利,我允许你们中国区拿一半的利润去开拓市场,去做新市场的补贴、开拓,但是要去开拓有希望的市场,而不是送到最困难的地方,你们可以采用这样的扩张方法。

与之相反的是,中国企业成为世界500强是改革开放后一代中国企业家的梦想。回顾历史,1996年,当"抓大放小"这个国家战略刚被提出来时,一些眼光敏锐的企业家开始把"抓大"与火热蓬勃的民族企业振兴运动结合起来,即这些企业家在实施"抓大"战略时,把目光盯在那个"光芒万丈"的世界500强梦想上。

究其原因,中国国内市场的繁荣及新兴企业的集体胜利让中国企业家意识到,原来世界500强也并非那么遥不可及,那些不可一世的跨国企业似乎并不是不可赶超的。在这样的背景下,进入世界500强俱乐部成为当年诸多中国企业家的共同梦想。

世界500强是由美国财经杂志《财富》发布的一个排行榜,主要以销售额和资本总量为依据,对全球企业排名。早在1989年,新中国第一个出现在世界500强排行榜上的是中国银行。改革开放后不久,当时的企业家们没有多少人清楚《财富》杂志的评选标准，也没有多少企业家真正在意，因为每年数百亿美元的销售额对这些企业而言无疑是遥不可及的。

其后的变化让中国企业家开始集体亢奋：第一，1995年，《财富》杂志首次将所有产业领域的公司纳入其评选的范围。这样的改变自然吸引中国新兴公司关注世界500强。第二，中国国内市场的繁荣及新兴企业取得的集体胜利。

1995年年底，海尔这艘大船的"船长"张瑞敏第一次明确提出，海尔要在2006年进入世界500强排名。张瑞敏提出这个目标时，海尔的销售额仅仅只有世界500强入围标准的十八分之一。

随着张瑞敏高调宣布要进入世界500强行列，在其后的半年内，至少有近30家企业经营者也提出进入"世界500强"俱乐部的准确时间表。在那个火热的年代，进入世界500强就犹如一场奥林匹克运动会竞技场。曾有专家对此评论：进入20世纪90年代中期，每年一度的世界500强排行榜就像工商界的奥运会，吸引着来自东方的炽热目光。渐渐地，世界500强对于中国企业家来说无疑是一种图腾，深深地植入他们的"集体无意识"之中。

被世界500强梦想吸引的不只是企业家，与这股高昂气势相呼应，中央政府和学术界也同时形成了一个乐观的共识，那就是，"抓大"就应该全力扶持那些从市场中冲杀出来的企业，把它们尽快地送进世界500强。进入世界500强成了一项国家经济目标。张维迎曾评论说："中国是唯一把进入世界500强作为政府方针的国家。"

在那样一个激情燃烧的岁月里,高歌猛进的集结号吹响了。在进军世界500强的号角里,有的企业因此成为真正的世界500强,有的企业因此倒下。2005年,经济学家钟朋荣在评论德隆事件时也反思说,很多企业的骨子里就是要让自己早早地进入世界500强,看来,世界500强的情结已经给许多企业带来了灾难性的后果。

钟朋荣的判断是正确的,世界500强情结的确让很多企业倒下,这主要是因为很多企业为了实现这个目标而迷失自我,最终在世界500强的道路上轰然倒塌。这样的教训给当下的企业家的启示是,做企业要有耐心,能坚持。经过时间的发酵,以前看似普通的产品和品牌就有了价值。企业要充分敬畏和尊重市场成长规律,有长期经营心态,一味地追求短平快,会让企业栽大跟头的。

作为"船长"的任正非非常清楚其中的利弊,当华为第一次进入世界500强后,任正非像往常一样一大早就走进会议室说:"告诉大家一个坏消息,公司进入世界500强了。"当华为进入世界500强后,华为人似乎没有欣悦感,更没有人倡议搞什么庆典。众所周知,作为中国民企科技公司的华为,最早进入世界500强俱乐部的时间是2010年,当时的排名为第397名。

数据显示,2009年,华为的营业收入为218.21亿美元,净利润26.72亿美元。经过突飞猛进的发展之后,如今的华为今非昔比，最终修成正果。

2015年，华为进入世界500强的名次大幅度上升，排名第228名。2014年，华为的营业收入为467.74亿美元，净利润45.20亿美元（见图11-6）。

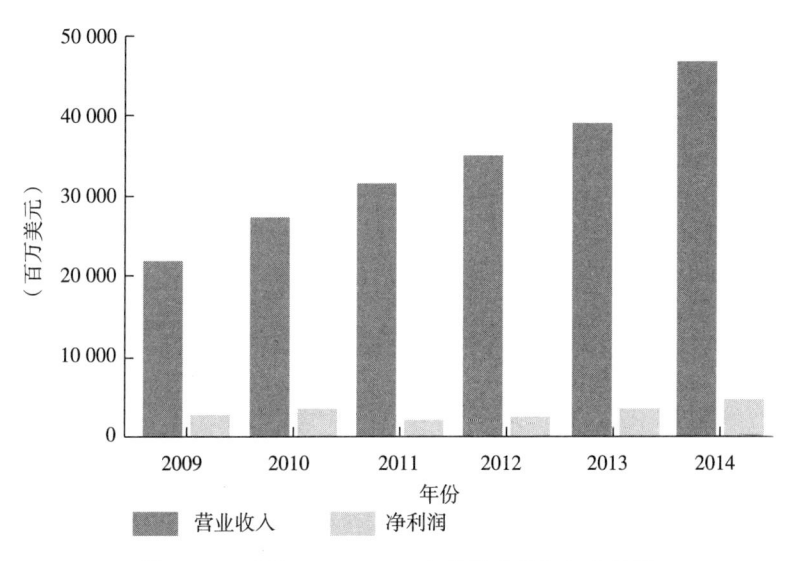

图11-6 华为2009—2014年的营业收入与净利润

同时，中国另一个标杆企业——联想在2011年进入世界500强俱乐部，当时排第450名。2010年，联想的营业收入为215.94亿美元，净利润2.73亿美元。经过奋斗，2015年，联想进入世界500强的排名也上升不少，排至第231名，2014年营业收入为462.96亿美元，净利润8.29亿美元（见图11-7）。

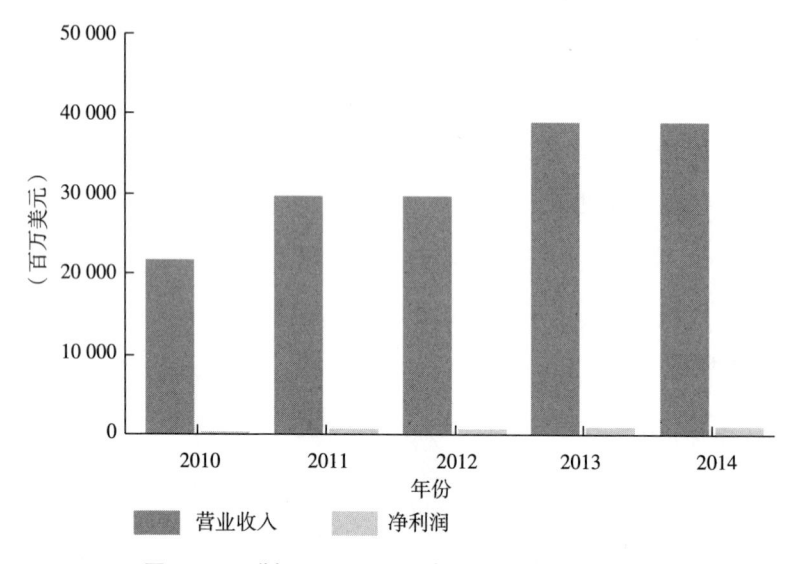

图 11-7　联想 2010—2014 年的营业收入与净利润

这组数据足以说明，华为自 2010 年入围世界 500 强之后，连续 5 年排名不断攀升，不仅如此，华为还是世界 500 强中唯一的中国民营通信企业。

众所周知，《财富》世界 500 强排行榜一直是衡量全球大型公司的最著名、最权威报告。2015 年，《财富》杂志把世界 500 强的入围门槛提高至 237.2 亿美元，总收入达 31.2 万亿美元，比 2014 年增长了 0.49%。在这样的高门槛下，华为的排名依然能够稳步上升，实属不易。

在跨国公司中，爱立信位列第 363 名，较 2014 年下降 28 名。思科公司位列 225 名，较 2014 年下降 11 名。

上述数据显示，在通信设备制造商中，只有华为、思科、爱立信入选世界500强企业，而且只有华为稳步上升。凭借这样的业绩，华为受到媒体繁花似锦地吹捧，然而任正非却孤独地品尝华为艰难的发展历程，此刻的低调或许只有任正非最懂。

究其原因，华为能够进入世界500强的一个重要因素就是战略聚焦。正如任正非所言："20多年来我们基本是'利出一孔'的，形成了15万员工的团结奋斗。我们知道我们管理上还有许多缺点，我们正在努力改进之，相信我们的人力资源政策会在'利出一孔'中越做越科学，员工越做干劲儿越大。我们没有什么不可战胜的。如果我们能坚持'力出一孔，利出一孔'，下一个倒下的就不会是华为，如果我们发散了'力出一孔，利出一孔'的原则，下一个倒下的也许就是华为。历史上的大企业，一旦过了拐点，进入下滑通道，很少有重整成功的。我们不甘倒下，那么我们就要克己复礼，团结一心，努力奋斗。"

06 酬勤：除了艰苦奋斗，还是艰苦奋斗

有一篇文章叫《不眠的硅谷》，讲述了美国高科技企业集中地硅谷的艰苦奋斗情形，无数硅谷人与时间赛跑，度过了许多不眠之夜，成就了硅谷的繁荣，也引领了整个电子产业的节奏。华为也是无数优秀儿女贡献了青春和热血，才打下今天的基础。创业初期，我们的研发部从五六个开发人员开始，在没有资源、条件的情况下，秉承20世纪60年代"两弹一星"艰苦奋斗的精神，以忘我工作、拼搏奉献的老一辈科技工作者为榜样，大家以勤补拙，刻苦攻关，夜以继日地钻研技术方案，开发、验证、测试产品设备……没有假日和周末，更没有白天和夜晚，累了就在垫子上睡一觉，醒来接着干，这就是华为"垫子文化"的起源。虽然今天垫子已只是用来午休，但创业初期形成的"垫子文化"记载的老一代华为人的奋斗和拼搏，是我们需要传承的宝贵的精神财富。[1]

——华为创始人 任正非

---

[1] 任正非：《天道酬勤》，载《华为人》，2006年7月21日。

第 12 章

> "除了励精图治、开放心胸、自力更生,我们还有什么呢?最多再加一个艰苦奋斗,来缩短与竞争对手的差距。"

在华为内部有一个口口相传的故事。1994 年,一位叫金森林的新员工入职华为,岗位被安排在车间,承担测试和物料协调相关的工作。

当时,华为自主研发的程控交换机已进入量产阶段,但是华为作为一个初创企业,其相对简陋的测试工具增加了员工的工作强度。为了加快进度,华为的员工不得不睡在机房里,安排食堂师傅送餐。

某天晚上,有一个食堂师傅模样的老头儿前来"慰问"他们,跟在他身后的是几个厨子,他们推着餐车,车上摆放着米饭和新鲜的鱼汤。

作为新员工的金森林当然不知道，这个食堂师傅模样的老头儿就是华为创始人任正非。第二天测试结束后，员工们乘机午睡一会儿。金森林找了个地方睡下，当他起身回车间时，发现昨天那位送餐的老头儿也睡在这里。一个月后，华为举办新员工座谈会，任正非也来参加。金森林得知这个消息很激动，一直希望自己的名字能传入老总的耳朵中。这一天，金森林早早地赶到了会场，结果发现有一个比他还早，这个人就是那位"食堂师傅"。

任正非笑着问金森林是不是来参会的，金森林支支吾吾，对这个凑热闹参加新员工座谈会的老头儿有些不满。

不过，让金森林觉得异样的是老头儿没有穿白大褂，而是西装革履的。没过多久，新员工座谈会即将开始，金森林惊呆了，走上台的竟然是那个老头儿。任正非走上台说："欢迎大家来到华为公司，我叫任正非，希望大家喜欢华为。"

从这个故事中不难看出，华为在创业阶段举步维艰。在诸多企业家论坛上，华为是众星捧月的企业，它不仅投重金进行研发，而且在企业中推崇奋斗文化。在内部讲话中，任正非说道："除了励精图治、开放心胸、自力更生，我们还有什么呢？最多再加一个艰苦奋斗，来缩短与竞争对手的差距。"

一、"自公司创立那一天起,我们历经千辛万苦,一点一点地争取到订单和农村市场。"

20世纪90年代,华为创业没多久,没有足够的流动资金,在这样艰难的日子里,华为人把自己的工资、奖金投入公司,每个人只能拿到很微薄的报酬,发工资经常打白条,绝大部分干部、员工常年租住在农民房,用有限的资金购买原材料和实验测试用的示波器。在资金、技术各方面都匮乏的条件下,在任正非的领导下,华为人咬牙把鸡蛋放在一个篮子里,紧紧依靠集体奋斗,群策群力,日夜攻关,利用压强原则,重点投入,重点突破,终于研制出了第一台通信设备——数字程控交换机。

众所周知,正是老一代华为人"先生产后生活"的奉献,才挺过了华为最为困难却也激情燃烧的岁月,才支撑了华为的生存、发展,才有了今天的步入世界500强企业的华为。任正非在内部讲话中介绍,"一直到2001年,我们才拿出了所获得的利润的一部分来改善我们员工的生活,让部分员工解除了基本生活上的后顾之忧"。

在发展道路上,由于华为没有可借鉴的技术,无法避免地在解决方案上理解不准确,无法避免地在设计、实现上存在幼稚和缺陷。任正非举例说:"1998年,交换机用户板因为设计不合理,导致对全网100多万块用户板进行整改;2000年,光网络设备存在电源问题,为了对客户负责和诚信,我们从网上回收、替换了

20多万块板子，这些板子在仓库里堆积如山，造成损失十几亿；西欧某运营商，由于我们对于客户的需求理解偏差大，造成无法及时交付，只能按合同赔偿；亚太的一个移动运营商选择我们的彩铃系统，由于工期极其紧张，导致工程质量低，造成诸如鸳鸯线等低级错误，给客户造成很大影响；VPN系统由于没有考虑逃生设计，局部故障导致系统中断，客户无法使用业务；系统操作、管理权限不是基于使用者而是基于角色设计的，由于权限过大，误操作导致整个系统瘫痪等等，无不是因为我们的年轻和幼稚，因为这种年轻和幼稚，所以我们必须也只能付出更多代价，系统的设计和研发要推倒重来，过去的工作等于是白做了。为了还能够赶得上市场的节奏，为了还能够从市场上获得竞争先机，我们只能付出比别人更多的精力来工作，加班累了，就在办公室铺下垫子睡一觉，醒了就继续干；思路没了，就在办公室铺下垫子睡一觉，有了思路就继续干，所以也造就了华为公司传承至今的垫子文化。"

这样的例子在华为可以说是举不胜举。当华为每一次陷入危机时，华为人几乎都是靠着艰苦奋斗才渡过难关。如在2001年开始的网络泡沫破裂之后，行业市场急剧下滑甚至是萎缩，尤其是2002年。这样的市场环境无疑会使得华为进入寒冷和彻骨的"严冬"。由于华为的销售额出现负增长，很多员工因为暂时的不利处境纷纷离开华为，甚至有不少员工在离职时居然带走了华为的源程序、设计原理图等核心商业机密信息，在其他公司或自己开公司或有偿泄漏给同业者进行仿制,这种零成本、无投入的仿制,在市场上还全面地形成了对华为的正面竞争,几乎给华为公司带来灭顶之灾。

不仅如此,由于对市场形势和发展判断失误,华为错失了很多可以获得收益和利润的市场机会;由于没有准确判断泡沫带来的低谷,对局部市场和产品盲目乐观,造成了 5 亿元的器件库存和积压;NGN 亏损超过 10 亿元、3G 亏损超过 40 亿元,不知道什么时候才能收回投资,这样的危机对于华为来说更是雪上加霜。

为了应对不确定的危机,华为再次开启了艰苦奋斗的列车。任正非坦言:"住两块钱的招待所,顿顿吃方便面,睡机房,我们经常经历;跟我们在同一个客户那里出差的竞争对手的工程师,住的是当地最高档的宾馆,我们是多么得羡慕;在同一个机房干活儿的竞争对手的工程师,一到下午下班时间就收拾东西走了,而我们还在吭哧吭哧地干,我们还是羡慕。我们通过集体降薪来支撑住公司;我们通过忘我工作来弥补我们年轻造成的过错;我们通过舍家别妻奔赴海外开疆拓土来为公司过冬添棉袄。公司上下同心同德、卧薪尝胆,我们挺到了今天。"

任正非回忆说道:"自公司创立那一天起,我们历经千辛万苦,一点一点地争取到订单和农村市场;另一方面我们把收入都拿出来投入研究开发。当时我们与世界电信巨头爱立信、阿尔卡特等的规模相差 200 倍之多。通过一点一滴、锲而不舍的艰苦努力,我们用了 10 余年时间,终于在 2005 年,销售收入首次突破了50亿美元，但与通信巨头的差距仍有好几倍。最近不到一年时间里，业界几次大兼并，一下子使已经缩小的差距又陡然拉大了。我们刚指望获得一些喘息，直一直腰板，拍拍拍打身上的泥土，没想到又要开始更加漫长的艰苦跋涉……"

二、"只有比别人更多一点奋斗，只有在别人喝咖啡和休闲、健身的时间都在忘我努力地工作，否则，我们根本无法追赶上竞争对手的步伐，根本无法缩小与他们的差距。"

对于奋斗，任正非是这样解释的："什么叫奋斗，为客户创造价值的任何微小活动，以及在劳动的准备过程中，为充实提高自己而做的努力，均叫奋斗，否则，再苦再累也不叫奋斗。"

在任正非看来，华为人的奋斗必须以客户目标为导向，以为客户创造价值为基础，否则，再苦再累也不叫奋斗。

为此，任正非还把"以责任结果为导向的组织与干部考核机制"植入"以客户为中心"中。任正非在内部讲话中谈道："我们的中高级干部要学会经营组织，学会以组织行为去推动进步，增强组织弹性。我们已经在航空母舰上了，但有的高级干部手里还握着桨。不善于运作组织就是高成本，最终会转嫁给客户。我们的待遇体系，是基于贡献为准绳的。我们说的贡献和目标结果，并不完全是可视的，它有长期的、短期的，有直接的、间接的，也包括战略的、虚的、无形的结果。因为只有以责任结果为导向才是公平的，关键过程行为考核机制，与此没有任何矛盾。关键过程行为与成功的实践经验和有价值的结果是一致的。不能为客户输出任何有益结果的能力，我们是不承认的，这就是我们多年来不承认茶壶中煮饺子的缘由。无论你人格如何高大，品德如何高尚，学问如何渊博……你得到人们承认的，一定是通过一定形式表现出来的。我们强调以责任结果导向来选拔干部，如何避免偏见和短视，确实是一件非常难的事情，它考验着各级干部。善于处理这些事情的人，就更有可能成长为高级干部。如何包容那些迟发的天才，是一件更难的事情，不然你怎么会是领袖人物呢？那些一次就将事情做好、表面上工作很轻松的员工是潜能很大的苗子，党委及各级组织要帮助他们成长。我们要去除不能为客户创造价值的多余动作，我们要警惕劣胜优汰。世界上最难管理的是人，为什么你不行？多么难得的机会，你怎么不努力去迎接这个挑战。"[1]

事实证明，要想赢得客户的认可，同时还要赢得与竞争者的较量。"不奋斗，华为就没有出路。"为此，任正非在《天道酬勤》一文中写道："面对我们所处的产品过剩时代，华为人除了艰苦奋斗还是艰苦奋斗。从来就没有什么救世主，也不靠神仙皇帝，要创造我们的幸福，全靠我们自己。"

---

〔1〕 任正非：《干部要担负起公司价值观的传承——在人力资源管理纲要第一次研讨会上的发言提纲》，载《华为人》，2010 年 7 月 15 日。

纵观华为的发展历程，其实就是一个艰苦奋斗的过程。华为从当初一个籍籍无名的深圳小企业，发展成为全球前五大通信设备商，仅仅用了30多年的时间。据《华为投资控股有限公司2008年年度报告》介绍："华为20年的发展历程使我们深深认识到，只有客户的成功才有华为的成功。我们坚持'以客户为中心，以奋斗者为本'，无论何时何地，华为人都将全力以赴，致力于帮助客户实现商业成功，并通过我们的共同努力，不断丰富人们的沟通和生活。"

在任正非的战略逻辑中，华为人必须坚持"以客户为中心，以奋斗者为本，长期艰苦奋斗"的指导思想。任正非在讲话中谈道，以客户为中心，以奋斗者为本，长期艰苦奋斗，这是我们20多年悟出的道理，是华为文化的真实体现。我们所有的一切行为都归结到为客户提供及时、准确、优质、低成本的服务。以客户为中心，道理不用多说了，没有客户我们就饿死了。以奋斗者为本，其实也是以客户为中心。把为客户服务好的员工作为企业的中坚力量并一起分享贡献的喜悦，就是促进亲客户的力量成长。长期艰苦奋斗也是以客户为中心。你消耗的一切都从客户来的，你的无益消耗就增加了客户的成本，客户是不接受的。你害怕去艰苦地区工作，害怕在艰苦的岗位工作，不以客户为中心，那么客户就不会接受、承认你，你的生活反而是艰苦的。当然，我说的长期艰苦奋斗是指思想上的，并非物质上的。我们还是坚持员工通过优质的劳动和贡献富起来，我们要警惕的是富起来以后的惰怠。但我也不同意商鞅的做法，财富集中，民众以饥饿来驱使，这样的强大是不长久的。[1]

在华为的艰苦奋斗中，华为坚持以奋斗者为本。任正非表示，我们已经在公司干部大会讲过，首先肯定金字塔模型这么多年对华为公司平衡的伟大贡献，接着还要继续改良，面对项目的复杂程度，一定要使金字塔模型异化。破格提拔是基于贡献、责任、牺牲精神。其次，华为公司到底是肯定英勇作战的奋斗者，还是肯定股东？外界有一种说法，华为股票之所以值钱，是因为华为员工的奋斗，如果大家都不努力工作，华为股票就会是废纸。所以，是你们在拯救公司，确保财务投资者的利益。虽然作为财务投资者应该获得合理回报，但要让"诺曼底登陆"的人和挖"巴拿马运河"的人拿更多回报，让奋斗者和劳动者有更多利益，这才是合理的。华为确保奋斗的利益，若你奋斗不动了，想申请退休，也要确保退休者有利益。不能说过去的奋斗者就没有利益了，否则以后谁上战场呢？但是若让退休者分得多一点儿，奋斗者分得少一点儿，傻帽才会去奋斗呢，因为将来我也是要退休的，如果确保退休者更多利益，那我应该支持这项政策，让你们多干活儿，我多分钱，但你们也不是傻帽。因此，价值观不会发生很大变化，传这种话的人都是落后分子。华为将来也会规

---

[1] 任正非：《干部要担负起公司价值观的传承——在人力资源管理纲要第一次研讨会上的发言提纲》，载《华为人》，2010年7月15日。

定，拥有一定股票额的人员退休后不能再二次就业。

事实证明，但凡一个取得非凡业绩的企业都不可能一帆风顺，必定饱经风霜，卧薪尝胆。在华为的内部会议上，任正非介绍："18年来，我们公司高层管理团队夜以继日地工作，许多高级干部几乎没有什么节假日，所有的主管24小时不能关手机，随时随地都在处理随时发生的问题。现在，更因为全球化后的时差问题，总是连轴转地处理事务和开会。我们没有国际大公司积累了几十年的市场地位、人脉和品牌，没有什么可以依赖的，我们只有比别人更多一点儿的奋斗，只有在别人喝咖啡、休闲、健身的时间忘我努力地工作，否则，我们根本无法追赶上竞争对手的步伐，根本无法缩小与他们的差距。"[1]

---

[1] 任正非：《实事求是的科研方向与二十年的艰苦努力——在国家某大型项目论证会上的发言》，载《华为人》，2006年12月18日。

第 13 章

"我们与国内外企业的差距还较大,只有在思想上继续艰苦奋斗,长期保持进取、不甘落后的态势,才可能不会灭亡。"

华为为什么能活到今天?华为将来靠什么活下去?答案就是艰苦奋斗。只有艰苦奋斗,华为才能打败大型跨国公司,仅仅凭借口号是永远不够的。

在国际化的过程中,华为遭遇了思科等跨国企业的多次阻击,很多中国企业经营者可能无法想象其竞争的残酷,但是华为面对的是全世界各发达国家的世界级跨国企业,它们有的拥有几十年,甚至100多年的资金和技术积累;有的拥有欧美数百年以来发展形成的工业基础和产业环境;有的拥有世界发达国家的商业底蕴和雄厚的人力资源、社会基础;有的拥有世界一流的专业技术人才和研发体系;有的拥有雄厚的资金和全球著名的品牌;有的拥有深厚的市场地位和客户基础;有的拥有世界级的管理体系和运营经验；有的拥有覆盖全球客户的庞大的营销和服务网络……

面对差距如此巨大的竞争格局，面对如此完善的技术和经营多年形成的市场壁垒，摆在华为面前的只有艰苦奋斗一条路可走，几乎没有任何捷径。对此，任正非说道："成功是一个讨厌的教员，它诱使聪明人认为他们不会失败，它不是一位引导我们走向未来的可靠的向导。华为已处在一个上升时期，它往往会使我们以为8年的艰苦奋战已经胜利。这是十分可怕的，我们与国内外企业的差距还较大，只有在思想上继续艰苦奋斗，长期保持进取、不甘落后的态势，才可能不会灭亡。繁荣的里面，处处充满危机。"[1]

任正非补充认为，在这个世界上除了懒汉、二流子之外，90%的人都在身体上艰苦奋斗，吃大苦、耐大劳是人们容易理解的。但什么人在思想上艰苦奋斗呢？并不为多数人所理解。科学家、企业家、政治家、种田能手、养猪状元、善于经营的个体户、小业主、优秀的工人等，他们有些人也许生活比较富裕，但并不意味着他们不艰苦奋斗。他们不断地总结经验，不断地向他人学习，无论何时何地都进行着自我修正与自我批评，每日三省吾身，从中找到适合他前进的思想、方法，从而有所发明、有所

---

[1] 任正非：《反骄破满，在思想上艰苦奋斗》，载《华为人》，1996年5月2日。

创造、有所前进。思想不经磨炼，就容易钝化。那种善于动脑筋的人就越来越聪明。他们也许以身尝试，惹些小弊病，各级领导要区分他们是为了改进工作而惹的病，还是因责任心不强而犯下的错误？是前者，领导要手下留情，要鼓励员工去改进工作。在一个科学家的眼里，他的成果永远是不完善的，需要不断的优化。我们产品办、中研部、中试部的员工有这样感觉时，就进入了科学家的境界。我们生产的工艺、产品的加工质量，您每天都充满去改进的欲望时，难道您还看不见爱迪生的身影吗？我们的市场营销要从公关、策划型向管理型转变，高中级要做势、基层要做实。这种"做势做实"需要我们多少人去琢磨，我们那些读了几年人的销售工程师，在理论上再提高，多读一些书，"读书又读人"，"读人再读书"难道就不会转变成战略专家吗？知识在点滴中积累，方法在点滴中实践，成绩在点滴创造。只要动脑筋，善于用纸笔去总结，几年后您再看自己，就有些奇怪进步为什么这么大。华为是一个大学校，它在改造人，培养造就人。一个思想上的懒汉，真是虚度了这么宝贵的年华。为什么会有大厨师？为什么会有名小吃？难道思想上不艰苦奋斗会有这些成就吗？一个机关干部不断去改善运作程序，不断去改善周边合作，下了决心去总结，推行 ISO 9000、MRP II 会有这么难吗？华为人做任何事都十分认真，而且第一次就把它做好，这种风气已为员工广泛接受。只有在思想上艰苦奋斗，才会在管理上赶上日本。当我们的产品质量非常好，成本又低，销售还会这么难吗？销售不难，可以减一些人，成本又进一步下降，竞争力又进一步增强，管理的马太效应不就发生了吗？[1]

一、"一个中国高科技企业，在海外开拓的征途中，注定是艰难的，但意义也将是非同寻常的。幸福不会从天降，全靠我们来创造，天道酬勤。"

在华为，任正非多次在内部会议上强调艰苦奋斗的重要。任正非说，我们现在有些干部、员工，沾染了娇、骄二气，开始乐于享受生活，放松了自我要求，怕苦怕累，对工作不再兢兢业业，遇事斤斤计较，这些现象大家必须防微杜渐。不能改正的干部，可以给他开个欢送会。全体员工都可以监督我们队伍中是否有人（尤其是干部）懈怠了，放弃了艰苦奋斗的优良传统，特别是对我们高层管理者。我们要更多地寻找那些志同道合、愿意与我们一起艰苦奋斗的员工加入我们的队伍。我们要唤醒更多的干部、员工认识到艰苦奋斗的重要意义，以艰苦奋斗为荣。

在讲话中，任正非强调，在艰苦奋斗的同时，也要通过坚持不懈地管理改进和能力提升，提高华为的工作效率和人均效益。任正非说道："这些年来，华为一直在流程、组织、IT 建设等方

---

[1] 任正非：《反骄破满，在思想上艰苦奋斗》，载《华为人》，1996 年 5 月 2 日。

面持续地变革和优化,努力推动管理改进,甚至取得了不错的效果。"

与欧美的跨国企业相比,华为在全球化管理体系的成熟度上,在管理者自身经验和能力上,仍然存在巨大的明显的差距。任正非形象地说:"我们从青纱帐里出来,还来不及取下头上包着的白毛巾,一下子就跨过了太平洋;腰间还挂着地雷,手里提着盒子炮,一下子就掉进了TURNKEY(一站式方案)工程的大窟窿里……我们还无法做到把事情一次做正确,很多工作来不及系统思考就被迫匆匆启动。"

任正非有这样的看法,源于华为曾管理效率低下,这就致使华为压力大、负荷重。在国际化市场的拓展中,华为遭遇拓展成本增加与利润率下滑问题。2005年,华为的销售额达到83亿美元,比2004年增长了56%,但是其净利润增长却很小,仅仅为9%,在之前,华为利润率达到15%—20%。更为甚者,华为的利润率还在趋降。数据显示,2003年,华为毛利率为53%,2004年降到了50%,2005年下滑到41%。[1]

利润率的下降意味着华为主要成本构成和增长模式已经变化,但是,凭借自身低廉的研发费用,华为也能保持相对的竞争优势。2004年,西门子公司董事会内部汇报材料佐证了这样的观

---

[1] 丘慧慧、朱志超:《华为的天花板》,载《商周刊》,2012年第10期,第69页。

点。该报告分析了华为低成本优势的关键就在于低廉的研发成本。其数据详情如下：华为研发的人均费用为2.5万美元/年，而欧洲企业研发的人均费用大概为12—15万美元/年，大约是华为的6倍；华为研发人员年年均工作时间大约为2750小时，而欧洲研发人员年年均工作时间大约1300—1400小时（周均35小时，但假日很多），人均投入时间之比为2∶1；依照2004年的数据，华为有13 000名软硬件开发人员，根据上述数据得出以下算式：13 000×6×2×0.8（相比西方公司，开发效率打八折）＝124 800（人），这相当于华为具备西方同类公司12.5万名人员的开发能力，因此在产品响应速度和客户化特性方面反应较快，研发投入产出比接近大多数西方公司的10倍。这就是华为以小博大的核心优势。[1]

面对国际化的残酷竞争，任正非曾坦言，我们必须提升对未来客户需求和技术趋势的前瞻力，未雨绸缪，从根本上扭转我们作为行业后来者所面临的被动挨打局面；我们必须提升对客户需求理解的准确性，提高打中靶心的成功率，减少无谓的消耗；我们还要加强前端需求管理，理性承诺，为后端交付争取到宝贵的作业时间，减少不必要的急行军；我们要提升在策划、技术、交付等各方面的基础积累，提升面对快速多变的市场的准备度和响

---

[1] 丘慧慧、朱志超：《华为的天花板》，载《商周刊》，2012年第10期，第69页。

应效率。我们做任何事情都有好的策划,谋定而后动,要善于总结经验教训并在组织内传播共享。[1]

可以说,华为数万名员工历经千辛万苦,才取得今天的一点进步。但任正非反思道:我们始终认为华为还没有成功,华为的国际市场刚刚有了起色,所面临的外部环境比以往更严峻。全球超过10亿用户使用华为的产品和服务,我们已经进入了100多个国家,海外很多市场刚爬上滩涂,随时会被赶回海里;网络和业务在转型,客户需求正发生深刻变化,产业和市场风云变幻,刚刚积累的一些技术和经验又一次面临自我否定。在这历史关键时期,我们决不能分心,不能动摇,不能因为暂时的挫折、外界的质疑,动摇甚至背弃自己的根本,否则,我们将自毁长城,全体员工18年的辛勤劳动就会付之东流。无论过去、现在,还是将来,我们都要继续保持艰苦奋斗的作风。一个中国高科技企业在海外开拓的征途中注定是艰难的,但意义也将是非同寻常的。幸福不会从天降,全靠我们来创造,天道酬勤。[2]

---

[1] 任正非:《天道酬勤》,载《华为人》,2006年7月21日。
[2] 同[1]。

二、"任何时候都不能因为外界的误解或质疑动摇我们的奋斗文化,我们任何时候都不能因为华为的发展壮大而丢掉了我们的根本——艰苦奋斗。"

经梳理发现,华为有几个标签,其中就有"床垫文化"。或许让很多读者想不到的是,与很多企业员工下班就急于回家不同,华为员工愿意主动加班,甚至还把床垫带到办公室。

查阅华为的历史我们发现,在创业初期,加盟华为的新员工在报到时,先到华为总务室领一条毛巾被和一个床垫。这主要是为方便员工在午休时席地而卧,既方便,又非常实用。由于工作任务繁重,华为人为了更快地研发新产品,经常加班到晚上,很多人不愿意回到宿舍休息,就把床垫铺开,累了就睡,醒来后再继续工作。这就是华为"床垫文化"的由来。

为此,华为人自豪地说道:"'床垫文化'意味着从早期华为人身上的艰苦奋斗发展到现在的思想上的艰苦奋斗,构成华为文化一道独特的风景。"

如华为员工张云飞,被任正非誉为"软件大师"。在华为工作期间,张云飞一直主持软件开发。在加盟华为早期,张云飞工作、睡觉几乎都是在办公室。在一个大办公室里靠墙的地上,铺着十几个床垫,类似一个大通铺。

据张云飞介绍,在华为就职期间,没有人规定上下班时间,但是人人都加班到深夜。当其他人在睡觉后,张云飞把每个人修改的代码审查一遍，然后重新整合在一个版本里，再上机加载测试验证一下后发布出来……这时候差不多天也亮了，张云飞才去睡觉。正是这样的奋斗为华为成为世界顶级企业打下了基础。

当奋斗成为华为文化后，一些负面新闻也随之而来。2006年6月，25岁的工程师胡新宇不幸因病去世。公开资料显示，胡新宇2005年毕业于成都电子科技大学，硕士学历，毕业后加盟华为，主要从事研发工作。

胡新宇在因病住院以前，经常加班加点，甚至是打地铺过夜。胡新宇病故的新闻在许多大媒体上刊载，有些媒体将胡新宇的病故归因为"过劳死"。这些报道将华为推向舆论的风口浪尖。

在媒体和外界一片声讨中，时任华为公司新闻发言人的傅军在接受媒体采访时沉痛地说："胡新宇是一名很优秀的员工，他在工作、生活中都表现很出色，深受同事们的喜爱。他发病之后，公司的领导一直非常关注，指示要保证他的治疗费用，要不惜一切代价抢救，还从北京请来专家进行会诊。他住院期间，很多同事都去探望并自发捐款希望能留住他，公司上下都为他的不幸去世感到痛心，为新宇的父母失去这样优秀的儿子感到惋惜，对胡爸爸和胡妈妈致以真诚的慰问，在与家属沟通协商后，公司给家属一定数额的抚恤金。""虽然专家诊断的结论是，胡新宇的去世跟加班没有直接的因果关系，但加班所造成的疲劳可能会导致免疫力下降，给了病毒可乘之机。所以这件事情发生之后，公司再一次重申了有关加班的规定：第一是加班至晚上10点以后，要领导批准;第二是严禁在公司过夜。"他又说,IT行业竞争很激烈,甚至很残酷,在华为面向全球的拓展中,有一些客户的要求需快速满足。因此一些团队和小组通过短期内加班来快速响应,这不仅仅在华为,在IT业界都是较为普遍的现象。

"即使需要加班,在加完班之后,按公司规定,加班的员工可以随后进行调休,公司也给员工发了温馨提示,希望大家关注身体健康,做到劳逸结合。""当年公司第一代创业者就像当年美国硅谷的创业者们一样,经常挑灯夜战,甚至在公司过夜,这对当时处于创业期的华为来说是必要的。但创业期和发展期不一样。1996年之后,用床垫在公司过夜的情况非常少了。虽然几乎每个员工都有床垫,但那是用来午休的,不是用来在公司加班过夜的。"[1]

尽管华为公司新闻发言人傅军解释了床垫文化,并告知媒体网友误解了床垫文化,但是也由此拉开了批判华为床垫文化的浪潮。在媒体一场气势汹涌的声讨中,昔日曾笼罩在层层光环下的"狼性文化"受到质疑和批判,因为媒体将矛头对准了华为的企业文化,将床垫文化等同于"狼性文化",认为这种只顾进攻而不善于顾念到人性的文化已经不合时宜。

查阅资料发现,在"建立一个适应企业生存发展的组织和机

---

[1] 叶志卫、吴向阳:《胡新宇事件再起波澜 华为称网友误解床垫文化》,载《深圳特区报》,2006年6月14日。

制——任正非与 HAY 专家在任职资格考核会上关于研究部分的对话"中查阅到任正非有关"狼"的论述:"我用一个典型的例子来说明:狼是很厉害的,它有灵敏的嗅觉,有很强的进攻性,而且它们不是单独出击,而是群体作战,前仆后继,不怕牺牲。这三大精神,就构成了华为公司在新产品技术研究上领先的机制。我们按这个原则来建立我们的组织,因此,即使暂时没有狼,也会培养出狼,或吸引狼加入我们。也就是说,我们事先并不知道谁是狼,也不可能知道谁是狼,但有了这个机制,好狼也会主动来找我,有了一个好狼,就会有一群好的小狼。"

任正非所言的"狼文化"精神主要指狼的三种特性:一是有良好的嗅觉;二是反应敏捷;三是发现猎物集体攻击。

当胡新宇事件发生两年多以后,任正非在华为市场大会上激愤地说道:"有人不是在炒作以奋斗者为本,炒作华为的奋斗吗?我说奋斗怎么了?我们全是向共产党学的,为实现共产主义而奋斗终生,为祖国实现四个现代化而奋斗,为了你的家乡建设得比北京还美而奋斗,生命不息、奋斗不止。这些都是共产党的口号,我们不高举共产党的口号,我们高举什么?"

在《天道酬勤》一文中,任正非写道:"艰苦奋斗是华为文化的魂,是华为文化的主旋律,我们任何时候都不能因为外界的误解或质疑动摇我们的奋斗文化,我们任何时候都不能因为华为的发展壮大而丢掉了我们的根本——艰苦奋斗。"

在该文中,任正非解释了为什么"任何时候都不能因为华为的发展壮大而丢掉了我们的根本——艰苦奋斗":"华为走到今天,在很多人眼里已经很大了、成功了。有人认为创业时期形成的'垫子文化'、奋斗文化已经不合适了,可以放松一些,可以按部就班,这是危险的。繁荣的背后都充满危机,这个危机不是繁荣本身必然的特性,而是处在繁荣包围中的人的意识。艰苦奋斗必然带来繁荣,繁荣后不再艰苦奋斗,必然丢失繁荣。'千古兴亡多少事,不尽长江滚滚来',历史是一面镜子,它给了我们多么深刻的启示。我们还必须长期坚持艰苦奋斗,否则就会走向消亡。当然,奋斗更重要的是思想上的艰苦奋斗,时刻保持危机感,面对成绩保持清醒头脑,不骄不躁。"

任正非继续写道:"华为在茫然中选择了通信领域,是不幸的,这种不幸在于,所有行业中,实业是最难做的,而所有实业中,电子信息产业是最艰险的;这种不幸还在于,面对这样的挑战,华为既没有背景可以依靠,也没有任何资源,因此华为人尤其是其领导者将注定为此操劳终生,要比其他人付出更多的汗水和泪水,经受更多的煎熬和折磨。唯一幸运的是,华为遇上了改革开放的大潮,遇上了中华民族千载难逢的发展机遇。公司高层领导虽然都经历过公司最初的岁月,意志上受到一定的锻炼,但都没有领导和管理大企业的经历,直至今天仍然是战战兢兢、诚惶诚恐,因为十余年来他们每时每刻都切身感悟到做这样的大企业有多么难。多年来,唯有更多身心的付出,以勤补拙,牺牲与家人团聚、自己的休息和正常的生活,牺牲了平常人都拥有的很多的亲情和友情，销蚀了自己的健康，经历了一次又一次失败的沮丧和受挫的痛苦，承受着常年身心的煎熬，凭借常人难以想象的艰苦卓绝的努力和毅力，才带领大家走到今天。"[1]

当初，为了团结广大员工一起奋斗，包括任正非在内的公司创业者和高层领导干部不断地主动稀释自己的股票，以激励更多的人才加入华为。任正非说道，激励更多的人才加入这从来没有前人做过、经历过的艰难事业中来，我们一起追寻着先辈世代繁荣的梦想，背负着民族振兴的希望，一起艰苦跋涉。公司高层领导的这种奉献精神正是用自己生命的微光，在茫茫黑暗中，带领并激励着大家艰难地前行，无论前路有多少困难和痛苦，有多少坎坷和艰辛。[2]

在华为早期阶段，由于没有制定完善的企业管理制度，采取"模糊评价"的管理模式，华为调薪的频度也较高，甚至"几乎每个月都会涨工资"。

据一位华为前高管介绍，自己研究生毕业后在某高校就职，工作8年后，他的月工资达到400多元。1993年，他就职华为后首月的月工资就达到1500元，近乎是高校月工资的4倍。第二个月，他的月工资就涨到2600元，是高校月工资的6倍还多。当加盟华为12个月时，他的月工资已经涨到6000元。

---

[1] 任正非：《天道酬勤》，载《华为人》，2006年7月21日。
[2] 任正非：《一江春水向东流——为轮值CEO鸣锣开道》，载《华为人》，2011年12月25日。

20世纪八九十年代正值表彰万元户,该高管两月就可以成为万元户。很难想象华为在此阶段因为自主研发耗尽了近乎所有现金流时,还能支持人才高薪。对于任正非来说,给员工提供高薪,既是对知识分子的了解和重视,也是对人性的洞察,只有给予知识足够的物质财富,才能真正地调动知识型人才的岗位热情和工作积极性。

任正非之所以这样做,是"以奋斗者为本",同时也是为了更好地激活华为人乐于艰苦奋斗的岗位责任。任正非说道:"中国是世界上最大的新兴市场,因此,世界巨头都云集中国,公司创立之初,就在自己家门口碰到了全球最激烈的竞争,我们不得不在市场的狭缝中求生存;当我们走出国门拓展国际市场时,放眼一望,能看得到的良田沃土早已被西方公司抢占一空,只有在那些偏远、动乱、自然环境恶劣的地区,他们动作稍慢,投入稍小,我们才有一线机会。为了抓住这最后的机会,无数优秀华为儿女离别故土,远离亲情,奔赴海外,无论是在疾病肆虐的非洲,还是在硝烟未散的伊拉克,或者海啸灾后的印尼,以及地震后的阿尔及利亚……到处都可以看到华为人奋斗的身影。我们有员工在高原缺氧地带开局,爬雪山,越丛林,徒步了8天,为服务客户无怨无悔;有员工在国外遭歹徒袭击,头上缝了30多针,康复后又投入工作;有员工在飞机失事中幸存,惊魂未定又救助他人,赢得当地政府和人民的尊敬;也有员工在恐怖爆炸中受伤,或几度患疟疾,康复后继续坚守岗位;我们还有3名年轻的非洲籍优秀员工在出差途中飞机失事不幸罹难,永远地离开了我们……"[1]

---

〔1〕 任正非:《实事求是的科研方向与二十年的艰苦努力——在国家某大型项目论证会上的发言》,载《华为人》,2006年12月18日。

07 协同共生：
共同创造良好的生存空间，
共享价值链的利益

坚持合作共赢，构建开放生态，与伙伴一起成长。围绕欧拉打造数字基础设施的软件生态，基于鸿蒙打造面向跨多终端环境的生态系统，坚持开源、开放，让所有软件开发人员都来使用、贡献和受益，共同构建万物互联的智能世界；建设线上的开发者社区、线下的创新中心，打造满足客户需求的场景化解决方案，支持开发者持续为消费者提供创新体验；继续推动并维护全球统一技术标准；以长远眼光激励和支持渠道伙伴；积极支持与发展全球优质供应商，同舟共济，携手前行。只有我们的客户、伙伴获得了成功，才会有华为的成功。[1]

——华为轮值董事长 郭平

---

[1] 郭平：《前行不辍，未来可期——2022年新年致辞》，载《华为人》，2022年第1期，第2—3页。

第14章

"宁愿放弃一些市场、一些利益,也要与友商合作,成为伙伴,共同创造良好的生存空间,共享价值链的利益。"

对于与友商的竞争,华为有所为,有所不为。与友商既是竞争对手,也是合作伙伴,共同发展,共同创造良好的生存空间,共享价值链的利益。

任正非在《华为公司的核心价值观》一文中写道:"我们把竞争对手称为友商,我们的友商是阿尔卡特、西门子、爱立信和摩托罗拉等。我们要向拉宾学习,以土地换和平。拉宾是以色列前总理,他提出了以土地换和平的概念。2000 年 IT 泡沫破灭后,整个通信行业的发展趋于理性,未来几年的年增长率不会超过 4%。华为要快速增长就意味着要从友商手里夺取份额,这就直接威胁友商的生存和发展,可能在国际市场到处树敌,甚至遭到群起而攻之的处境。但华为现在还很弱小,还不足以和国际友商直接抗衡，所以我们要韬光养晦，要向拉宾学习，以土地换和平，宁愿放弃一些市场、一些利益，也要与友商合作，成为伙伴，共同创造良好的生存空间，共享价值链的利益。我们已在很多领域与友商合作，经过五六年的努力，大家已经能接受我们，所以现在国际大公司认为我们越来越趋向于是朋友。如果都认为我们是敌人的话，我们的处境是很艰难的。"[1]

任正非的战略转变源于华为此前与思科的对决。2003年1月23日，思科公司正式起诉中国华为公司及华为美国分公司，要求华为停止侵犯思科知识产权。思科的诉状包括以下四个要点：一是抄袭思科IOS源代码；二是抄袭思科技术文档；三是抄袭思科公司"命令行接口"，这是思科IOS软件一个重要组成部件；四是侵犯思科公司在路由协议方面至少五项专利。[2]

2003年1月24日，华为公司对此案做出回应，表示一贯尊重他人知识产权，并注重保护自己的知识产权。华为公司发表声明：本公司正与法律顾问咨询，着手了解并解决此事，目前暂不作评论。我们一直坚持将不少于年收入10%的经费及超过1万名工程师投入研发中，拥有自己的核心技术。作为负责任的企业，无论在何处运作，都尊重当地的法律法规。公司坚信合作伙伴关

---

[1] 任正非：《华为公司的核心价值观》，载《中国企业家》，2005年第18期，第3—20页。
[2] 《中国知识产权报》编辑部：《思科华为案的全面反思：争端起 和为贵》，载《中国知识产权报》，2004年8月11日。

系、开放合作,以及公平竞争的价值,并在实践中贯彻执行。华为及其子公司的业务运作正常进行。公司的关注点仍然是自己的客户、合作伙伴和员工。[1]

思科起诉华为一事,让华为对拓展国际化市场有了更深的思考。任正非在内部讲话中谈道:"IPR(专利)是国际市场的入门券,没有它,高科技产品就难以卖到国际市场。虽然华为每年按销售收入的10%—15%投入研究开发,在研究经费的数量级上缩小了与西方公司的差距,也在IPR(专利)上缩小差距。华为已有8000多项专利申请,但相对世界几十年的积累是微不足道的。IPR(专利)投入是一项战略性投入,它不像产品开发那样可以较快地、在一两年时间内就看到效果,它需要一个长期的、持续不断的积累过程,华为一方面加大了IPR(专利)研发的投入,另一方面华为真诚地与众多西方公司按照国际惯例达成了一些知识产权的交叉许可协议,有些还在谈判并继续达成协议的过程中。思科诉华为,只是所有这些谈判中没有取得一致意见的一例,在西方发达国家这种官司非常普遍,华为在这场诉讼中证明了自己是清白的,是讲诚信和值得客户及竞争伙伴信任和尊重的。官司已经结束了,它并不影响华为与思科继续合作。国际市场是一个法治的环境,也是一个充满官司的环境,华为有了这些

---

[1]《中国知识产权报》编辑部:《思科华为案的全面反思:争端起 和为贵》,载《中国知识产权报》,2004年8月11日。

宝贵的经验，今后就不会慌张失措了。华为以后主要的销售在海外。没有与西方公司达成的许可协议和由此营造的和平发展环境，这个计划就不能实现。我们是付出了少量专利许可费，但我们也因此获得了更大的产值和更快的成长。"[1]

一、"过去很多年来，华为没有攻击过竞争对手，而是加强技术交流和沟通。即使我们在一些标准领域中取得了领导地位，也没有针对竞争对手有不好的措施。"

经梳理发现，思科的专利诉讼影响了华为日后的全球化战略，甚至成为一道较为明显的分水岭。任正非意识到，在拓展欧美市场的问题上要想取得实质性突破，必须通过结盟或者合作的方式，任正非称其为"以土地换和平"，否则华为树敌太多。

对于拉宾"以土地换和平"的战略，任正非有更深的理解："'打锣卖糖，各干一行。'我作为商人，不懂政治，如果我干预政治，结果是错的，对国家就有害。那就干脆不要过问政治，而是擅长什么就做什么。我说过我是拉宾的学生，我很崇敬拉宾，因为他遵从'用土地换和平'的原则。以色列的人口那么少，周边有几亿阿拉伯人，阿拉伯民族也是很聪明的，再过一两百年，

---

[1] 任正非：《我们要鼓励自主创新就更要保护知识产权》，载《中国企业家》，2006年第1期，第30—33页。

说不定就强盛起来了。拉宾把边界划定之后，跟阿拉伯国家友好，避免未来几十年以后的灾难，这是有长远思维的目标。拉宾是很伟大的，他的遇刺是人类的损失。我受到的启发，就是要对所有的竞争对手都要友好。过去很多年来，华为没有攻击过竞争对手，而是加强技术交流和沟通。即使我们在一些标准领域中取得了领导地位，也没有针对竞争对手有不好的措施。向拉宾学习'用土地换和平'，我们要'用合作换和平'，对我们思想有很大的促进。大家可能记得，在有一次欧盟反倾销的浪潮中，第一个跳出来反对的是瑞典和芬兰，我想爱立信和诺基亚应该做了很多政府的工作。再比如，美国现在的政策应该是有利于爱立信、诺基亚、高通的，但它们的 CEO 发言都很中性，对我们很友善，并没有排斥我们的含义。如果各国都坚持拉宾的思想，世界大同与和平是可以实现的，人类社会最终要靠劳动创造财富。拉宾去世我很忧伤，乔布斯去世我们也很忧伤，如果他们能活得更长一点儿，世界信息产业不知道会发生多大的变化。"[1]

鉴于此，一旦遭遇对手的集体围攻，尤其是遭遇像思科一样的对手，不仅华为拓展海外市场的难度增加，同时华为的口碑也会受损，更为严重的是，资金和研发实力相对弱小的华为，经不住如此折腾。

---

[1] 任正非：《任正非接受日本媒体采访纪要》，载《东方新报》，2019 年 5 月 19 日。

面对欧美跨国公司擅长的专利战攻击,任正非通过两种办法解决:"当前我们在技术上也要韬光养晦,要承认人家领先了许多,我们还在'文革'的时候,或在'文革'后百废待兴的时候,人家有些专利就已经形成了。通过谈判,付出合理费用,就扩展了市场空间,对我们是有利的,至少可以拖动巨大的制造业前进。由于技术标准的开放与透明,未来再难有一家公司,一个国家持有绝对优势的基础专利,这种关键专利的分散化,为交叉许可专利奠定了基础,相互授权使用对方的专利将更加普遍化。由于互联网的发达,使创造发明更加广泛化了,更容易了。我们要在知识产权融入国际市场俱乐部,听了总理的话,我们心中更踏实了,我们相信我们的计划一定会实现的。"[1]

任正非解释道:"那是别人说的焦土政策,我们从来没有这样做过。华为是小公司的时候就很开放,和别人总体都是保持友好的。为什么我们在国际市场有这么好的空间?因为我们知识产权的'核保护伞'建立起来了,这些年我们交了那么多的知识产权费给别人,当然我们也收了非常多的专利费,和那么多公司签了专利交叉许可协议,这本身就是友善、尊重别人嘛。我们现在发展速度比别人快,进入的领域比别人深,我们还要顾及世界的发展。"

基于此,按照专利授权惯例,当两家公司在签订专利许可

---

[1] 任正非:《我们要鼓励自主创新就更要保护知识产权》,载《中国企业家》,2006年第1版,第30—33页。

时，专利许可数量少的一方往往会向数量多的一方支付一定数额的专利费。例如，在LTE（4G）的专利方面，华为、中兴、大唐的专利数排名分别为第三、第七和第十位（见图14-1）。

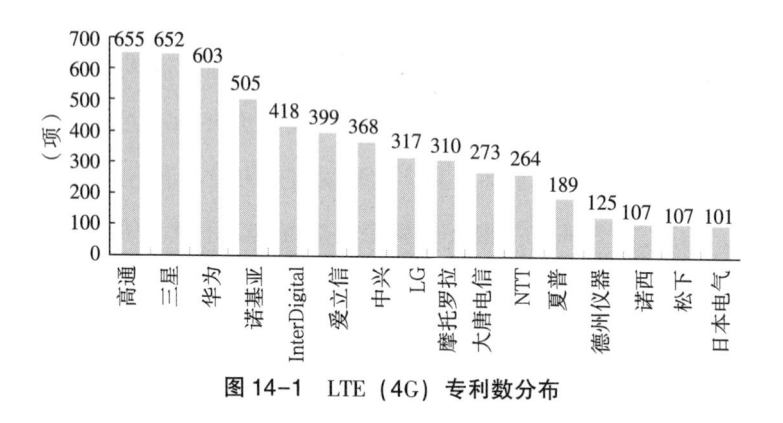

公司	专利数（项）
高通	655
三星	652
华为	603
诺基亚	505
InterDigital	418
爱立信	399
中兴	368
LG	317
摩托罗拉	310
大唐电信	273
NTT	264
夏普	189
德州仪器	125
诺西	107
松下	107
日本电气	101

图14-1　LTE（4G）专利数分布

从图14-1可以看出，高通公司持有大量涉及CDMA、GSM、WCDMA、TD-SCDMA和LTE等无线通信技术标准的必要专利（SEP），这些专利为高通每年贡献30%的营业收入，2016年为81亿美元（见图14-2）。

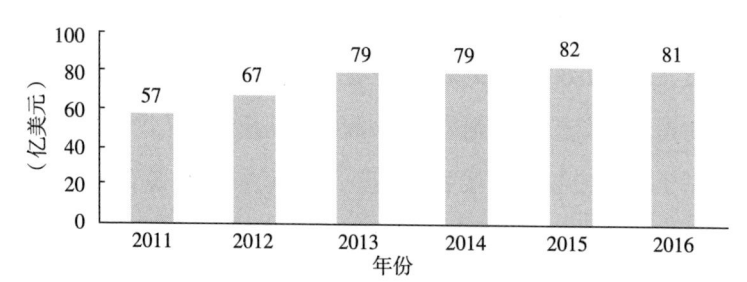

年份	专利授权费收入（亿美元）
2011	57
2012	67
2013	79
2014	79
2015	82
2016	81

图14-2　2011—2016年高通公司每年专利授权费收入

高通通常的做法是实行授权许可，对在中国销售使用授权专利的 3G 设备、4G 设备，以设备整机销售净价的 65% 为基础，分别收取 5% 和 3.5% 的专利费。[1] 按照这样的授权标准，2016 年高通公司从中国出售的通信终端里收取的专利收入就高达 46 亿美元。

根据高通介绍，在华为与高通的专利谈判中，双方签署了短期授权协议，华为每个季度会向高通支付 1.5 亿美元的专利费用（约合人民币 10 亿元左右），短期协议在 2019 年 6 月底到期。在此之前的双方长期协议下，华为每个季度支付给高通的授权费为 1 亿美元。[2]

分析师认为，华为与高通和解，华为为此每年支付的专利费用可能会超过 5 亿美元，但不会超过苹果与高通和解的 45 亿美元。原因是，华为在通信领域的专利数量众多，特别是 5G 技术，华为与高通进行交叉的专利授权，大大降低核心授权专利费用。

鉴于此，2016 年年初，华为为了拓展主航道，也与爱立信签订协议，许可华为在全球范围内使用爱立信持有的标准专利技术。作为续签协议的一部分，华为将基于实际销售向爱立信支付专利许可费。自 2016 年起，华为在 5 年内向爱立信支付近 30 亿

---

[1] 蒋起东：《高通试图捅破反垄断法那层纸：对魅族提起专利诉讼》，载《法治周末》，2016 年 7 月 6 日。
[2] 《华为正与高通谈判专利和解 现在每季度支付后者 10 亿元专利费》，ttps：//finance.sina.com.cn/stock/relnews/us/2019-05-05/doc-ihvhiqax6661605.shtml。

美元的专利许可费。

二、"我们的领导都不要迎合群众,但推进组织目的,要注意工作方法。一时牺牲的是眼前的利益,换来的是长远的发展。"

华为与友商竞争战略思维的转变,不仅让华为在欧洲市场较为顺利,即使在中国本土市场,同样也赢得战略合作者的认同。对此,任正非说道:"我曾经在与一个世界著名公司,也是我们全方位的竞争对手的合作时讲过,我是拉宾的学生,我们一定要互补、互助,共同生存。我只是就崇敬拉宾,来比喻与竞争对手的长期战略关系。我们公司在推行激励机制时,不要有短期行为,我们要强调可持续发展。既要看到他的短期贡献,也要看到组织的长期需求。不要对立起来,不要完全短期化,也不要完全长期化。"[1]

在这样的思想指导下,华为与友商更加注重协同生态体系的建设。例如,在华为云业务板块,华为曾对外宣称:"华为不是技术'有限'公司,技术还是比较先进的,但能力有限。因此,我们只能聚焦,要聚焦在 IaaS(Infrastructure as a Service,基础架构即服务)层上,通过更开放让整个商业成功。"

―――――――――

〔1〕 任正非:《华为的冬天——任正非谈华为十大管理要点》,载《中国企业家》,2001 年第 4 期,第 48—50 页。

华为高层表态，甚至在"华为云计算"大会上反复向外界传达一个信息——华为不会单打独斗，不会通吃整个市场，而是明确了自己的业务边界，使更多合作伙伴放心和华为合作，共同打造云生态。在"云服务"领域，华为坚持"聚焦IaaS层，使能PaaS层，聚合SaaS层"。不仅如此，华为高层承诺称："对上不做应用，对下不碰数据。"

对此，徐文伟解释道，华为要打造一个生态链，就一定要把边界跟大家说清楚。2011年，华为企业业务提出"被集成"的战略，合作伙伴持怀疑态度，因为华为习惯了单打独斗。但经过5年的市场检验，华为打消了合作伙伴的疑虑，企业业务实现了快速增长。在进入"云计算"之后，华为要打造一个产业链，同样要打消合作伙伴的疑虑，划清边界。这也是华为云服务和互联网云服务的最大区别。

在华为的边界问题上，时任华为企业业务事业部的首席执行官徐文伟坦言："边界不清楚的话，客户怎么敢把数据放在"云"上呢？"为此，华为在"云服务"方面主推"混合云"，徐文伟解释说："华为向上不做应用，是因为各个行业和企业应用业务不一样，华为的特长也不在这里；向下不碰数据，是因为数据属于用户，华为不会将用户的数据转换成自己的收益。"

徐文伟的解释旨在向外传达华为的边界。2015年7月，当华为推出"公有云"业务后，一些合作者认为，华为"公有云"将与运营商展开直接竞争。在时任轮值首席执行官徐直军看来，与电信运营商合作运营才是最理想的选择，华为独立发展云服务绝对不是最优选择。

徐直军在接受媒体采访时坦言："运营商有广泛的机房、带宽资源和品牌，而华为有'云计算'全套软件和硬件解决方案。希望能够与运营商合作起来，与以互联网为主的'云计算'服务商竞争。"

随后，华为启动优先选择与运营商合作的战略。2015 年 6 月，华为与德国电信正式宣布'公有云'战略合作；2015 年 8 月，华为与中国电信集团正式签署了'云计算'及大数据战略合作协议。

时任华为技术有限公司 IT 产品线总裁郑叶坦言："在和德国电信合作上，华为提供所有软件和硬件，包括存储和服务器，德国提供机房和带宽。而且华为和德国电信会一起定义产品、定义客户群。"

在《不是三星，不是 IBM，不是爱立信，华为想做谁》一文中，时任《第一财经日报》总编辑的秦朔写道："我问徐文伟，华为有 benchmark（对标公司）吗？或者说，华为想成为谁加谁再加谁？他的回答是没有。"

众所周知，在通信市场，华为与爱立信、诺基亚是竞争者；在信息技术市场，特别是在企业级业务方面，华为与惠普、IBM 等是竞争者；在消费类电子市场，华为手机、笔记本电脑等终端产品发力，与三星、联想成为竞争者。在亚马逊擅长的"云服务"市场，华为与运营商一起布局"混合云"，只有在谷歌、阿里、腾讯这样的应用市场，华为暂时还没有涉足。

在该文中，秦朔寻思着"华为的战略究竟是什么?"经过一番研究，秦朔的答案是，"华为未来将聚焦管道战略，引领大数据、大流量时代"。

事实上，在华为看来，数字社会就是大数据、大流量时代，信息与通信技术需求既包括信息存储与处理（云计算中心），也包括信息传送（网络基础设施），还包括信息呈现（网络终端），这3种需求分别对应华为的企业业务、运营商业务和消费者业务。不仅如此，华为还要在这3个方面都出类拔萃。

这与任正非提出的管道战略不谋而合。与管道相对应的概念是内容。当时任正非说："现在享受互联网的人很幸福，做内容的人赚了很多钱，提供管道服务的人（注：指运营商）和我们这个做设备的人没赚到什么钱。但内容都是要通过管道来传送的，大家都来点呢（注：指都做内容），小的管道服务商就堵了，因为他们没有那么大的带宽。小的管道服务商没有了，没有他们用低价撬动市场了，这时候能提供超级服务的大管道服务商就可以减少恶性竞争的压力。"

在任正非看来，在"互联网+"时代，信息内容的洪流时代、海洋时代，一定会出现井喷式爆发。这样的趋势自然会影响华为的扩张方向和业务边界。为此，"提供传输信息的技术"就无疑成为华为持久的战略。

2016年,在西班牙巴塞罗那世界移动通信大会(简称"巴展")现场,时任华为轮值首席执行官郭平演讲道:"可能世界上最遥远的距离,是我拿出手机,但是没有信号。"郭平的意思非常明确,未来数字社会的趋势就是联接。

早在2014年,华为就发布了全球联接指数(GCI)报告。该报告数据显示,到2025年全球将有1000亿联接,其中55%的联接将集中在商业领域,如智能化生产、智慧城市等,主要用于提升生产效率、创造新的效益;另外45%的联接应用在智能家居、车联网、可穿戴设备等消费领域,极大地提升生活品质。

从联接对象来看,70亿人之间的联接可能只会占到总联接数的10%,绝大多数的联接将在人与物、物与物之间出现。郭平对此坦言:"所以未来5年要做的第一件事情是增强接入的能力,让海量联接成为可能。"

不过,在华为看来,今天99%的设备还没有被联接。在5G时代到来前,华为准备做3件事:增强联接能力,使运营商支持广泛应用的物联网市场成为可能;从供给驱动转变为需求驱动,赋能于垂直行业(如平安城市);重新定义网络能力,帮助运营商构建软件定义的网络架构,构建大数据运营能力。

其实在2016年的新年献辞中,郭平就已经提出这样的布局。郭平说道:"预计到2025年,全球将新增40亿的宽带用户,超过1000亿的物也将被联接起来,每个人消耗的流量也将增长500倍以上。滚滚数据洪流水,浪花淘尽英雄,我们切莫辜负了信息时代慷慨的成长机遇。"

面对如此巨大的商业机会，华为已经有所行动：帮助许多运营商部署 4.5G 的预商用或实验网络；打造融合、开放、面向未来可持续演进的 Small Cell 网络；建立窄带蜂窝物联网（NB-IoT），在有效提供深度室内覆盖的同时，支持大量低吞吐率、超低成本设备联接；随着视频成为移动宽带基础业务，华为正在帮助运营商构建高清视频体验无处不在的移动宽带网络，促进数据流量增长、提升收益。

面对华为的积极向外扩张，秦朔采访徐文伟时问道："这样一个充满进取精神和扩张性的华为，还有扩张的边界吗？"

徐文伟正面回答道："当然有，什么都做最后的结果一定是什么都做不好。我们的边界就是'上不碰应用'，比如微软这样的应用软件；'下不碰数据'，比如互联网公司要拿数据变现，我们是只传输，不变现。我们绝不做'黑寡妇'。"

所谓"黑寡妇"，是任正非在内部讲话中总结的一个开放合作思维。"黑寡妇"是拉丁美洲的一种蜘蛛，这种蜘蛛在交配后，母蜘蛛就会吃掉公蜘蛛，作为自己孵化幼蜘蛛的营养。为此。任正非提醒华为人说："以前华为跟别的公司合作，一两年后，华为就把这些公司吃了或甩了。我们一定要寻找更好的合作模式，实现共赢，更加开放，对内、对外都要开放。"

基于此，徐文伟强调，开放、合作、共赢是华为 2016 年参加"巴展"的主题。在此次展会上，很多解决方案不是华为自己能完成的,有些方案甚至要靠竞争对手的帮助才能完成。徐文伟解释道:"2016年较2015年增加的面积,主要就是给合作对象包括竞争对手用。"而华为在"云"方面的布局,主要还是与运营商一起合作。

第 15 章

"和谐以共生共长，不同以相辅相成，这是东方古代的智慧。华为将建立广泛的利益共同体，长期合作，相互依存，共同发展。"

华为在拓展国际化市场尤其是陌生市场时，与本土企业共同创建合资企业能够让华为快速赢得当地客户的认可，结盟比单打独斗要有效得多。对此，任正非坦言："这些年，我们一直跟国际同行在诸多领域携手合作，通过合作取得共赢，分享成功，实现'和而不同'。和谐以共生共长，不同以相辅相成，这是东方古代的智慧。华为将建立广泛的利益共同体，长期合作，相互依存，共同发展。例如，我们跟美国 3Com 公司合作成立了合资企业。华为以低端数通技术占股 51%，3Com 出资 1.65 亿美元（占股 49%），3Com 就可以把研发中心转移到中国，实现成本降低。而华为利用了 3Com 世界级的网络营销渠道来销售华为的数通产品，大幅度地提升产品的销售，2004 年销售额增长 100%，这样使我们达到优势互补、互惠双赢,同时也为我们的资本运作积累了一些经验,培养了人才,开创了国际化合作新模式。我们后来和西门子在 PDS 方面也有合作,在不同领域销售我们的产品,能达到共鸣的状态。"

这与北京大学国家发展研究院 BiMBA 商学院院长陈春花教授提出的"组织进化与协同共生"有着异曲同工之妙。陈春花教授认为,"共生的核心就是价值重构。企业最初的价值主要来源于企业自身,之后把顾客纳入就有了来自顾客的价值,今天除了纳入顾客之外,还要纳入共生伙伴的价值,企业的价值一直在拓展边界。正如当今的数字巨头企业,必须讨论跟社会、政府和个人隐私的共生关系。如果仅仅考虑商业,将企业价值局限在商业价值,组织就会遭遇很大的挑战。看到这种总体价值变化,会发现企业在不断拓展新的价值空间。"

对此,陈春花教授提出了四个解决办法:"第一,创造协同共生效应。协同共生效应的核心是增效作用,即必须增加新的价值,没有增值不可能产生协同共生效应。很多人希望协同共生的时候直接把别人的价值拿过来,虽然这也是共生的一种,但是不可能持续。第二,沿着改进效率和增加价值两个维度做组织管理。无论是效率改善,还是价值增加,都是不断进化的过程。管理是没有最终答案的领域,只有永恒的追问,方法就是探讨利用协同共生的框架来实现效率和价值的进化。第三,借助模型实现协同共生管理。借助组织行为学的方法,我们构建了 SDAP 模型

(S即Scene，场景；D即Desirability，意愿；A即Ability，能力；P即Process，过程）。该模型设置一个协同共生各单元都能纳入的场景，并在行为上有所要求，进而探讨共生的意愿及实现共生的能力。在这个过程中，我们寻求最终的结果和反应。简言之就是借助场景-意愿-能力-过程的模型框架，实现协同共生的管理过程。第四，找到价值重构的关键影响因素。我们反复强调，协同共生就是要做增值的部分。为了实现协同共生，我们必须搞清楚增值到底从哪里来，价值如何重构，重构的过程中什么是关键影响因素。运用关键要素分析方法会发现，这四件事情对价值重构产生关键影响：一是决策方式；二是组织边界，数字化背景下组织管理最难的部分就是确定边界。边界如果拓得太宽会无法驾驭，边界如果不开放或者太窄又不能共生，因为没有价值跟别人交换。按照科斯的理论，组织最重要的就是边界管理，必须确保组织在边界内效率和成本最优，这样组织才具有竞争力；三是链接；四是平台。"

一、"日本产品的'短、薄、精、小'，一定能在世界上得到超大规模使用。华为和日本企业是互补关系、友好关系，没有任何竞争关系。"

2019年5月18日，日本媒体记者以"关于华为和日本的关系，日本企业向华为出口了大量的零部件，请问华为和日本企业今后会打造什么样的关系？"为题采访任正非。

任正非回答道："您提的问题非常好。首先，我们和日本企业有非常强的互补性。日本盛产诺贝尔奖得主，说明日本在基础研究上是非常发达的，哪一个人获得诺贝尔奖，不说明什么问题，它是带动日本整个科研体系的基础研究，这是非常强大的。日本在材料工业研究上是世界上最强的，当然，后面可能还有美国。第二，日本在零部件产业上也是世界最强的。大家都讲，人类社会将来要走向智能社会。智能社会的最大特点是感知，怎么感知？靠传感器，传感器的基础就是材料，包括显示也是材料科学。我们估计 5G 产业本身对世界产生 4000—5000 亿美元的推动，但它能带动物联网产业数十万亿美元的产业。所以，日本产品的'短、薄、精、小'，一定能在世界上得到超大规模使用。华为和日本企业是互补关系、友好关系，没有任何竞争关系。如果说是'爬山'，那日本企业是在和我们一起爬北坡的，因为必须大量使用日本产品才能爬上坡。我们和日本企业是合作共赢，共同做大信息产业，为人类形成智能社会而努力。最近我看到日本财务大臣麻生太郎的讲话，我非常感动，他很公正、很积极，我们应该很感谢他，在这么大的压力下发出这样的声音是伟大的。其实我们公司以前一直是胆小的，因为美国打击我们，我们被迫挺起腰来了，是美国把我们逼成了英雄。现在民间虽然有一些情绪，但民族主义和民粹主义不代表国家和社会的发展方向，中、日、韩一定会形成自由贸易区，通过经济互补，促进经济发展。中日韩是一个工业性的自贸区,东盟想加入进来,一方面买工业产品,一方面卖农产品。当东盟和中日韩自贸区融在一起时,欧盟就激动起来了,'我们也有很多优势的东西,想和你们合作,你们人口多,市场大'。这样'一带一路'就连起来了。连接起来后,火车走到一半要加油,中东、中亚有大量的能源,他们也加盟进来要加油,这样我们就会成为一个非常大的经济板块。在这个经济板块中,日本会起很大的作用,因为日本是先工业化的国家,中国是后工业化国家,中国在很多制度上还需要很长时间逐步完善。我们共同推进走向和谐社会,以经济贸易、创造财富为中心。"[1]

此前,由于知名度较低,华为曾与摩托罗拉达成战略协议,以贴牌的模式通过摩托罗拉的品牌和渠道把华为的产品销售给欧美主流运营商。直到2011年,诺基亚-西门子并购摩托罗拉电信网络资产,华为与摩托罗拉达成的盟友模式宣告终结。

在韬光养晦的战略征程中,任正非通过"以土地换和平"的方式,不仅赢得了自己发展的"和平"时间,同时由此成了电信设备市场的最大赢家。

余承东在公开场合表示,科技界的变化太快,因此,华为想要走到终点,必须借助合作者的力量。如今的华为与包括徕卡在

---

[1] 任正非:《任正非接受日本媒体采访纪要》,载《东方新报》,2019年5月19日。

内的许多公司建立了合作。与徕卡的合作成就华为和徕卡的双赢。他们共同推出的拍照手机获得了良好的市场反馈。自从华为P9搭载徕卡双镜头以来，华为陆续推出三款搭载徕卡双镜头的手机，即P9、Mate 9、P10。

2017年上半年，华为发布的P10手机就配备了新一代徕卡双镜头，采用2000万+1200万彩色双摄像头组合，除了像素提升外，还加入了光学防抖与双摄变焦。[1] 此款手机还同时配备了定制版800万像素徕卡前置镜头。根据画面人物数量自动切换单人自拍模式或广角群拍模式。当然，华为P10手机优秀的拍照功能也获得了国外机构的认可。华为官方表示，旗下的P10手机荣获2017—2018年度欧洲影音协会EISA"最佳拍照智能手机大奖"。

这是华为P系列手机连续第五年获得EISA奖项。众所周知，EISA首创于1982年，全称是"欧洲影音协会"，是欧洲消费电子领域最有威信的评选机构。由欧洲各地最知名影音、数码类媒体组成。该奖项每年评选一次，奖励那些融合尖端技术、功能全面，以及符合人体工程学等特色于一身的新型产品。为此，行业分析师指出，因与徕卡进行合作，华为取得了成功，让华为得以推出双摄像头手机。

---

[1]《连续5年！华为P10获欧洲影音协会最佳拍照手机奖》，http://tech.ifeng.com/a/20170816/44663555_0.shtml。

此外，在线下渠道的搭建上，华为也寻求更多合作伙伴，华为开设的数万家零售店中，就有部分是与合作伙伴一起运营的。对于华为终端，余承东说："我们的战略是将智能生活带给消费者，这种生活涉及衣、食、住、行方方面面。无论在哪种场景下，华为都始终能帮助你获得无缝的智能生活。"余承东补充道："罗马不是一天建成的，做任何事情都必须一步一个脚印……这就需要华为有更好的产品，更好的创新，更好的合作伙伴。"

二、"我们并没有准备完全替代美国公司的芯片，而是和美国公司长期保持友好。所以，不是说什么时候拿出来替代，而是一直在使用自己研发的芯片。"

2019年5月24日，美国彭博电视台记者采访任正非时提出"有没有一个大概的时间？你们自己研发的芯片什么时候开发出来？什么时候可以替代使用？"的问题。

任正非对此回答道："其实一直都在使用。我们过去采取的是'1+1'政策，一半用华为自己的芯片，一半购买美国的芯片，这样使得美国公司的利益也得到保障，我们也在实践中得到验证。如果美国对我们的制约多，我们购买美国芯片就少一点，使用自己芯片多一点；如果美国公司得到华盛顿的批准，还可以卖给我们，我们还是要继续大量购买美国芯片。我们和这些公司都是'同呼吸，共命运'的，不能因为我能做成芯片就抛弃伙伴，这样做以后就没有人愿意跟我们长期合作了。我们做芯片的目的，不是要替代别人形成一个封闭的自我系统，而是要提高自己对未来技术的理解能力。因此，我们并没有准备完全替代美国公司的芯片，而是和美国公司长期保持友好。所以，不是说什么时候拿出来替代，而是一直在使用自己研发的芯片。"[1]

华为多年前就开始了与友商保持友好关系的合作模式。华为与3Com的合作就是典型。3Com作为一个老牌的美国公司，自从1979年成立和创建以太网标准以来，3Com拥有不凡的业绩。回顾前20年的发展，3Com的发明者和工程师团队共获得了917项美国专利。2001年，3Com在所有批准的美国专利排行榜上名列第76位，明显超过了其他主要网络竞争对手。然而，3Com却被思科远远地抛在身后。

来自思科的挑战让3Com不得不绝地反击。2001年，3Com为了尽快打破自身的竞争格局，表达了与华为合作的意向。在接触和沟通过程中，双方拟订共同组建合资公司华为3Com，以此来与思科正面竞争。

3Com清楚，自家的技术和产品已经明显不可能与思科正面竞争。纵使有凌云壮志，但是技不如人的现实仍让3Com心有不甘。然而当华为出现时，3Com决策层似乎看到了公司的中兴时刻。

---

[1] 任正非：《任正非接受彭博电视采访纪要》，2019年5月24日。

3Com 决策层看好华为的原因主要是华为在数据通信领域拥有较多技术积累。既然 3Com 自家技术不能击败思科，那就联合华为，凭借华为的技术击败思科。

3Com 与华为的谈判异常顺利。2003 年 11 月，双方达成协议，合资组建华为 3Com 公司，华为持股 51%，3Com 持股 49%。

据了解，华为将自家的企业级数据通信业务打包注入华为 3Com；3Com 则是将 1.6 亿美元的现金，以及中国和日本的全部业务注入华为 3Com。华为和 3Com 的强强联合使得华为 3Com 公司拥有较强的竞争优势。这对 3Com 和华为都有好处。一方面，3Com 凭借华为的研发力量收复曾经丢失的数据通信高端市场；另一方面，华为凭借 3Com 遍布全球的销售网络销售自家产品。

其后，华为 3Com 不负众望，很快就显现其强悍的竞争力。2005 年，华为 3Com 已实现 4.34 亿美元的销售收入，比 2004 年增长了 66%。更让 3Com 欣慰的是，华为 3Com 在实现年度盈利的同时，在新增市场一举超越了思科。击败华为和 3Com 这个共同的竞争对手，让华为和 3Com 看到了合作的前景。

当然，华为 3Com 的胜利直接打击思科在中国市场的拓展。面对如此败绩，思科公司总裁兼首席执行官约翰·钱伯斯恼怒不已，甚至直接将当时的思科中国区总裁杜家滨撤职，以解其心头怨气。

华为 3Com 的胜利让华为探索出一套有利于市场拓展的"以土地换和平"的竞争策略。这样的策略在很大程度上抑制了华为在拓展海外市场时可能遭遇的围攻。

08 突围：
一手补洞，一手自救

首先，这架飞机的照片是我偶然在网上看到的，我觉得很像我们公司，除了"心脏"还在跳动以外，身上是千疮百孔。当时我们并不知道身上有多少洞，不确定哪些是最主要的。那么，5G、光传送、核心网……这些系统，我们要优先去补洞，这些洞已经全部补好了。今天统计下来，我们大概有4300—4400个洞，应该已经补好了70%—80%，到年底时可能有93%的洞会补完。一方面是补洞，另一方面是切换版本，对今年的经营业绩是会有一些影响的。明年我们还会补少部分的洞，这些洞可能还会难补一些，可能明年我们的经营业绩还会受影响。我们估计，到2021年公司会恢复增长。第二，鸿蒙操作系统的最大特点是低时延，它与安卓、iOS是不一样的操作系统。开发设计的初衷是用于物联网，比如工业控制、无人驾驶……来支撑使用，我们现在首先使用在手表、智能8K大屏、车联网上。在安卓系统上，我们还是等待谷歌获得美国审批，还是尊重和拥护谷歌的生态和技术的权利。[1]

——华为创始人　任正非

---

[1] 任正非：《2019年7月18日任总意大利媒体圆桌纪要》，华为心声社区，2019年7月18日。

第 16 章

"我们开展了'南泥湾'计划,外国记者可能对'南泥湾'这个名词不够了解,这个名词实际上就是指生产自救。"

华为开展"南泥湾"项目的一个重要因素就是华为手机销量因芯片代工问题被"卡脖子",遭遇断崖式下滑,华为已经跌出全球智能手机市场份额前五名。

2022 年 3 月 3 日,根据全球性市场研究公司 Counterpoint Research 发布的全球智能手机市场份额报告数据,全球智能手机市场环比增长 9%,但 2021 年第四季度同比下降 6%,出货量为 3.71 亿部,低于 2020 年第四季度的 3.96 亿部。其中,苹果在 2021 年第四季度超越三星成为最大的智能手机供应商,出货量为 8150 万台。小米在 2021 年第四季度出货量为 4500 万台,同比增长 5%,三星在 2021 年第四季度出货量为 6900 万台,比 2020 年第四季度增长 10%,这主要是由于中端 A 和 M 系列对其智能手机的需求增加。vivo 在 2021 年第四季度同比下降 12%，出货量降至 2930 万台，市场份额占 8%（见图 16-1）。

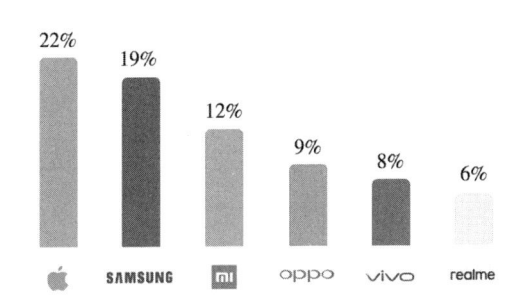

图 16-1　2020 年第四季度全球智能手机市场份额

手机销量下跌迫使华为开始实行以自救为战略目的的"南泥湾"计划。在华为"心声社区"，有关"南泥湾"的帖子不少。第一个帖子的内容就跟学习"南泥湾"精神有关。该帖名为"学习'南泥湾精神'，艰苦奋斗，自力更生，打造'好江南'，一手拿枪，一手拿镐；艰苦奋斗，自力更生。"

对于"南泥湾"，任正非说道："我们开展了'南泥湾'计划，外国记者可能对'南泥湾'这个名词不够了解，这个名词实际上就是指生产自救。"

一、"中国有 5300 多个煤矿、2700 多个金属矿,如果能把 8000 多个矿山做好,我们就有可能给全世界的矿山提供服务。"

美国在全球重拳打击华为,尤其是其智能手机业务,华为"南泥湾"项目由此展开。2019 年 9 月 10 日,《经济学人》伦敦商业主编帕特里克·福利斯(Patrick Foulis)采访任正非,他提出,"我想问问过去几个月华为的情况,以及美国的打压对华为有哪些影响。能否谈一下自今年 5 月华为被加入'实体清单'以来,你们的财务表现如何?会不会由于'实体清单'事件带来收入下滑?"。

任正非回答道:"到今年(2019 年)8 月份,我们的收入累计增长了 19.7%,利润和去年(2018 年)持平,没有增长。收入增长率在递减,年初是 30% 左右,年中是 23%,8 月份已经是 19.7% 了。利润没有增长,主要是战略投入在大幅度增加,我们增加了几千名员工,这些员工都是高素质人才,比如一些天才少年、应届毕业的博士,他们来主要是要修补我们被'实体清单'击穿的'洞'。现在从 5G 到核心网,网络的'洞'我们已经补完了。我们在 9 月 18 日将要发布昇腾 AI 集群,1024 节点,这是目前全世界最快的人工智能平台。"

不可否认,华为为了"活"下去,不得不另辟蹊径,把业务转向渔场和矿场市场。2021 年 2 月 9 日,任正非在太原智能矿山创新实验室揭牌仪式后接受媒体采访,他说道,华为以前的通信网络主要是联接千家万户，为几十亿人民提供联接。但是 5G 时代的主要联接对象是企业，比如机场、码头、煤矿、钢铁、汽车制造、飞机制造……这些都是我们不熟悉的领域，所以我们在各个领域都成立了联合实验室，以便了解这些行业的需求。这次我们在山西建立了煤矿创新实验室，是将 5G 用于提升矿山服务。现在这个实验室已经有 220 位专家，其中有 53 位是来自华为的专家，华为的专家多数是电子技术专家，其他 150 多位是比较了解山西煤炭行业的煤炭专家，他们组成的联合实验室实行双重责任制。在煤炭方面，煤炭行业带头人的话语权要大一些；在电子方面，华为带头人的话语权偏大一些。

任正非补充道："在 5G 应用上，世界上多数 ICT 公司都没有选择矿山作为突破口，但我们选择了矿山。中国有 5300 多个煤矿、2700 多个金属矿，如果能把 8000 多个矿山做好，我们就有可能给全世界的矿山提供服务。你们有机会可以参观一下天津港，天津港装船、运输都是接近无人化的，我们希望矿山也走向无人化。如果我们真正实现了这一步，对加拿大、俄罗斯在北冰洋地区的矿山开采将有非常重大的意义。冻土地带的条件极其恶劣，人们不愿意在那里生活，这么丰富的资源在那里'睡觉'，普及无人方式，这些资源都被开采出来，那么对人类社会将有重大贡献。为什么我们选择山西作为起点？因为山西省政府比我们还积极，如果我们在山西试验成功，开采经验就可以推广到世界去。所以，我们不依靠手机也能存活。"

从任正非的介绍中不难看出，华为仍然把业务重点集中在 ICT 方面，以此来增加销售收入，降低对智能手机业务的过分依赖。于是，华为转向他国政府没有特别关注的替代产品，以此来开拓华为的收入来源。任正非举例说道："比如，我们在煤炭、钢铁、音乐、智慧屏、PC 机、平板……领域都可能有很大突破。"

2022 年 3 月 3 日，根据 Counterpoint Research 发布的智能手表市场份额报告数据，全球智能手表市场在 2021 年达到 1.275 亿台，第四季度出货量为 4240 万台。虽然苹果的 Watch 7 系列发布已推迟到第四季度，但三星在 2021 年成功推出了 Galaxy Watch 4 系列，提升了其市场地位。与智能手机市场的下滑类似，与 2020 年相比，华为在智能手表市场的表现较弱，但它仍然在全球市场上排名第 3 位。

二、"打印机是社会办公里很重要的一环，我们不能做一款传统打印机，而华为的一些技术积累，正好能解决消费者需求。"

长久以来，诸多中国企业家从未考虑"当企业被纳入'实体清单'后，企业该怎么活下去？"这样的问题，但是随着华为遭遇美国一轮比一轮激烈的制裁后，中国企业家如梦初醒——中国企业国际化最大的障碍就是美国。

当媒体问及华为是否被移出'实体清单'时，2021 年 4 月

12日，华为轮值董事长徐直军在华为全球分析师大会上回应道："华为对从'实体清单'中摘出来不抱任何幻想，将长期在'实体清单'之下工作和生活，现在所有战略目的都是为了确保华为长期在'实体清单'之下生存发展。"

2020年8月4日，为了更好地应对美国针对华为特定的技术封锁，华为如期启动了"备胎"计划，也就是"南泥湾"项目，意在规避应用美国技术制造终端产品。

华为将其命名为"南泥湾"项目的战略用意非常明显，就是"在困境期间，希望实现自给自足"。据了解，能够完全不受美国影响的产品就被纳入'南泥湾'项目，包括华为笔记本电脑、智慧屏、IoT家居智能等产品。

2021年9月13日，按照自身部署，华为发布全球首款搭载Harmony OS的激光打印机——华为PixLab X1。这款打印机于2021年10月31日正式开售，售价为1899元，首发到手价为1799元。

华为消费者业务大中华区执行副总裁李斌在一场媒体沙龙中介绍道："华为一直在推进1+8+N的全场景战略，在2019年我们将其深化为五大场景，这五大场景中第一个场景就是智慧办公。"

华为布局打印机产品原因如下：第一，"南泥湾"项目。第二，在智慧办公场景里，打印机、笔记本、显示器、一体机形成了完整的产品布局。第三，强劲的需求。李斌在接受记者采访时表示，华为布局打印机业务就是因为看到其中的产业价值。他说道:"华为进入任何一个产业必须给这个产业带来价值,如果只是去争夺份额或者增加收入,我觉得这不是一个真正的科技公司的所为,打印机是社会办公里很重要的一环,我们不能做一款传统打印机,而华为的一些技术积累,正好能解决消费者需求。"

在李斌看来,华为布局打印机业务有着自身的战略考量:一方面是打印机需求在增加,华为洞察到其中的痛点,比如打印机配网复杂,用户往往需要耗费很长时间来研究;另一方面,华为鸿蒙已经有技术储备,"鸿蒙有两个功能,技术联网和一碰打印,在我们的打印机上进行了深化和适配"。因此,华为开启了打印机产品线,推出"零门槛"打印机,也就是首款搭载 Harmony OS 的打印机华为 PixLab X1。[1]

当前,普通用户很难解决传统打印机的两个问题:一是连接繁琐,二是操作复杂。华为给用户提供的方案是通过长期积累的通信技术结合 HarmonyOS 的分布式能力,不断降低跨设备连接的门槛,提供更简单的联接界面及操作界面。从整体市场看,随着在线教育、移动办公成为新常态,家庭打印的需求也被充分激活。[2] 赛迪顾问数据也显示,2020 年全球打印机销售额为 421.2 亿美元,全球打印机耗材规模为 518 亿美元。

2021 年 8 月 30 日,互联网数据中心(IDC)《中国打印耗材

---

[1] 倪雨晴:《打印机市场发展提速 华为首款鸿蒙打印机如何破局?》,载《21世纪经济报道》,2021 年 10 月 27 日。

[2] 同[1]。

市场年度跟踪报告》最新研究显示，2021年上半年中国喷墨和激光总体打印机耗材市场总出货量接近4608.9万支，同比增长4.0%，尤其是喷墨耗材市场，半年增幅达到10.6%，一方面是疫情下消费市场的复苏，整体喷墨市场产品已经发生结构性巨变，在墨盒整机占主体的喷墨市场，连供大墨仓产品的保有量已经从10年前的4.2%，达到2020年的接近40.7%，过去5年复合增长率达到了21.9%。同时，2021年上半年销售规模同比增长达到12.2%，销售额达到58亿元，突显了后疫情时代打印需求的巨量反弹（见图16-2）。

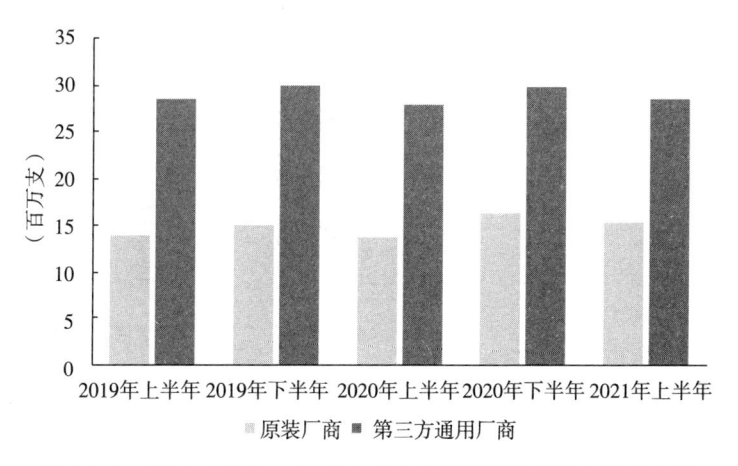

图16-2　2019上半年—2021上半年中国打印机耗材市场出货量

新冠肺炎疫情和中国"双减"政策激活了居家办公和家庭教育对打印机的巨大需求。根据IDC的分析，欧洲打印机市场目前的主要需求来自家庭办公和家庭教育，这些需求对低端的喷墨和单色打印机市场形成刺激。这也证明了打印仍然是商业和教育过程中至关重要的一环。随着一些国家和地区的疫情出现缓和，打印机发展重心再次转向办公场所。其中，欧洲发达国家增长最为明显，2020年第四季度，德国打印机市场整体增长3.5%，英国打印机市场整体涨幅高达17.6%。虽然意大利打印机市场出货量下降了4.5%，但A4单色多功能一体机却实现了4.5%的增长。

第 17 章

"进口还是会多元化的,美国公司如果还能卖给我们,我们还是会订购。美国的器件厂家也在向华盛顿申请批准向我们销售零部件,如果获得批准了,我们还要大规模购买。"

2019年10月8日,美国联邦政府宣布将28家中国企业列入"实体清单",禁止这些企业购买美国产品。这些企业包括海康威视、科大讯飞、旷世科技、大华科技、厦门美亚柏科信息有限公司、依图科技、颐信科技有限公司和商汤科技8家人工智能公司。

针对美国供应商的"断供",中国工程院院士倪光南说道:"总体来看,既然有自主可控的要求,实际上给一些创新性的中小企业创造了更好的机会、更公平的竞争。这些公司也许整体的产品服务水平不如大公司,但是在自主可控上做得比较好,比如在特别强调安全的领域,也是有很大机会的。尤其是对于关键核心技术,能否满足自主可控要求,往往具有一票否决的地位。目前,发达国家在某些关键核心技术方面对我们禁运,这使自主创新的核心技术也更易进入市场,获得发展壮大的机会。我们现在主张自主可控,创新的中小企业一定更有机会。当然,国产核心技术和软硬件必须具备替代进口的能力,才能在市场中占有一席之地。鉴于信息技术发展很快,新技术往往比老技术好。因此,国产自主可控替代不一定是'落后替代先进',而往往是先进替代落后。"在倪光南看来,"在别人的墙基上砌房子,再大再漂亮也可能经不起风雨"。正因为如此,构建可控的全球产业链体系才是保证中国企业国际化的垫脚石。

2020年3月31日,华为发布2019年财报。财报数据显示,2019年全球经济增长放缓,整体呈疲弱态势,华为聚焦ICT基础设施和智能终端,持续投入,坚持为客户创造价值,提升消费者体验,改善经营质量,全年实现销售收入8588.33亿元人民币,同比增长19.1%(见表17-1)。

表17-1 华为2019年营业收入 (单位:百万元)

	2019年		2018年	2017年	2016年	2015年
	美元	人民币	人民币			
销售收入	122 972	858 833	721 202	603 621	521 574	395 009
营业利润	11 145	77 835	73 287	56 384	47 515	45 786
营业利润率	9.1%	9.1%	10.2%	9.3%	9.1%	11.6%

续表

	2019 年		2018 年	2017 年	2016 年	2015 年
	美元	人民币		人民币		
净利润	8971	62 656	59 345	47 455	37 052	36 910
经营活动现金流	13 085	91 384	74 659	96 336	49 218	52 300
现金与短期投资	53 127	371 040	265 857	199 943	145 653	125 208
运营资本	36 890	257 638	170 864	118 503	116 231	89 019
总资产	122 947	858 661	665 792	505 225	443 634	372 155
总借款	16 060	112 162	69 941	39 925	44 799	28 986
所有者权益	42 316	295 537	233 065	175 616	140 133	119 069
资产负债率	65.6%	65.6%	65.0%	65.2%	68.4%	68.0%

注：美元金额折算采用2019年期末汇率，即1美元可兑6.9840元人民币。

营业收入主要分为四大板块：第一，消费者业务实现人民币收入4673.04亿元，占比54.4%，同比增长34.0%；第二，运营商业务实现人民币收入2966.89亿元，占比34.5%，同比增长3.8%；第三，企业业务实现人民币收入897.10亿元，占比10.4%，同比增长8.6%；第四，其他业务收入513千万元，占比0.7%，同比增长30.6%（见图17-1）。[1]

---

[1] 华为：《华为投资控股有限公司2019年年度报告》，2020年3月31日。

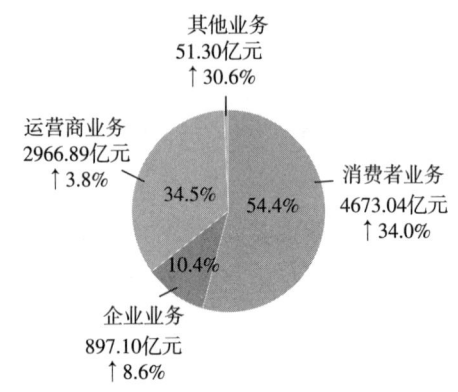

图 17-1　华为 2019 年四大业务板块营业收入分布

- 其他业务　51.30 亿元　↑30.6%
- 运营商业务　2966.89 亿元　↑3.8%
- 消费者业务　4673.04 亿元　↑34.0%
- 企业业务　897.10 亿元　↑8.6%

占比：54.4%、34.5%、10.4%

2019 年，在遭遇美国四面围堵，甚至被列入"实体清单"的情况下，华为海外营业收入仍达到总营业收入的 41%（见图 17-2）。[1]

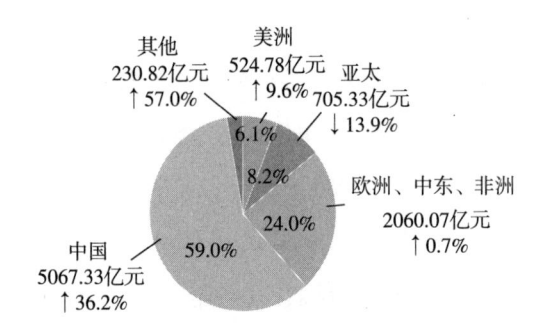

图 17-2　华为 2019 年海外营业收入占比

- 其他　230.82 亿元　↑57.0%
- 美洲　524.78 亿元　↑9.6%
- 亚太　705.33 亿元　↓13.9%
- 欧洲、中东、非洲　2060.07 亿元　↑0.7%
- 中国　5067.33 亿元　↑36.2%

占比：6.1%、8.2%、24.0%、59.0%

---

[1] 华为：《华为投资控股有限公司 2019 年年度报告》，2020 年 3 月 31 日。

如图17-2所示，在中国本土市场，"受益于5G网络建设的开展，消费者业务手机销量持续增长、渠道下沉，以及企业业务抓住数字化与智能化转型机遇、提升场景化的解决方案能力"，华为实现销售收入人民币5067.33亿元，同比增长36.2%。在欧洲、中东、非洲地区市场，"受益于5G网络建设和企业数字化转型加速"，华为实现销售收入人民币2060.07亿元，同比增长0.7%。在亚太地区市场，遭遇一些国家运营商市场的投资周期波动、消费者业务不能使用GMS生态的影响，华为实现销售收入人民币705.33亿元，同比下滑13.9%。在美洲地区市场，"受益于拉丁美洲企业数字化基础设施建设及消费者业务中端产品竞争力提升"，华为实现销售收入人民币524.78亿元，同比增长9.6%。[1]

这说明华为整体经营保持稳健，也意味着华为经受住了来自美国"封杀"的诸多考验。华为能实现这样的业绩有一个关键原因，那就是任正非对全球化供应链的把握。鉴于此，华为要想突破自身瓶颈，就必须构建可控的全球产业链体系，尽可能在供应商选择上实现去美国化，同时也必须处理好与美国供应商，比如美光、高通、英特尔等之间的关系，利用友商对美国政府的公关资源，游说美国政府尤其是美国决策层。

2019年5月20日，任正非在接受德国电视台纪录片记者采访时说道，如果美国在科技上与华为割离，华为能不能继续做下

---

[1] 华为：《华为投资控股有限公司2019年年度报告》，2020年3月31日。

去？我认为，世界本来就应该合作共赢，因为全球化的经济基础是互相依存，不能孤立存在。但是，我们现在可以说，即使没有美国供应，我们可以独立生存的，也能生存得非常好，可能也还是世界第一。但是，我们永远对美国公司充满敬仰，很多美国公司是愿意与我们合作的，他们与美国政客是有区别的，我们会永远与这些美国公司成为长期的战略伙伴。他们正在寻求美国政府对他们的供应审批，我们坚决购买他们的产品。比如，我们有零部件可以代替高通的供应，但还要有50%继续购买高通的产品，并没有完全使用我们的器件。这是我定的，必须要使用美国器件，不能自己一个人独吞利益。我们永远都会拥抱美国公司，历史的挫折过去以后，会更加考验我们和美国公司的友谊，只有合作起来，才会把人类文明推向新的进步。

一、"保持原来的供应链不会改变，还是要向美国公司下订单，如果美国公司不能给我们供应，自己供应自己的百分比就会提升，自己要想办法解决自己的问题。"

如果美国供应商能够供货，自然是最好的，如果美国供应商"断供"，那么华为也能够完全"去美国化"。在任正非看来，美国将华为列入"黑名单"，并不意味着华为就此倒闭，因为目前华为只是遭遇困难，但是会借此机会修补短板，从而提升自身的竞争力。

2019年6月5日,美国彭博电视台记者采访任正非时提出:"为了确保华为的部件供应,有没有计划改变目前的供应链?"对此,任正非回答道:"还是要保持原来的供应链不会改变,还是要向美国公司下订单,如果美国公司不能给我们供应时,自己供应自己的百分比就会提升,自己要想办法解决自己的问题。"

当"去美国化"开始后,华为开始新一轮的供应商切换。2019年6月20日,华为P30系列手机上市85天,销售量就突破1000万台,这样的业绩出乎中国研究者的意料。

为了解华为P30 Pro中的美国元器件占比,日本研究机构Fomalhaut Techno Solutions拆解了华为P30 Pro。让该机构吃惊的是,华为P30 Pro共有1631个元器件,来自美国供应商的只有15个,占0.9%,成本59.36美元,占总成本的16.3%。

在零部件供应中,来自日本企业的组件数量最多,高达869个,占比过半,价值占比为23%;中国大陆企业提供80个组件,但价值占比最高,达到了38.1%;此外,韩国企业提供了562个组件,中国台湾企业提供了83个组件(见表17-2)。

表17-2 华为P30 Pro零部件数量和价值占比

产地	成本(美元)	成本占比(%)	零件数(个)	数量占比(%)
美国	59.36	16.3	15	0.9
中国大陆	138.61	38.1	80	4.9

续表

产地	成本（美元）	成本占比（%）	零件数（个）	数量占比（%）
日本	83.71	23	869	53.2
韩国	28	7.7	562	34.4
中国台湾	18.85	7.9	83	5.0

根据拆解结果，华为 P30 Pro 中价值占比最高的是由京东方提供的 OLED 屏幕，价值达 84 美元；其次是美光的 DRAM 内存芯片，价值为 40.96 美元；第三是麒麟 980 芯片，价值为 30 美元；第四是三星闪存，价值为 28.16 美元。在日本供应商中，华为 P30 Pro 的核心部件是索尼的 CMOS 传感器。

来自路透社的报道称，由于受到美国贸易禁令的影响，2019 年 9 月华为推出的 Mate30 系列手机将不能搭载安卓（Android）和谷歌（Google）服务，90 天禁令推迟不适用于新产品，华为或将采用以 AOSP 开源项目构建系统但不内置 Google 服务的方式推出新手机。除此之外，媒体披露，华为在一次会议上决定 Mate30 手机中不再使用来自美国供应商的元器件，以降低华为新机遭遇"禁令"带来的负面影响。

在接受媒体采访时，任正非回答道："美国的'实体清单'是不可能撤销的，因为美国不可能有一个人站出来高呼要撤销对华为的'实体清单'。打击华为在美国是政治正确，美国人站出来踩华为一脚是'正确'的，美国人帮华为一次可能会受到群体的攻击。所以，我们做好了'实体清单'长期存在的心理准备。从短期来说，我们要补足一些以前的缺陷；从长期来讲，面对未来发展，我们还是要眼光远大，加强国际合作，坚决支持全球化下的分工合作，在人工智能、云等新技术方面取得成功。如果在新技术上不成功，我们可能会被边缘化，也会死掉的。如果美国在科技上和中国脱钩，我们可能不容易获得美国一些先进要素的支撑，我们会不会在发展中盛极而衰？这是有可能的。这就需要中国的科学家和科研机构多努力才行。"

当然，华为作为令国人骄傲的民营企业，不管美国供应商"断供"与否，华为都应建立可控的全球产业链体系，避免因外部环境而遭遇"休克"。

任正非早在多年前就已经做好备份计划，只不过没有对外公布而已。从任正非的采访中不难看到，只有自己拥有核心技术，才能走出困境。回顾当初，任正非曾经对海思掌门人何庭波说道："我给你每年 4 亿美元的研发费用，给你 2 万人，一定要站起来，适当减少对美国的依赖。芯片暂时没有用，也还是要继续做下去，这是公司的战略旗帜，不能动掉的。"

如今任正非的担忧已经变成现实，华为没有退路，只能迎难而上——"不会再有另一个 10 年来打造备胎然后再换胎了，缓冲区已经消失"。此外，华为还投入巨额资金和人力进行产品研发，不少供应商已经成为华为产业链的一个部分。从这个角度分析，任正非已经非常重视华为对自主可控的决心。

二、"我们永远都会是全球化公司，有能力在全世界展开竞争，所以我们不会放弃全球化。而且在供应链方面，我们坚定不移拥抱全球化。"

华为高层积极地与美国供应商保持密切沟通和接触，争取得到美国供应商的支持。任正非说："我们永远都会是全球化公司，有能力在全世界展开竞争，所以我们不会放弃全球化。而且在供应链方面，我们坚定不移拥抱全球化。如果美国公司愿意卖给我们零部件，我们会尽量想办法在系统中使用。如果我们不用，不利于世界形成一个全球化的资源体系。我们不会狭隘地走自主创新、自力更生的道路，不会退缩到中国市场做一个'门槛猴'。"同时，华为也做了最坏打算。2019年11月18日，任正非在接受《洛杉矶时报》采访时提到，华为已经做好美国永远不撤销"实体清单"的心理准备。任正非说："刚才我所讲的是在美国'实体清单'制裁不撤销的背景下，而且我们已经做好了美国永远不撤销'实体清单'的心理准备，这样我们的增长是建立在坚实的基础上的。本来华为公司没有这么大的增长决心和计划，反而是美国制裁逼我们要争口气。前段时间员工打了胜仗，都想回去买房子、娶媳妇、过日子的情绪正在上升，华为正与内部这种惰怠做斗争。由于'实体清单'的制裁激活了整个组织，增加了员工奋进的动力，他们知道不努力的结果就是死亡。"

为了打赢这场战争，华为针对相关战略进行适当调整，任正非说道:"过去我们的研发经费每年在 150—200 亿美元的规模,这样大的预算分配不可能由总部中央做出来,需要分层、分级地做出预算。中基层做预算就会有投机性,悄悄做了一些小产品,表面上说是世界领先了,实际这些小产品卖不出量,并且产生不了多大价值,还占据了公司很大编制;如果我们采取中央集权直接管预算分配的方式,官僚主义对企业的损伤可能比授权给基层分配更严重。所以,我们的内部矛盾多年都解决不了,一抓就死,一放就乱。这次特朗普打我们这一棒,让公司全体都警醒了,我们顺利地在研发体系裁减了 48% 的部门,关闭了 46% 不必要的研究。"

一个月后,特朗普总统签署了《国防授权法案》,证明了任正非的战略判断。据美国彭博新闻社的报道,美国参议院和众议院日前分别通过 2020 财年国防授权法案(National Defense Authorization Act,NDAA)后,特朗普于当地时间 2019 年 12 月 20 日在马里兰州安德鲁斯联合基地(Joint Base Andrews)的飞机库内签署这一法案。

该法案的通过让外界的期望又回到原点。泛大陆政策咨询(Pangaea Policy Advisory)创始人特里·海恩斯(Terry Haines)在接受《南华早报》记者采访时指出,《国防授权法案》的通过意在阻止美国商务部把华为从"实体清单"中移除,同时还继续制造多个障碍。这主要表现在两个方面:第一,美国商务部需要颁布"足以限制可能对国家安全造成威胁的进出口货品"的相关法规。第二，美国商务部需要确保"华为对美国构成的其他国家安全威胁"已经消除后，才能把华为从"实体清单"中移除。

鉴于此，美国商务部需要在60日内就向华为出口的货物颁发的执照向国会提交相关报告。这无疑是继续人为地制造美国企业与华为的合作障碍。同此，笔者认为，华为必须做好打持久战的准备：第一，重构可控、自主的全球供应链采购体系。基于多方面的判断，美国对华为的打压丝毫没有减缓，必须坚持之前的"去美国化"战略，构建自己的全产业链供应体系，尽可能动员其供应链合作者转移生产地，采用与之构建合资公司、参股等诸多合作模式，保证华为可控的、安全的自主供应链体系。

在"孟晚舟事件"发生前，在华为的核心供应商名单中，美国就多达33家（见表17-3）。

表17-3 92家核心供应商名单

	供应商
连续10年金牌供应商	英特尔、恩智浦
金牌供应商	灏讯、赛灵思、美满、富士康、生益电子、中利集团、富士通、沪士电子、美光、广濑、比亚迪、村田、索尼、大立光电、高通、亚德诺、康沃、安费诺、立讯精密、欣兴电子、莫仕、耐克森、京东方、阳天电子、中航光电、甲骨文、住友电工、安森美、中远海运集团、顺丰速递、中国外运、新能源科技有限公司、舜宇光学、天马、SK海

续表

	供应商
优秀质量奖	力士、罗德与施瓦茨、是德科技、美国国际集团、思博伦、红帽、SUSE、晶技股份、东芝存储、希捷、西部数据、光迅科技、迅达科技、新思科技、华工科技、长飞、意法半导体、思佳迅、微软、深南电路、新飞通、Qorvo、古河电工、瑞声科技、联恩电子、Sumicem、歌尔股份、华通电脑、三菱电机、三星、南亚科技赛普拉斯、高意、Inphi、松下、航嘉、旺宏电子、华勤通讯
最佳协同奖	迈络思、台积电
最佳交付奖	核达中远通、风河、亨通光电、日月光集团、联发科、蓝思科技、中芯国际、伟创力、罗森伯格
联合创新奖	伯恩光学、Lumentum、菲尼萨、Cadence、博通、德州仪器、英飞凌

其后,华为开始了"去美国化"战略。华为这样做,可以规避《美国紧急经济权利法案》和"实体清单"中关于供应链采购与合作的条款。原因是,上述法案全面禁止华为拓展美国市场,禁止美国企业销售产品给华为,切断了华为与美国企业的供应链,限制了华为与其他国家的供应链合作。

第二,乘物联网操作系统尚未产生霸主之前,尽快开辟鸿蒙操作系统,尤其是在手机等终端产品上。特朗普签署《国防授权法案》,从侧面说明了谷歌"全家桶"服务将无限期"暂停"。2019年5月20日,谷歌率先宣布,"暂停"与华为合作,把华为排除在安卓生态系统外。

此举无疑会对华为的海外市场，尤其是欧洲和印度等地的市场造成较大影响。这些地区已经习惯了使用谷歌的安卓生态系统，鸿蒙操作系统不能访问邮箱（Gmail）或应用商店（Play Store）等应用程序，用户需要改变操作习惯，再加上目前鸿蒙操作系统尚未应用在手机终端产品上——这些情况都会加剧海外手机用户的观望情绪，甚至造成用户流失。

既然如此，华为在手机终端产品上可以名正言顺地把鸿蒙操作系统彻底激活。鸿蒙操作系统具有前所未有的"天时""地利""人和"，尤其是在中国本土市场，一方面可以调试鸿蒙操作系统的产品体验，同时也可以激活内在的生态体系，为华为鸿蒙操作系统的出海打下坚实的基础。更为重要的是，战略摇摆会让华为丧失鸿蒙操作系统极佳的战略机遇期。

第三，深耕"鸡肋"市场，做好像日本、澳大利亚等追随美国的国家市场流失的准备。既然美国不肯从"实体清单"中把华为移除，那么华为就需要完全贯彻"以客户为中心，以奋斗者为本"的战略思维，深耕鸡肋市场。

回顾2018年，华为5G如火如荼地展开，但是美国以"安全"为由，在全世界打压华为。作为美国传统盟友的日本、澳大利亚等国家纷纷响应，拒绝购买华为的产品。媒体报道称，在华盛顿的施压下，2018年12月10日，日本政府在首相官邸召开会议，决定将华为技术和中兴通讯两家公司的产品排除出政府采购清单。日本内阁官房长官菅义伟在记者会上指出："不采购可能被植入窃取、破坏信息和令信息系统停止等恶意功能的设备极其重要。"菅义伟还表示："目的并非为了排除特定的企业和设备。"

在日本政府的默许下，日本移动运营商软银对外称，软银将不再使用网络基础设施中的华为设备，改用爱立信与诺基亚的硬件设备。除了日本和澳大利亚，加拿大也唯美国"马首是瞻"。在拜登总统的游说下，印度也把华为拒之门外。2021年5月7日，新加坡《早报》以《华为中兴被印度排除5G供应商名单 中方表关切并批评损害中印双方权益》为标题报道了华为被印度排除在供应商名单之外一事。对此，中国驻印度使馆发言人王小剑参赞就中国电信企业未获印度政府批准参与5G通信实验答记者问时说道："中方注意到有关公告，对中国电信企业未获批准参与同印度电信业务营运商开展5G通信实验表示关切和遗憾。中国相关企业在印经营多年，提供了大量就业岗位，为印通信基础设施建设作出了贡献。将中国电信企业排除在合作之外的做法既损害了中国企业的正当权益，也阻碍了印营商环境改善，不利于其相关产业创新发展。中方希望印方多做有利于两国互信与合作的事，为包括中方在内的各国市场主体在印投资经营提供开放、公平、公正、非歧视的投资和营商环境。"

总的来说，华为被美国打压，遭遇困难是必然的，但是对华为来说也有利好的一面：第一，华为可以锻炼自己的队伍，凝聚华为19.7万员工的战斗力，也让华为人时刻保持警醒，美国的打压时刻会卷土重来。第二，华为能够遭遇美国的打压，说明中国企业国际化过程中并不能凭借购买技术一劳永逸地生存，必须拥有自主、可控的领先技术和"去美国化"的产业供应链能力，否则，像中兴那样即刻"休克"的事情就难免会发生。第三，美国打压华为，让华为的操作系统、芯片等高端制造产品迈向新阶段。华为从美国的变相"宣传"中间接受益，成为世界举世瞩目的公司。

附录 I 深圳市人民政府颁发《深圳市人民政府关于鼓励科技人员兴办民间科技企业的暂行规定》的通知

深圳市人民政府颁发《深圳市人民政府关于鼓励科技人员兴办民间科技企业的暂行规定》的通知

〔**深府**（1987）18 号〕

宝安县人民政府、各管理区、市直属各单位：

为充分发挥科技人员的积极性，促进科研与生产直接结合，繁荣特区经济，特制定《深圳市人民政府关于鼓励科技人员兴办民间科技企业的暂行规定》（以下简称《规定》），现随文颁发，希贯彻执行。

鼓励科技人员兴办民间科技企业是一项重要的政策同时又是一项新鲜事物，要在实践中不断总结经验。各部门要积极支持，互相配合。市政府责成市科学技术发展中心负责组织、协调、管理和指导科技人员兴办民间科技企业的工作。《规定》中提到的几个实施细则，有关部门要抓紧拟定，并尽快报市政府审定后实施。

1987年2月4日

深圳市人民政府关于鼓励科技人员
兴办民间科技企业的暂行规定

第一条 为充分发挥科技人员的积极性，促进科研与生产直接结合，发展外向型的先进技术特别是高技术产业，繁荣特区经济，特制定本暂行规定。

第二条 民间科技企业是指科技人员自愿联合投资，从事科技开发及其有关的生产、销售、咨询服务等经营活动的企业。

第三条 科技人员可以以现金、实物及个人所拥有的专利、专有技术、商标权等工业产权作为投资入股，并分取应得的股息和红利。

第四条 民间科技企自愿的原则下，可吸纳其他国营企业和集体企业的股份；经深圳市有关部门批准后，民间科技企业亦可吸纳海外投资者和涉外企业的股份。

第五条 民间科技企业经审查、核准登记取得营业执照后，即具有法人资格。民间科技企业可独立行使经营管理权，享有其他类型企业的同等权利，其经济活动受深圳市人民政府分成的有关规定和本暂行规定的管辖和保护。

第六条　政府为民间科技企业提供生产经营方面的便利。

第七条　民间科企业按集体企业纳税；民间科技企业在发展初期，可以根据经营情况向税务部门申请减免一至三年企业所得税。

第八条　税务、审计、保险、工商行政管理、劳动人事管理、外汇管理、金融管理、物价管理、科技管理等部门，必须根据各自的职能依法对民间科技企业加强管理，并制定相应的实施细则。

第九条　在深圳经济特区兴办民间科技企业，由科技人员提出申请，并经深圳市政府有关主管部门批准。

第十条　申请筹建民间科技企业时须提交下列文件：

1. 申请筹建书；

2. 可行性研究报告；

3. 企业发起人起草的企业章程；

4. 资金来源证明；

5. 企业发起人名单、身份证明及简历、专长证明和固定住所；

6. 其他规定文件。

第十一条　民间科技企业从批准之日起半年内为筹建有效期。

第十二条　民间科技企业须在企业筹建有效期内向深圳市工

商行政管理局申请登记注册；营业执照签发日期为企业的成立日期。

第十三条 民间科技企业申请登记注册时，应提交下列文件：

1. 筹建批准证明；

2. 在深圳市注册的会计师事务所开具的验资证明；

3. 经深圳市公证机关公证的全体发起人签署的企业章程；

4. 企业所在地址及法人代表姓名及其住所；

5. 其他规定文件。

第十四条 民间科技企业可以从国家银行取得抵押贷款、担保贷款或信用贷款；民间科技企业向外资银行申请贷款，须经市政府有关部门批准。

第十五条 市政府鼓励民间科技企业扩大生产和设立新的企业，经营好的民间科技企业可以收购其他企业；民间科技企业将企业盈利用于再投资或再生产，可向税务部门申请减免所得税。

第十六条 民间科技企业建立有限公司，股东须在两名以上，注册资本须在壹万元人民币以上，各股东以其出资的注册资金额对公司承担责任，公司对外以全部资产承担有限经济责任。

第十七条 民间科技企业建立股份有限公司，除本暂行规定之外，按《深圳经济特区国营企业股份化试点暂行规定》办理（下面各款中涉及股份有限公司的，均执行本条款规定）。

第十八条 民间科技企业的企业章程应载明下列事项：

1. 公司的名称和所在地；

2. 公司的宗旨、经营范围和规模；

3. 资本总额、出资比例和出资期限；

4. 股权转移的办法；

5. 股东大会或董事会的职权、召开办法及表决程序；

6. 管理机构的设置、职权、办事制度及高级管理人员的聘请办法；

7. 财务、会计、审计制度；

8. 利润分配（包括企业发展基金、后备基金、福利基金、奖励基金的比例等）和亏损分担的办法；

9. 公告办法；

10. 违反章程的责任；

11. 章程修改的程序；

12. 解散和清算；

13. 其他必要事项。

第十九条 民间科技企业有权招收职工，招工应签订劳动合同，明确规定雇用、解雇、报酬、劳动保险等事项，民间科技企业招收职工应向劳动局备案。

第二十条 民间科技企业有权解雇职工，职工有权提请辞职，但须执行劳动合同中的规定，并执行劳动部门的有关规定。

第二十一条 鼓励和欢迎特区外科技人员来特区兴办民间科技企业。特区外的科技人员在特区创办民间科技企业或到民间科技企业供职，经市政府有关部门批准可办理在特区内的居住手续。

第二十二条　深圳经济特区内的干部职工，愿意到民间科技企业中工作的，原单位应予支持，不要加以阻拦，但他们须在三个月前提出申请；他们可以辞职，也可以经原单位批准，准予停薪留职二至三年。在留职期间，个人应按每年本人工资总额的一定比例交回原单位，作为职业保险金。停薪留职期满后的科技人员，可以辞去原单位工作或回原单位安排工作。

第二十三条　民间科技企业必须建立、健全会计账册，正确计算盈亏，按有关规定向税务机关报送纳税申报表和会计决算报表，并附送在特区内注册的会计师事务所的年度查账报告。

第二十四条　民间科技企业在生产外销产品时，经市政府有关部门批准后可以享有报关权，市政府为民间科技企业的经营人员提供往来港澳及出国的方便。经批准，民间科技企业亦可在海外设立销售网点。民间科技企业经营过程中的外汇事宜依照国家及特区有关管理规定管理。

第二十五条　民间科技企业的替代产品，按政策规定可以内销。

第二十六条　民间科技企业改变企业名称、经营范围和方式、歇业、合并、分设、转业、迁移、股权转移或进行其他重要事项变更，应当在市工商行政管理局办理变更登记手续，其中，民间科技企业的合并、分设、股权转移，须经深圳市公证机关公证。

第二十七条　民间科技企业有下列情况之一的，可向市工商行政管理局申请自动解散：

1. 章程规定的经营期限已届满；

2. 合并或全部资产转让的；

3. 董事会或股东会议作出解散特别决议的；

4. 章程规定的其他解散原因已经出现的。

第二十八条　民间科技企业解散或吊销营业执照，应进行清算。民间科技企业的清算，应成立由三名或三名以上清算人员组成的清算委员会，清算人由股东会议委派。

第二十九条　清算委员会在清算工作报告得到市工商行政管理局认可后十四天内，办理解散登记。

第三十条　民间科技企业有下列情况之一的，给予罚款，直至吊销营业执照：

1. 超出工商行政管理局核准登记的经营范围；

2. 对市工商税务机关及其他政府有关部门隐瞒真实情况，弄虚作假；

3. 变更、终止时不及时申请办理登记和公告，使利害关系人遭受重大损失；

4. 其他违法行为。

根据本条款规定受到处罚的当事人，对处罚不服，可在接到处罚通知之日起十五天内，向执罚机关的上一级机关申请复议，或向法院起诉。

第三十一条　政府各部门制定的有关暂行规定的实施细则,经市政府批准后可视为本暂行规定的组成部门。

第三十二条　本暂行规定由市政府授权机构负责解释。

第三十三条　本暂行规定自公布之日起施行。

附录Ⅱ　华为公司基本法（定稿）

华为公司基本法（定稿)[1]

第一章　公司的宗旨

一、核心价值观

（追求）

第一条　华为的追求是在电子信息领域实现顾客的梦想，并依靠点点滴滴、锲而不舍的艰苦追求，使我们成为世界级领先企业。

为了使华为成为世界一流的设备供应商，我们将永不进入信息服务业。通过无依赖的市场压力传递，使内部机制永远处于激活状态。

（员工）

第二条　认真负责和管理有效的员工是华为最大的财富。尊

---

[1]《华为公司基本法》，载《华为人》，1998年4月6日。

重知识、尊重个性、集体奋斗和不迁就有功的员工,是我们事业可持续成长的内在要求。

(技术)

第三条 广泛吸收世界电子信息领域的最新研究成果,虚心向国内外优秀企业学习,在独立自主的基础上,开放合作地发展领先的核心技术体系,用我们卓越的产品自立于世界通信列强之林。

(精神)

第四条 爱祖国、爱人民、爱事业和爱生活是我们凝聚力的源泉。责任意识、创新精神、敬业精神与团结合作精神是我们企业文化的精髓。实事求是是我们行为的准则。

(利益)

第五条 华为主张在顾客、员工与合作者之间结成利益共同体。努力探索按生产要素分配的内部动力机制。我们决不让雷锋吃亏,奉献者定当得到合理的回报。

(文化)

第六条 资源是会枯竭的,唯有文化才会生生不息。一切工业产品都是人类智慧创造的。华为没有可以依存的自然资源,唯有在人的头脑中挖掘出大油田、大森林、大煤矿……精神是可以转化成物质的,物质文明有利于巩固精神文明。我们坚持以精神文明促进物质文明的方针。

这里的文化,不仅仅包含知识、技术、管理、情操……,也包含了一切促进生产力发展的无形因素。

（社会责任）

第七条　华为以产业报国和科教兴国为己任，以公司的发展为所在社区做出贡献。为伟大祖国的繁荣昌盛，为中华民族的振兴，为自己和家人的幸福而不懈努力。

二、基本目标

（质量）

第八条　我们的目标是以优异的产品、可靠的质量、优越的终生效能费用比和有效的服务，满足顾客日益增长的需要。

质量是我们的自尊心。

（人力资本）

第九条　我们强调人力资本不断增值的目标优先于财务资本增值的目标。

（核心技术）

第十条　我们的目标是发展拥有自主知识产权的世界领先的电子和信息技术支撑体系。

（利润）

第十一条　我们将按照我们的事业可持续成长的要求，设立每个时期的合理的利润率和利润目标，而不单纯追求利润的最大化。

三、公司的成长

（成长领域）

第十二条　我们进入新的成长领域，应当有利于提升公司的核心技术水平，有利于发挥公司资源的综合优势，有利于带动公司的整体扩张。顺应技术发展的大趋势，顺应市场变化的大趋势，顺应社会发展的大趋势，就能使我们避免大的风险。

只有当我们看准了时机和有了新的构想，确信能够在该领域中对顾客做出与众不同的贡献时，才进入市场广阔的相关新领域。

（成长的牵引）

第十三条 机会、人才、技术和产品是公司成长的主要牵引力。这四种力量之间存在着相互作用。机会牵引人才，人才牵引技术，技术牵引产品，产品牵引更多更大的机会。加大这四种力量的牵引力度，促进它们之间的良性循环，就会加快公司的成长。

（成长速度）

第十四条 我们追求在一定利润率水平上的成长的最大化。我们必须达到和保持高于行业平均的增长速度和行业中主要竞争对手的增长速度，以增强公司的活力，吸引最优秀的人才，和实现公司各种经营资源的最佳配置。在电子信息产业中，要么成为领先者，要么被淘汰，没有第三条路可走。

（成长管理）

第十五条 我们不单纯追求规模上的扩展，而是要使自己变得更优秀。因此，高层领导必须警惕长期高速增长有可能给公司组织造成的脆弱和隐藏的缺点，必须对成长进行有效的管理。在促进公司迅速成为一个大规模企业的同时,必须以更大的管理努力,促使公司更加灵活和更为有效。始终保持造势与做实的协调发展。

四、价值的分配

(价值创造)

第十六条 我们认为,劳动、知识、企业家和资本创造了公司的全部价值。

(知识资本化)

第十七条 我们是用转化为资本这种形式,使劳动、知识以及企业家的管理和风险的累积贡献得到体现和报偿;利用股权的安排,形成公司的中坚力量和保持对公司的有效控制,使公司可持续成长。知识资本化与适应技术和社会变化的有活力的产权制度,是我们不断探索的方向。

我们实行员工持股制度。一方面,普惠认同华为的模范员工,结成公司与员工的利益与命运共同体。另一方面,将不断地使最有责任心与才能的人进入公司的中坚层。

(价值分配形式)

第十八条 华为可分配的价值,主要为组织权力和经济利益;其分配形式是:机会、职权、工资、奖金、安全退休金、医疗保障、股权、红利,以及其他人事待遇。我们实行按劳分配与按资分配相结合的分配方式。

（价值分配原则）

第十九条 效率优先，兼顾公平，可持续发展，是我们价值分配的基本原则。

按劳分配的依据是：能力、责任、贡献和工作态度。按劳分配要充分拉开差距，分配曲线要保持连续和不出现拐点。股权分配的依据是：可持续性贡献、突出才能、品德和所承担的风险。股权分配要向核心层和中坚层倾斜，股权结构要保持动态合理性。按劳分配与按资分配的比例要适当，分配数量和分配比例的增减应以公司的可持续发展为原则。

（价值分配的合理性）

第二十条 我们遵循价值规律，坚持实事求是，在公司内部引入外部市场压力和公平竞争机制，建立公正客观的价值评价体系并不断改进，以使价值分配制度基本合理。衡量价值分配合理性的最终标准，是公司的竞争力和成就，以及全体员工的士气和对公司的归属意识。

第二章 基本经营政策

一、经营重心

（经营方向）

第二十一条 我们中短期经营方向集中在通信产品的技术与质量上，重点突破、系统领先，摆脱在低层次市场上角逐的被动局面，同时发展相关信息产品。公司优先选择资源共享的项目，产品或事业领域多元化紧紧围绕资源共享展开，不进行其他有诱惑力的项目，避免分散有限的力量及资金。

我们过去的成功说明，只有大市场才能孵化大企业。选择大市场仍然是我们今后产业选择的基本原则。但是，成功并不总是一位引导我们走向未来的可靠向导。我们要严格控制进入新的领域。

对规划外的小项目，我们鼓励员工的内部创业活动，并将拨出一定的资源，支持员工把出色的创意转化为顾客需要的产品。

（经营模式）

第二十二条 我们的经营模式是，抓住机遇，靠研究开发的高投入获得产品技术和性能价格比的领先优势，通过大规模的席卷式的市场营销，在最短的时间里形成正反馈的良性循环，充分获取"机会窗"的超额利润。不断优化成熟产品，驾驭市场上的价格竞争，扩大和巩固在战略市场上的主导地位。我们将按照这一经营模式的要求建立我们的组织结构和人才队伍，不断提高公司的整体运作能力。

在设计中构建技术、质量、成本和服务优势，是我们竞争力的基础。日本产品的低成本，德国产品的稳定性，美国产品的先进性，是我们赶超的基准。

（资源配置）

第二十三条 我们坚持"压强原则"，在成功关键因素和选定的战略生长点上，以超过主要竞争对手的强度配置资源，要么不做，要做，就极大地集中人力、物力和财力，实现重点突破。

在资源的分配上，应努力消除资源合理配置与有效利用的障碍。我们认识到对人、财、物这三种关键资源的分配，首先是对优秀人才的分配。我们的方针是使最优秀的人拥有充分的职权和必要的资源去实现分派给他们的任务。

（战略联盟）

第二十四条　我们重视广泛的对等合作和建立战略伙伴关系，积极探索在互利基础上的多种外部合作形式。

（服务网络）

第二十五条　华为向顾客提供产品的终生服务承诺。

我们要建立完善的服务网络，向顾客提供专业化和标准化的服务。顾客的利益所在，就是我们生存与发展的最根本的利益所在。

我们要以服务来定队伍建设的宗旨，以顾客满意度作为衡量一切工作的准绳。

二、研究与开发

（研究开发政策）

第二十六条　顾客价值观的演变趋势引导着我们的产品方向。

我们的产品开发遵循在自主开发的基础上广泛开放合作的原则。在选择研究开发项目时，敢于打破常规，走别人没有走过的路。我们要善于利用有节制的混沌状态，寻求对未知领域研究的突破；要完善竞争性的理性选择程序，确保开发过程的成功。

我们保证按销售额的 10% 拨付研发经费，有必要且可能时还将加大拨付的比例。

（研究开发系统）

第二十七条　我们要建立互相平行、符合大公司战略的三大研究系统，即产品发展战略规划研究系统，产品研究开发系统，以及产品中间试验系统。随着公司的发展，我们还会在国内外具有人才和资源优势的地区，建立分支研究机构。

在相关的基础技术领域中，不断地按"窄频带、高振幅"的要求，培养一批基础技术尖子。在产品开发方面，培养一批跨领域的系统集成带头人。把基础技术研究作为研究开发人员循环流程的一个环节。

没有基础技术研究的深度，就没有系统集成的高水准；没有市场和系统集成的牵引，基础技术研究就会偏离正确的方向。

（中间试验）

第二十八条　我们十分重视新产品、新器件和新工艺的品质论证及测试方法研究。要建立一个装备精良、测试手段先进、由众多"宽频带、高振幅"的优秀工程专家组成的产品中间试验中心。为了使我们中间试验的人才和装备水平居世界领先地位，我们在全世界只建立一个这样的大型中心。要经过集中的严格筛选过滤新产品和新器件，通过不断的品质论证提高产品的可靠性，持续不断地进行容差设计试验和改进工艺降低产品成本，加快技术开发成果的商品化进程。

三、市场营销

（市场地位）

第二十九条　华为的市场定位是业界最佳设备供应商。

市场地位是市场营销的核心目标。我们不满足于总体销售额的增长，我们必须清楚公司的每一种主导产品的市场份额是多大，应该达到多大。特别是新产品、新兴市场的市场份额和销售份额更为重要。品牌、营销网络、服务和市场份额是支撑市场地位的关键要素。

（市场拓展）

第三十条　战略市场的争夺和具有巨大潜力的市场的开发，是市场营销的重点。我们既要抓住新兴产品市场的快速渗透和扩展，也要奋力推进成熟产品在传统市场与新兴市场上的扩张，形成绝对优势的市场地位。

作为网络设备供应商，市场战略的要点是获取竞争优势，控制市场主导权的关键。市场拓展是公司的一种整体运作，我们要通过影响每个员工的切身利益传递市场压力，不断提高公司的整体响应能力。

（营销网络）

第三十一条　营销系统的构架是按对象建立销售系统，按产品建立行销系统，形成矩阵覆盖的营销网络。

（营销队伍建设）

第三十二条　我们重视培育一支高素质的、具有团队精神的销售工程师与营销管理者队伍,重视发现和培养战略营销管理人才和国际营销人才。

我们要以长远目标来建设营销队伍,以共同的事业、责任、荣誉来激励和驱动。

(资源共享)

第三十三条　市场变化的随机性、市场布局的分散性和公司产品的多样性,要求前方营销队伍必须得到及时强大的综合支援,要求我们必须能够迅速调度和组织大量资源抢夺市场先机和形成局部优势。因此营销部门必须采取灵活的运作方式,通过事先策划与现场求助,实现资源的动态最优配置与共享。

四、生产方式

(生产战略)

第三十四条　我们的生产战略是在超大规模销售的基础上建立敏捷生产体系。因地制宜地采用世界上先进的制造技术和管理方法,坚持永无止境的改进,不断提高质量,降低成本,缩短交货期和增强制造柔性,使公司的制造水平和生产管理水平达到世界级大公司的基准。

(生产布局)

第三十五条　顺应公司事业领域多元化和经营地域国际化的趋势,我们将按照规模经济原则、比较成本原则和贴近顾客原则,集中制造关键基础部件和分散组装最终产品,在全国和世界范围内合理规划生产布局,优化供应链。

五、理财与投资

（筹资战略）

第三十六条　我们努力使筹资方式多样化，继续稳健地推行负债经营。开辟资金来源，控制资金成本，加快资金周转，逐步形成支撑公司长期发展需求的筹资合作关系，确保公司战略规划的实现。

（投资战略）

第三十七条　我们中短期的投资战略仍坚持产品投资为主，以期最大限度地集中资源，迅速增强公司的技术实力、市场地位和管理能力。我们在制定重大投资决策时，不一定追逐今天的高利润项目，同时要关注有巨大潜力的新兴市场和新产品的成长机会。我们不从事任何分散公司资源和高层管理精力的非相关多元化经营。

（资本经营）

第三十八条　我们在产品领域经营成功的基础上探索资本经营，利用产权机制更大规模地调动资源。实践表明，实现这种转变取决于我们的技术实力、营销实力、管理实力和时机。外延的扩张依赖于内涵的做实，机会的捕捉取决于事先的准备。

资本知识化是加速资本经营良性循环的关键。我们在进行资本扩充时，重点要选择那些有技术、有市场，以及与我们有互补性的战略伙伴，其次才是金融资本。

资本经营和外部扩张，应当有利于潜力的增长，有利于效益的增长，有利于公司组织和文化的统一性。公司的上市应当有利于巩固我们已经形成的价值分配制度的基础。

第三章　基本组织政策

一、基本原则

（组织建立的方针）

第三十九条　华为组织的建立和健全，必须：

1. 有利于强化责任，确保公司目标和战略的实现。
2. 有利于简化流程，快速响应顾客的需求和市场的变化。
3. 有利于提高协作的效率，降低管理成本。
4. 有利于信息的交流，促进创新和优秀人才的脱颖而出。
5. 有利于培养未来的领袖人才，使公司可持续成长。

（组织结构的建立原则）

第四十条　华为将始终是一个整体。这要求我们在任何涉及华为标识的合作形式中保持控制权。

战略决定结构是我们建立公司组织的基本原则。具有战略意义的关键业务和新事业生长点，应当在组织上有一个明确的负责单位，这些部门是公司组织的基本构成要素。

组织结构的演变不应当是一种自发的过程，其发展具有阶段性。组织结构在一定时期内的相对稳定，是稳定政策、稳定干部队伍和提高管理水平的条件，是提高效率和效果的保证。

（职务的设立原则）

第四十一条　管理职务设立的依据是对职能和业务流程的合

理分工，并以实现组织目标所必须从事的一项经常性工作为基础。职务的范围应设计得足够大，以强化责任、减少协调和提高任职的挑战性与成就感。

设立职务的权限应集中。对设立职务的目的、工作范围、隶属关系、职责和职权，以及任职资格应作出明确规定。

（管理者的职责）

第四十二条　管理者的基本职责是依据公司的宗旨主动和负责地开展工作，使公司富有前途，工作富有成效，员工富有成就。管理者履行这三项基本职责的程度，决定了他的权威与合法性被下属接受的程度。

（组织的扩张）

第四十三条　组织的成长和经营的多元化必然要求向外扩张。组织的扩张要抓住机遇，而我们能否抓住机遇和组织能够扩张到什么程度，取决于公司的干部队伍素质和管理控制能力。当依靠组织的扩张不能有效地提高组织的效率和效果时，公司将放缓对外扩张的步伐，转而致力于组织管理能力的提高。

二、组织结构

（基本组织结构）

第四十四条　公司的基本组织结构将是一种二维结构：按战略性事业划分的事业部和按地区划分的地区公司。事业部在公司规定的经营范围内承担开发、生产、销售和用户服务的职责；地区公司在公司规定的区域市场内有效利用公司的资源开展经营。

事业部和地区公司均为利润中心，承担实际利润责任。

（主体结构）

第四十五条　职能专业化原则是建立管理部门的基本原则。对于以提高效率和加强控制为主要目标的业务活动领域，一般也应按此原则划分部门。

公司的管理资源、研究资源、中试资源、认证资源、生产管理资源、市场资源、财政资源、人力资源和信息资源……是公司的公共资源。为了提高公共资源的效率，必须进行审计。按职能专业化原则组织相应的部门，形成公司组织结构的主体。

（事业部）

第四十六条　对象专业化原则是建立新事业部门的基本原则。

事业部的划分原则可以是以下两种原则之一，即产品领域原则和工艺过程原则。按产品领域原则建立的事业部是扩张型事业部，按工艺过程原则建立的事业部是服务型事业部。

扩张型事业部是利润中心，实行集中政策，分权经营。应在控制有效的原则下，使之具备开展独立经营所需的必要职能，既充分授权，又加强监督。

对于具有相对独立的市场，经营已达到一定规模，相对独立运作更有利于扩张和强化最终成果责任的产品或业务领域，应及时选择更有利于它发展的组织形式。

（地区公司）

第四十七条　地区公司是按地区划分的、全资或由总公司控股的、具有法人资格的子公司。地区公司在规定的区域市场和事业领域内，充分运用公司分派的资源和尽量调动公司的公共资源寻求发展，对利润承担全部责任。在地区公司负责的区域市场中，总公司及各事业部不与之进行相同事业的竞争。各事业部如有拓展业务的需要，可采取会同或支持地区公司的方式进行。

（矩阵结构的演进）

第四十八条　当按职能专业化原则划分的部门与按对象专业化原则划分的部门交叉运作时，就在组织上形成了矩阵结构。

公司组织的矩阵结构，是一个不断适应战略和环境变化，从原有的平衡到不平衡，再到新的平衡的动态演进过程。不打破原有的平衡，就不能抓住机会，快速发展；不建立新的平衡，就会给公司组织运作造成长期的不确定性，削弱责任建立的基础。

为了在矩阵结构下维护统一指挥原则和责权对等原则，减少组织上的不确定性和提高组织的效率，我们必须在以下几方面加强管理的力度：

1. 建立有效的高层管理组织。
2. 实行充分授权，加强监督。
3. 加强计划的统一性和权威性。
4. 完善考核体系。
5. 培育团队精神。

(求助网络)

第四十九条 我们要在公司的纵向等级结构中适当地引入横向和逆向的网络运作方式,以激活整个组织,最大限度地利用和共享资源。我们既要确保正向直线职能系统制定和实施决策的政令畅通,又要对逆向和横向的求助系统作出及时灵活的响应,使最贴近顾客,最先觉察到变化和机会的高度负责的基层主管和员工,能够及时得到组织的支援,为组织目标作出与众不同的贡献。

(组织的层次)

第五十条 我们的基本方针是减少组织的层次,以提高组织的灵活性。减少组织层次一方面要减少部门的层次,另一方面要减少职位的层次。

三、高层管理组织

(高层管理组织)

第五十一条 高层管理组织的基本结构为三部分:公司执行委员会、高层管理委员会与公司职能部门。

公司的高层管理委员会有:战略规划委员会,人力资源委员会,财经管理委员会。

(高层管理职责)

第五十二条 公司执行委员会负责确定公司未来的使命、战略与目标,对公司重大问题进行决策,确保公司可持续成长。

高层管理委员会是由资深人员组成的咨询机构。负责拟制战略规划和基本政策，审议预算和重大投资项目，以及审核规划、基本政策和预算的执行结果。审议结果由总裁办公会议批准执行。

公司职能部门代表公司总裁对公司公共资源进行管理，对各事业部、子公司、业务部门进行指导和监控。公司职能部门应归口设立，以尽量避免多头领导现象。

高层管理任务应以项目形式予以落实。高层管理项目完成后，形成具体工作和制度，并入某职能部门的职责。

（决策制度）

第五十三条　我们遵循民主决策，权威管理的原则。

高层重大决策需经高层管理委员会充分讨论。决策的依据是公司的宗旨、目标和基本政策；决策的原则是，从贤不从众。真理往往掌握在少数人手里，要造成一种环境，让不同意见存在和发表。一经形成决议，就要实行权威管理。

高层委员会集体决策以及部门首长负责制下的办公会议制度，是实行高层民主决策的重要措施。我们的方针是，放开高层民主，使智慧充分发挥；强化基层执行，使责任落在实处。

各部门首长隶属于各个专业委员会，这些委员会议事而不管事，对形成的决议有监督权，以防止一长制中的片面性。各部门首长的日常管理决策，应遵循部门首长办公会确定的原则，对决策后果承担个人责任。各级首长办公会的讨论结果，以会议纪要的方式向上级呈报。报告上必须有三分之二以上的正式成员签名，报告中要特别注明讨论过程中的不同意见。

公司总裁有最后的决策权，在行使这项权力时，要充分听取意见。

（高层管理者行为准则）

第五十四条　高层管理者应当做到：

1. 保持强烈的进取精神和忧患意识。对公司的未来和重大经营决策承担个人风险。

2. 坚持公司利益高于部门利益和个人利益。

3. 倾听不同意见，团结一切可以团结的人。

4. 加强政治品格的训练与道德品质的修养，廉洁自律。

5. 不断学习。

第四章　基本人力资源政策

一、人力资源管理准则

（基本目的）

第五十五条　华为的可持续成长，从根本上靠的是组织建设和文化建设。因此，人力资源管理的基本目的，是建立一支宏大的高素质、高境界和高度团结的队伍，以及创造一种自我激励、自我约束和促进优秀人才脱颖而出的机制，为公司的快速成长和高效运作提供保障。

（基本准则）

第五十六条　华为全体员工无论职位高低，在人格上都是平等的。人力资源管理的基本准则是公正、公平和公开。

(公正)

第五十七条　共同的价值观是我们对员工作出公正评价的准则；对每个员工提出明确的挑战性目标与任务，是我们对员工的绩效改进作出公正评价的依据；员工在完成本职工作中表现出的能力和潜力，是比学历更重要的评价能力的公正标准。

(公平)

第五十八条　华为奉行效率优先，兼顾公平的原则。我们鼓励每个员工在真诚合作与责任承诺基础上，展开竞争；并为员工的发展，提供公平的机会与条件。每个员工应依靠自身的努力与才干，争取公司提供的机会；依靠工作和自学提高自身的素质与能力；依靠创造性地完成和改进本职工作满足自己的成就愿望。我们从根本上否定评价与价值分配上的短视、攀比与平均主义。

(公开)

第五十九条　我们认为遵循公开原则是保障人力资源管理的公正和公平的必要条件。公司重要政策与制度的制定，均要充分征求意见与协商。抑侥幸，明褒贬，提高制度执行上的透明度。我们从根本上否定无政府、无组织、无纪律的个人主义行为。

(人力资源管理体制)

第六十条　我们不搞终身雇佣制，但这不等于不能终身在华为工作。我们主张自由雇佣制，但不脱离中国的实际。

(内部劳动力市场)

第六十一条　我们通过建立内部劳动力市场，在人力资源管理中引入竞争和选择机制。通过内部劳动力市场和外部劳动力市场的置换，促进优秀人才的脱颖而出，实现人力资源的合理配置和激活沉淀层。并使人适合于职务，使职务适合于人。

（人力资源管理责任者）

第六十二条　人力资源管理不只是人力资源管理部门的工作，而且是全体管理者的职责。各部门管理者有责任记录、指导、支持、激励与合理评价下属人员的工作，负有帮助下属人员成长的责任。下属人员才干的发挥与对优秀人才的举荐，是决定管理者的升迁与人事待遇的重要因素。

二、员工的义务和权利

（员工的义务）

第六十三条　我们鼓励员工对公司目标与本职工作的主人翁意识与行为。

每个员工主要通过干好本职工作为公司目标做贡献。员工应努力扩大职务视野，深入领会公司目标对自己的要求，养成为他人作贡献的思维方式，提高协作水平与技巧。另一方面，员工应遵守职责间的制约关系，避免越俎代庖，有节制地暴露因职责不清所掩盖的管理漏洞与问题。

员工有义务实事求是地越级报告被掩盖的管理中的弊端与错误。允许员工在紧急情况下便宜行事，为公司把握机会、躲避风险，以及减轻灾情作贡献。但是，在这种情况下，越级报告者或便宜行事者，必须对自己的行为及其后果承担责任。

员工必须保守公司的秘密。

（员工的权利）

第六十四条　每个员工都拥有以下基本权利，即咨询权、建议权、申诉权与保留意见权。

员工在确保工作或业务顺利开展的前提下，有权利向上司提出咨询，上司有责任作出合理的解释与说明。

员工对改善经营与管理工作具有合理化建议权。

员工有权对认为不公正的处理，向直接上司的上司提出申诉。申诉必须实事求是，以书面形式提出，不得影响本职工作或干扰组织的正常运作。各级主管对下属员工的申诉，都必须尽早予以明确的答复。

员工有权保留自己的意见，但不能因此影响工作。上司不得因下属保留自己的不同意见而对其歧视。

三、考核与评价

（基本假设）

第六十五条　华为员工考评体系的建立依据下述假设：

1. 华为绝大多数员工是愿意负责和愿意合作的，是高度自尊和有强烈成就欲望的。

2. 金无足赤，人无完人；优点突出的人往往缺点也很明显。

3. 工作态度和工作能力应当体现在工作绩效的改进上。

4. 失败铺就成功，但重犯同样的错误是不应该的。

5. 员工未能达到考评标准要求，也有管理者的责任。员工的成绩就是管理者的成绩。

（考评方式）

第六十六条　建立客观公正的价值评价体系是华为人力资源管理的长期任务。

员工和干部的考评，是按明确的目标和要求，对每个员工和干部的工作绩效、工作态度与工作能力的一种例行性的考核与评价。工作绩效的考评侧重在绩效的改进上，宜细不宜粗；工作态度和工作能力的考评侧重在长期表现上，宜粗不宜细。考评结果要建立记录，考评要素随公司不同时期的成长要求应有所侧重。

在各层上下级主管之间要建立定期述职制度。各级主管与下属之间都必须实现良好的沟通，以加强相互的理解和信任。沟通将列入对各级主管的考评。

员工和干部的考评实行纵横交互的全方位考评。同时，被考评者有申诉的权利。

四、人力资源管理的主要规范

（招聘与录用）

第六十七条　华为依靠自己的宗旨和文化，成就与机会，以及政策和待遇，吸引和招揽天下一流人才。我们在招聘和录用中，注重人的素质、潜能、品格、学历和经验。按照双向选择的原则，在人才使用、培养与发展上，提供客观且对等的承诺。

我们将根据公司在不同时期的战略和目标，确定合理的人才结构。

（解聘与辞退）

第六十八条　我们利用内部劳动力市场的竞争与淘汰机制，建立例行的员工解聘和辞退程序。对违反公司纪律和因牟取私利而给公司造成严重损害的员工，根据有关制度强行辞退。

（报酬与待遇）

第六十九条　我们在报酬与待遇上，坚定不移向优秀员工倾斜。

工资分配实行基于能力主义的职能工资制；奖金的分配与部门和个人的绩效改进挂钩；安全退休金等福利的分配，依据工作态度的考评结果；医疗保险按贡献大小，对高级管理和资深专业人员与一般员工实行差别待遇，高级管理和资深专业人员除享受医疗保险外，还享受医疗保健等健康待遇。

我们不会牺牲公司的长期利益去满足员工短期利益分配的最大化，但是公司保证在经济景气时期与事业发展良好阶段，员工的人均年收入高于区域行业相应的最高水平。

（自动降薪）

第七十条　公司在经济不景气时期，以及事业成长暂时受挫阶段，或根据事业发展需要，启用自动降薪制度，避免过度裁员与人才流失，确保公司渡过难关。

（晋升与降格）

第七十一条　每个员工通过努力工作，以及在工作中增长的才干，都可能获得职务或任职资格的晋升。与此相对应，保留职务上的公平竞争机制，坚决推行能上能下的干部制度。公司遵循人才成长规律，依据客观公正的考评结果，让最有责任心的明白人担负重要的责任。我们不拘泥于资历与级别，按公司组织目标与事业机会的要求，依据制度性甄别程序，对有突出才干和突出贡献者实施破格晋升。但是，我们提倡循序渐进。

（职务轮换与专长培养）

第七十二条　我们对中高级主管实行职务轮换政策。没有周边工作经验的人，不能担任部门主管。没有基层工作经验的人，不能担任科以上干部。我们对基层主管、专业人员和操作人员实行岗位相对固定的政策，提倡爱一行，干一行；干一行，专一行。爱一行的基础是要通得过录用考试，已上岗的员工继续爱一行的条件是要经受岗位考核的筛选。

（人力资源开发与培训）

第七十三条　我们将持续的人力资源开发作为实现人力资本增值目标的重要条件。实行在职培训与脱产培训相结合，自我开发与教育开发相结合的开发方式。

为了评价人力资源开发的效果，要建立人力资源开发投入产出评价体系。

第五章　基本控制政策

一、管理控制方针

（方针）

第七十四条　通过建立健全管理控制系统和必要的制度，确保公司战略、政策和文化的统一性。在此基础上对各级主管充分授权，造成一种既有目标牵引和利益驱动，又有程序可依和制度保证的活跃、高效和稳定的局面。

（目标）

第七十五条　公司管理控制系统进一步完善的中短期目标是：建立健全预算控制体系、成本控制体系、质量管理和保证体系、业务流程体系、审计监控体系、文档体系以及项目管理系统，对关系公司生存与发展的重要领域，实行有效的控制，建立起大公司的规范运作模式。

（原则）

第七十六条　公司的管理控制遵循下述原则：

分层原则。管理控制必须分层实施，越级和越权控制将破坏管理控制赖以建立的责任基础。

例外原则。凡具有重复性质的例常工作，都应制订出规则和程序，授权下级处理。上级主要控制例外事件。

分类控制原则。针对部门和任务的性质，实行分类控制。对高中层经营管理部门实行目标责任制的考绩控制；对基层作业部门实行计量责任制的定额控制；对职能和行政管理部门实行任务责任制的考事控制。

成果导向原则。管理控制系统对部门绩效的考核，应促使部门主管能够按公司整体利益最大化的要求进行决策。

公司坚决主张强化管理控制。同时也认识到，偏离预算（或标准）的行动未必一定是错误的；单纯奖励节约开支的办法不一定是一种好办法。公司鼓励员工和部门主管在管理控制系统不完善的地方，在环境和条件发生了变化的时候，按公司宗旨和目标的要求，主动采取积极负责的行动。

经过周密策划，共同研究，在实施过程中受到挫折，应得到鼓励，发生的失败不应受到指责。

（持续改进）

第七十七条　部门和员工绩效考核的重点是绩效改进。

公司的战略目标和顾客满意度是建立绩效改进考核指标体系的两个基本出发点。在对战略目标层层分解的基础上确定公司各部门的目标，在对顾客满意度节节展开的基础上，确定流程各环节和岗位的目标。绩效改进考核指标体系应起到牵引作用，使每个部门和每个员工的改进努力朝向共同的方向。

绩效改进考核指标必须是可度量的和重点突出的。指标水平应当是递进的和具有挑战性的。只要我们持续地改进，就会无穷地逼近高质量、低成本和高效率的理想目标。

二、质量管理和质量保证体系

（质量形成）

第七十八条　优越的性能和可靠的质量是产品竞争力的关键。我们认为质量形成于产品寿命周期的全过程，包括研究设计、中试、制造、分销、服务和使用的全过程。因此，必须使产品寿命周期全过程中影响产品质量的各种因素，始终处于受控状态；必须实行全流程的、全员参加的全面质量管理，使公司有能力持续提供符合质量标准和顾客满意的产品。

我们的质量方针是：

1. 树立品质超群的企业形象，全心全意地为顾客服务。

2. 在产品设计中构建质量。

3. 依合同规格生产。

4. 使用合格供应商。

5. 提供安全的工作环境。

6. 质量系统符合ISO-9001的要求。

（质量目标）

第七十九条　我们的质量目标是：

1. 技术上保持与世界潮流同步。

2. 创造性地设计、生产具有最佳性能价格比的产品。

3. 产品运行实现平均2000天无故障。

4. 从最细微的地方做起，充分保证顾客各方面的要求得到满足。

5. 准确无误的交货；完善的售后服务；细致的用户培训；真诚热情的订货与退货。

我们通过推行ISO-9001，并定期通过国际认证复审，建立健全全公司范围的质量管理体系和质量保证体系，使我们的质量管理和质量保证体系与国际接轨。

三、全面预算控制

（性质与任务）

第八十条 全面预算是公司年度全部经营活动的依据，是我们驾驭外部环境的不确定性，减少决策的盲目性和随意性，提高公司整体绩效和管理水平的重要途径。

全面预算的主要任务是：

1. 统筹协调各部门的目标和活动。
2. 预计年度经营计划的财务效果和对现金流量的影响。
3. 优化资源配置。
4. 确定各责任中心的经营责任。
5. 为控制各部门的费用支出和评价各部门的绩效提供依据。

公司设立多级预算控制体系。各责任中心的一切收支都应纳入预算。

（管理职责）

第八十一条 公司级预算和决算由财经管理委员会审议，由公司总裁批准。

公司级预算由财务部负责编制并监督实施和考核实施效果。各级预算的编制和修改必须按规定的程序进行。收入中心和利润中心预算的编制，应按照有利于潜力和效益增长的原则合理确定各项支出水平；成本或费用中心的预算编制，应当贯彻量入为出、厉行节约的方针。

公司以及事业部和子公司的财务部门，应定期向财经管理委员会提交预算执行情况的分析报告。根据预算目标实现程度和预算实现偏离程度，考核财务部预算编制和预算控制效果。

四、成本控制

（控制重点）

第八十二条　成本是市场竞争的关键制胜因素。成本控制应当从产品价值链的角度，权衡投入产出的综合效益，合理地确定控制策略。

应重点控制的主要成本驱动因素包括：

1. 设计成本。

2. 采购成本和外协成本。

3. 质量成本，特别是因产品质量和工作质量问题引起的维护成本。

4. 库存成本，特别是由于版本升级而造成的呆料和死料。

5. 期间费用中的浪费。

（控制机制）

第八十三条　控制成本的前提是正确地核算产品和项目的成本与费用。应当根据公司经营活动的特点，合理地分摊费用。

公司对产品成本实行目标成本控制，在产品的立项和设计中实行成本否决。目标成本的确定依据是产品的竞争性市场价格。

必须把降低成本的绩效改进指标纳入各部门的绩效考核体系，与部门主管和员工的切身利益挂钩，建立自觉降低成本的机制。

五、业务流程重整

(指导思想)

第八十四条 推行业务流程重整的目的是,更敏捷地响应顾客需求,扩大例行管理,减少例外管理,提高效率,堵塞漏洞。

业务流程重整的基本思路是,将推行 ISO-9001 标准与业务流程重整和管理信息系统建设相结合,为公司所有经营领域的关键业务确立有效且简捷的程序和作业标准;围绕基本业务流程,理顺各种辅助业务流程的关系;在此基础上,对公司各部门和各种职位的职责准确定位,不断缩小审批数量,不断优化和缩短流程,系统地改进公司的各项管理,并使管理体系具有可移植性。

(流程管理)

第八十五条 流程管理是按业务流程标准,在纵向直线和职能管理系统授权下的一种横向的例行管理,是以目标和顾客为导向的责任人推动式管理。处于业务流程中各个岗位上的责任人,无论职位高低,行使流程规定的职权,承担流程规定的责任,遵守流程的制约规则,以下道工序为用户,确保流程运作的优质高效。

建立和健全面向流程的统计和考核指标体系,是落实最终成果责任和强化流程管理的关键。顾客满意度是建立业务流程各环节考核指标体系的核心。

提高流程管理的程序化、自动化和信息集成化水平,不断适应市场变化和公司事业拓展的要求，对原有业务流程体系进行简化和完善，是我们的长期任务。

（管理信息系统）

第八十六条　管理信息系统是公司经营运作和管理控制的支持平台和工具，旨在提高流程运作和职能控制的效率，增强企业的竞争能力，开发和利用信息资源，并有效支持管理决策。

管理信息系统的建设，坚持采用先进成熟的技术和产品，以及坚持最小化自主系统开发的原则。

六、项目管理

（必然性）

第八十七条　公司的高速增长目标和高技术企业性质，决定了必须在新技术、新产品、新市场和新领域等方面不断提出新的项目。而这些关系公司生存与发展的、具有一次性跨部门特征的项目，靠已有的职能管理系统按例行的方式管理是难以完成的，必须实行跨部门的团队运作和项目管理。因此，项目管理应与职能管理共同构成公司的基本管理方式。

（管理重点）

第八十八条　项目管理是对项目生命周期全过程的管理，是一项系统工程。项目管理应当参照国际先进的管理模式，建立一整套规范的项目管理制度。项目管理进一步改进的重点是，完善项目的立项审批和项目变更审批、预算控制、进度控制和文档建设。

对项目管理，实行日落法控制。控制项目数量以实现资源有效利用和提高组织整体运作效率。项目完成验收后，按既定程序转入例行组织管理系统。

七、审计制度

（职能）

第八十九条　公司内部审计是对公司各部门、事业部和子公司经营活动的真实性、合法性、效益性及各种内部控制制度的科学性和有效性进行审查、核实和评价的一种监控活动。

公司审计部门除了履行财务审计、项目审计、合同审计、离任审计……基本内部审计职能外，还要对计划、关键业务流程及主要管理制度等关系公司目标的重要工作进行审计，把内部审计与业务管理的进步结合起来。

（体系）

第九十条　公司实行以流程为核心的管理审计制度。在流程中设立若干监控与审计点，明确各级管理干部的监控责任，实现自动审计。

我们坚持推行和不断完善计划、统计、审计既相互独立运作，又整体闭合循环的优化再生系统。这种三角循环，贯穿每一个部门，每一个环节和每一件事。在这种众多的小循环基础上组成中循环，由足够多的中循环组成大循环。公司只有管理流程闭合，才能形成管理的反馈制约机制，不断地自我优化与净化。

通过全公司审计人员的流动，促进审计方法的传播与审计水平的提高。形成更加开放、透明的审计系统，为公司各项经营管理工作的有效进行提供服务和保障。

（权限）

第九十一条 公司审计机构的基本权限包括：

1. 直接对总裁负责并报告工作，不受其他部门和个人的干涉。

2. 具有履行审计职能的一切必要权限。

八、事业部的控制

（方针）

第九十二条 事业部管理方针是：

1. 有利于潜力的增长。

2. 有利于效益的增长。

3. 有利于公司组织与文化的统一性。

（绩效考核）

第九十三条 事业部是利润中心，在公司规定的经营范围内自主经营，承担扩张责任、利润责任和资产责任。

对事业部的考核指标主要为销售收入、销售收入增长率、市场份额和管理利润。考核销售指标的目的是鼓励事业部扩张；考核管理利润的目的是兼顾扩张、效益和资产责任。公司将按照对各事业部的不同发展要求，通过调节与事业部销售收入、销售收入增长率和管理利润各部分挂钩的利益分配系数，影响事业部的经营行为。

事业部的全部利润由公司根据战略和目标统一分配。

（自主权）

第九十四条 我们的方针是，只要符合事业部控制的"三个有利于"原则，就对之实行充分的授权。

事业部总经理的自主权主要包括：预算内的支出决定权和所属经营资源支配权，以及在公司统一政策指导下的经营决策权、人事决定权和利益分配权。

（控制与审计）

第九十五条 公司对事业部的控制与审计主要包括：

1. 事业部的总经理、财务总监、人力资源总监、审计总监由公司任免。

2. 依据经过批准的事业部预算对事业部的收支进行总量控制。

3. 公司统一融资，事业部对资金实行有偿占用。

4. 对现金实行集中管理，事业部对自身的现金流量平衡负责。

5. 事业部定期向公司财经管理委员会提交财务绩效报告。

6. 公司审计部对事业部履行审计职能。

（服务型事业部）

第九十六条 服务型事业部的职能是以低利方式提供内部服务，以促进整体扩张实力。内部运作实行模拟市场机制。

（联利计酬）

第九十七条　事业部实行按虚拟利润联利计酬的报酬制度。在事业部的报酬政策上，公司遵循风险和效益与报酬对等的原则。

九、危机管理

（危机意识）

第九十八条　高技术的刷新周期越来越短，所有高科技企业的前进路程充满了危机。华为公司由于成功，公司组织内部蕴含的危机也越来越多，越来越深刻。我们应该看到，公司处于危机点时既面临危险又面临机遇。危机管理的目标就是变危险为机遇，使企业越过陷阱进入新的成长阶段。

（预警与减灾）

第九十九条　公司应建立预警系统和快速反应机制，以敏感地预测和感知由竞争对手、客户、供应商及政策法规等造成的外部环境的细微但重大的变化；处理公司高层领导不测事件和产品原因造成的影响公司形象的重大突发事件。

第六章　接班人与基本法修改

（继承与发展）

第一百条　华为经年积累的管理方法和经验是公司的宝贵财富，必须继承和发展，这是各级主管的责任。只有继承，才能发展；只有量变的积累，才会产生质变。承前启后，继往开来，是我们的事业兴旺发达的基础。

（对接班人的要求）

第一百零一条　进贤与尽力是领袖与模范的区别。只有进贤和不断培养接班人的人，才能成为领袖，成为公司各级职务的接班人。

高、中级干部任职资格的最重要一条，是能否举荐和培养出合格的接班人。不能培养接班人的领导，在下一轮任期时应该主动引退。仅仅使自己优秀是不够的，还必须使自己的接班人更优秀。

我们要制度化地防止第三代、第四代及以后的公司接班人腐化、自私和得过且过。当我们的高层领导人中有人利用职权谋取私利时，就说明我们公司的干部选拔制度和管理出现了严重问题，如果只是就事论事，而不从制度上寻找根源，那我们距离死亡就已经不远了。

（接班人的产生）

第一百零二条　华为公司的接班人是在集体奋斗中从员工和各级干部中自然产生的领袖。

公司高速成长中的挑战性机会，以及公司的民主决策制度和集体奋斗文化，为领袖人才的脱颖而出创造了条件；各级委员会和各级部门首长办公会议，既是公司高层民主生活制度的具体形式，也是培养接班人的温床。要在实践中培养人、选拔人和检验人。要警惕不会做事却会处世的人受到重用。

我们要坚定不移地向第一、二代创业者学习。学习他们在思想上的艰苦奋斗精神，勇于向未知领域探索；学习他们的团队精神和坦荡的胸怀，坚持和不断完善我们公正合理的价值评价体系；学习他们强烈的进取精神和责任意识，勇于以高目标要求和鞭策自己；学习他们实事求是的精神，既具有哲学、社会学和历史学的眼界，又具有一丝不苟的工作态度。走向世界，实现我们的使命，是华为一代一代接班人矢志不渝的任务。

（基本法的修订）

第一百零三条　每十年基本法进行一次修订。修订的过程贯彻从贤不从众的原则。

在管理者、技术骨干、业务骨干、基层干部中推选出10%的员工，进行修改的论证，拟出清晰的提案。

然后从这10%的员工中，再推选20%的员工，与董事会、执行委员会一同审议修改部分的提案。并将最终的提案公布，征求广大员工意见。

最后，由董事会、执行委员会、优秀员工组成三方等额的代表进行最终审批。

《基本法》是公司宏观管理的指导原则，是处理公司发展中重大关系的对立统一的度。其目的之一是培养领袖。高、中级干部必须认真学习《基本法》，领会其精神实质，掌握其思想方法。

1998年3月23日

附录 III　华为的冬天：任正非谈华为十大管理要点[1]

公司所有员工是否考虑过，如果有一天，公司销售额下滑、利润下滑，甚至破产，我们怎么办？我们公司的太平时间太长了，在和平时期升的官太多了，这也许就是我们的灾难。泰坦尼克号也是在一片欢呼声中出的海。而且我相信，这一天一定会到来。面对这样的未来，我们怎样来处理，我们是不是思考过？我们好多员工盲目自豪、盲目乐观，如果想过的人太少，也许就快来临了。居安思危，不是危言耸听。

我到德国考察时，看到第二次世界大战后德国恢复得这么快，当时很感动。当时他们的工人团结起来，提出要降工资，不增工资，从而加快经济建设，所以战后德国经济增长很快。如果华为公司的危机真的到来了，是不是员工工资减一半，大家靠一

---

[1] 任正非：《华为的冬天——任正非谈华为十大管理要点》，载《中国企业家》，2001年第4期，第48—50页，本文有删改。

点儿白菜、南瓜过日子就能行？或者我们就裁掉一半人，是否就能救公司？如果是这样就行的话，危险也就不危险了。因为，危险一过去，我们可以逐步将工资补回来。或者销售增长，将被迫裁掉的人请回来。这算不了什么危机。如果两者同时都进行，还不能挽救公司，该怎么办，想过没有。

十年来我天天思考的都是失败，对成功视而不见，也没有什么荣誉感、自豪感，有的只是危机感。也许是这样才存活了十年。我们大家要一起来想怎样才能活下去的问题，也许才能存活得久一些。失败这一天是一定会到来的，大家要准备迎接，这是我从不动摇的看法，这是历史规律。

目前情况下，我认为我们公司从上到下，还没有真正认识到危机，那么当危机来临的时刻，我们可能是措手不及的。我们是不是已经麻木，是不是头脑里已经没有危机这根弦了，是不是已经没有自我批判能力或者已经很少了。如果四面出现危机时，那我们真是可能没有办法了。只能说"你们别罢工了，我们本来就准备不上班了，快关了机器，还能省点电"。如果我们现在不能研究出面对危机的应对方法和措施来，我们就不可能持续活下去。

这三年来的管理要点讲的都是人均效益问题。不抓人均效益增长，管理就不会进步。因此，一个企业最重要、最核心的就是追求长远地、持续地实现人均效益增长。当然，这不仅仅是当前财务指标的人均贡献率，而且也包含了人均潜力的增长。企业不是要大，也不是要强，短时间的强，而是要有持续活下去的能力与适应力。我们有一位员工写了一篇名为《还能改进吗？还能改进吗？》的文章，只有不断改进，我们才有希望。但是华为公司有多少员工在本职岗位上在改进，有多少人在研究还能再改进。我们的干部述职报告所有指标都是人均效益指标。人均效益指标降低了，我们就坚定不移地降工资。如果你连降工资都不能接受，我认为你就没有必要再留在华为公司奋斗了。

一个部门领导没有犯过什么错误，但人均效益却没有增长，他就应该下台了。另一个部门的领导犯过一些错误，当然不是品德错误，是他大胆工作、大胆承担责任，因缺经验而产生的错误，但人均效益却有所增长，他就应该受到重视。若他犯的错误，是集体讨论过的，错了以后便及时改正，他就应该受到提拔。各级干部部门，要防止明哲保身的干部被晋升。在一个系统中，人均效益的指标连续不增长，那么主要部门领导与人力部门的人，应全部集体辞职。因为，人是他们选的，您选了些什么人。

在当前情况下，我们一定要居安思危，一定要看到可能要出现的危机。大家知道，有个世界上第一流的公司，确实了不起，但去年说下来就下来了，眨眼之间这个公司就崩溃了。当然，他们有很好的基础研究，有良好的技术储备，他们还能东山再起。最多这两年衰退一下，过两年又会世界领先。而华为有什么呢？我们没有人家雄厚的基础，如果华为再没有良好的管理，那么真正的崩溃后,将来就会一无所有,再也不能复活。

华为公司老喊狼来了,喊多了,大家有些不信了。但狼真的会来。今年我们要广泛展开对危机的讨论:讨论华为有什么危机,你的部门有什么危机,你的科室有什么危机,你的流程有什么危机。这些危机还能改进吗?还能提高人均效益吗?如果讨论清楚了,那我们可能就死不了,就延续了我们的生命。怎样提高管理效率,我们每年都写了一些管理要点,这些要点能不能对你的工作有些改进,如果改进一点,我们就前进了。

第一,均衡发展,就是抓短的一块木板。我们怎样才能活下来。同志们,你们要想一想,如果每一年你们的人均产量增加15%,你可能仅仅保持住工资不变或者还可能略略下降。电子产品价格下降幅度一年还不止15%吧。我们卖得越来越多,而利润却越来越少,如果我们不多干一点儿,我们可能保不住今天,更别说涨工资。不能靠没完没了地加班,所以一定要改进我们的管理。在管理改进中,一定要强调改进我们木板最短的那一部分。各部门、各科室、各流程主要领导都要抓薄弱环节。要坚持均衡发展,不断地强化以流程型和时效型为主导的管理体系的建设,在符合公司整体核心竞争力提升的条件下,不断优化你的工作,提高贡献率。

为什么要解决短木板呢?公司从上到下都重视研发、营销,但不重视理货系统、中央收发系统、出纳系统、订单系统等很多系统,这些不被重视的系统就是短板,前面干得再好,后面发不出货，还是等于没干。因此全公司一定要建立起统一的价值评价体系，统一的考评体系，才能使人员在内部流动和平衡成为可能。比如有人说我搞研发创新很厉害，但创新的价值如何体现，创新必须通过转化变成商品，才能产生价值。我们重视技术、重视营销，这一点我并不反对，但每一个链条都是很重要的。对研发相对用服来说，同等级别的一个用服工程师可能要比研发人员综合处理能力还强一些。所以如果我们对售后服务体系不予认同，那么这体系就永远不是由优秀的人来组成的。不是由优秀的人来组织，就是高成本的组织。因为他飞过去修机器，去一趟修不好，又飞过去修不好，又飞过去又修不好。我们把工资全都赞助给民航了。如果我们一次就能修好，甚至根本不用过去，用远程指导就能修好，我们将省了多少成本啊！因此，我们要强调均衡发展，不能老是强调某一方面。比如，我们公司老发错货，发到国外的货又发回来了，发错货运费、货款利息不也要计成本吗？因此要建立起一个均衡的考核体系，才能使全公司短木板变成长木板，桶装水才会更多。

我们这几年来研究了很多产品，但 IBM 还有许多西方公司到我们公司来参观时就笑话我们浪费很大，因为我们研究了很多好东西就是卖不出去，这实际上就是浪费。我们不重视体系的建设，就会造成资源上的浪费。要减少木桶的短木板，就要建立均衡的价值体系，要强调公司整体核心竞争力的提升。

第二，对事负责制，与对人负责制是有本质区别的，一个是扩张体系，一个是收敛体系。为什么我们要强调以流程型和时效型为主导的体系呢？现在流程上运作的干部，他们还习惯于事事都请示上级。这是错的，已经有规定，或者成为惯例的东西，不必请示，应快速让它通过去。执行流程的人，是对事情负责，这就是对事负责制。事事请示，就是对人负责制，它是收敛的。我们要简化不必要确认的东西，要减少在管理中不必要、不重要的环节，否则公司怎么能高效运行呢？现在我们机关有相当的部门，以及相当的编制，在制造垃圾，然后这些垃圾又进入分拣、清理，制造一些人的工作机会。制造这些复杂的文件，搞了一些复杂的程序，以及不必要的报表、文件，来养活一些不必要养活的机关干部。机关干部是不能产生增值行为的。我们一定要在监控有效的条件下，尽力精简机关。秘书有权对例行的管理工作进行处理，经理主要对例外事件，以及判别不清的重要例行事件作出处理。例行越多，经理就越少，成本就越低。一定要减少编制，我们的机关编制过于庞大。在同等条件下，机关干部是越少越好，当然不能少得一个也没有。因此我们一定要坚定不移地把一部分机关干部派到直接产生增值的岗位上去。机关的考评，应由直接服务部门进行打分，它要与机关的工资、奖金的组织得分挂钩。这也是客户导向，内部客户也是客户。

市场部机关是无能的。每天的纸片如雪花一样飞啊，每天都向办事处要报表，今天要这个报表，明天要那个报表，这是无能的机关干部。办事处每个月要把所有的数据填一个表，放到数据库里，机关要数据就到数据库里找。从明天开始，市场部把多余的干部组成一个数据库小组，所有数据只能向这个小组要，不能向办事处要，办事处一定要给机关打分，你们不要给他们打那么好的分，让他们吃一点儿亏，否则他们不会明白这个道理，就不会服务于你们，使你作战有力。庞大的机关一定要消肿。在这个变革过程中，会触及许多人的利益，也会碰到许多矛盾，领导干部要起模范作用。要有人敢于承担责任，不敢承担责任的人就不能当干部。当工程师也很光荣嘛。

在本职工作中，我们一定要敢于负责任，使流程速度加快。对明哲保身的人一定要清除。华为给了员工很好的利益，于是有人说千万不要丢了这个位子，千万不要丢掉这个利益。凡是要保自己利益的人，要免除他的职务，他已经是变革的绊脚石。在去年的一年里，如果没有改进行为的，甚至一次错误也没犯过，工作也没有改进的，是不是可以就地免除他的职务。他的部门的人均效益没提高，他这个科长就不能当了。他说他也没有犯错啊，没犯错就可以当干部吗？有些人没犯过一次错误，是因为他一件事情都没做。而有些人在工作中犯了一些错误，但他管理的部门人均效益提升很大，我认为这种干部就要用。对既没犯过错误，又没有改进的干部可以就地免职。

第三，自我批判是思想、品德、素质、技能创新的优良工具。我们一定要推行以自我批判为中心的组织改造和优化活动。自我批判不是为批判而批判，也不是为全面否定而批判，而是为优化和建设而批判。总的目标是要提升公司整体核心竞争力。

为什么要强调自我批判？我们倡导自我批判，但不提倡相互批评，因为批评不好把握适度，如果批判火药味儿很浓，就容易造成队伍之间的矛盾。而自己批判自己呢，人们不会自己下猛力，对自己都会手下留情。即使用鸡毛掸子轻轻地打一下，也比不打好，多打几年，你就会百炼成钢了。自我批判不光是个人进行自我批判，组织也要对自己进行自我批判。通过自我批判，各级骨干要努力塑造自己，逐步走向职业化、国际化。只有认真地自我批判，才能在实践中不断吸收先进方法，不断优化自己。公司认为自我批判是个人进步的好方法，还不能掌握这个武器的员工，希望各级部门不要对他们再提拔了。两年后，还不能掌握和使用这个武器的干部要降低使用。在职在位的干部要奋斗不息、进取不止。干部要有敬业精神、献身精神，要有责任心、使命感。我们对普通员工不做献身精神要求，他们应该对自己付出的劳动，取得合理报酬。只对有献身精神的员工做要求，将他们培养成干部。另外，我们对高级干部实行严要求，不对一般干部实施严要求。因为都实施严要求，我们管理成本就太高了。因为管他也要花钱的呀，不打粮食的事儿我们要少干。因此我们对不同级别的干部有不同的要求，凡是不能使用自我批判这个武器的干部都不能提拔。自我批判从高级干部开始，高级干部每年都有民主生活会，民主生活会上提的问题是非常尖锐的。有人听了以后认为公司内部斗争真激烈，你看他们说起问题来很尖锐，但是说完他们不又握着手打仗去了吗？我希望这种精神一直能往下传，下面也要有民主生活会，一定要相互提意见，相互提意见时一定要和风细雨。我认为，批评别人应该是请客吃饭，应该是绘画、绣花，要温良恭俭让。一定不要把内部的民主生活会变成了有火药味儿的会议，高级干部尖锐一些，是他们素质高，越到基层应越温和。事情不能指望一次说完，一年不行，二年也可以，三年进步也不迟。我希望各级干部在组织自我批判的民主生活会议上，千万要把握尺度。我认为人是怕痛的，太痛了也不太好，像绘画、绣花一样，细致地帮人家分析他的缺点，提出改进措施来，和风细雨式最好。我相信只要我们持续下去，这比那种暴风急雨式的革命更有效果。

第四，任职资格及虚拟利润法是推进公司合理评价干部的有序、有效的制度。我们要坚定不移地继续推行任职资格管理制度。只有这样才能改变过去的评估状态。才会使有贡献、有责任心的人尽快成长起来。激励机制要有利于公司核心竞争力战略的全面展开，也要有利于近期核心竞争力的不断增长。

什么叫领导？我们的领导不要迎合群众，但推进组织目的时要注意工作方法。一时牺牲的是眼前的利益，但换来的是长远的发展。

一个真正的领导人，不会迎合现时的民众的需求，而带领人们走向新的台阶。

我曾经在与一个世界著名公司，也是我司全方位的竞争对手进行合作时讲过，我是拉宾的学生，我们一定要互补、互助，共同生存。我只是就崇敬拉宾这事儿来比喻与竞争对手的长期战略关系。

如何掌握任职资格的应用，是对各级干部的考验。我们公司在推行激励机制时，不要有短期行为，我们要强调可持续发展。既要看到他的短期贡献，也要看到组织的长期需求。不要对立起来，不要完全短期化，当然也不要完全长期化。

同时，我们要推行以正向考核为主，但要抓住关键事件，在考核中逆向考事，事就是事情的事。对每一件错误要逆向去查，找出根本原因，以改进，并从中发现优良的干部。我认为正向考核很重要，逆向考事也很重要。要从目标决策管理的成功，特别是成功的过程中发现和培养各级领导干部。在失败的项目中，我们要善于总结，其中有不少好干部也应得到重视。要避免考绩绝对化、形而上学。特别是要从有实践经验、有责任心、有技能，且本职工作做得十分优秀的员工中选拔和培养骨干。

干部要有敬业精神、献身精神、责任心和使命感。区别一个干部是不是一个好干部，是不是忠诚，标准有四个：第一，你有没有敬业精神。对工作是否认真，改进了，那么还能改进吗？还能再改进吗？这就是你的工作敬业精神。第二，你有没有献身精神，不要斤斤计较。我们的价值评价体系不可能做到绝对公平。如果用曹冲称象的方法来进行任职资格来评价的话，那肯定是公平的。但如果用精密天平来评价，那肯定公平不了。我们要想做到绝对公平是不可能的。我认为献身精神是考核干部的一个很重要因素。一个干部如果过于斤斤计较，这个干部绝对做不好，你手下有很多兵，你自私、斤斤计较，你的手下能和你合作得好吗？没有献身精神的人不要做干部，做干部的一定要有献身精神。第三点和第四点就是要有责任心和使命感。我们的员工是不是都有责任心和使命感？如果没有责任心和使命感，为什么还想要当干部？！如果你觉得你还是有一点儿责任心和使命感的，赶快改进，否则最终还是要把你免下去的。

第五，不盲目创新，才能缩小庞大的机关。庙小一点儿，方丈减几个，和尚少一点儿，机关的改革就是这样。总的原则是我们一定要压缩机关，为什么？因为我们建设了IT。为什么要建设IT？道路设计时要博士，炼钢制轨要硕士，铺路要本科生。但是道路修好了，扳岔道就不要这么高的学历了，否则谁也坐不起这个火车。因此，当我们公司组织体系和流程体系建设起来的时候，就不要这么多的高级别干部，那么方丈就少了。建立流程的目的就是要提高单位生产效率，减掉一批干部。如果逐层减少一批干部，我们的成本下降得就很快。规范化的格式与标准化的语言，使每一位管理者的管理范围与内容更加扩大。信息越来越发达，管理的层次就越来越少，维持这些层级管理的官员就会越来越少，成本也就下降了。

要保证IT能实施，一定要有一个稳定的组织结构、稳定的流程。要知道，盲目创新只会破坏这种效率。

我们不要把创新"炒"得太热。我们希望不要随便创新，要保持稳定的流程。要处理好管理创新与稳定流程的关系。尽管我们要管理创新、制度创新，但对一个正常的公司来说，频繁地变革，内外秩序就很难得到安定地保障和延续。不变革又不能提升我们的整体核心竞争力与岗位工作效率。变革究竟变什么？这是严肃的问题，各级部门切忌草率。一个有效的流程应长期稳定运行，不能因有一点问题就常去改动它，改动的成本会抵消改进的效益。

已经证明是稳定的流程，尽管发现它的效率不是很高，除非我们整体设计或大流程设计时发现缺陷，而且这个缺陷非改不可，其他时候就不要改了。今年所有的改革必须经过严格的审批、证实，不能随意去创新和改革，这样创新和改革的成本太高。

我们要坚持"小改进、大奖励"。"小改进、大奖励"是我们长期坚持不懈的改良方针。应在小改进的基础上，不断归纳，综合分析。研究其与公司总体目标流程的符合，与周边流程的和谐，要简化、优化、再固化。这个流程是否先进，要以贡献率的提高来评价。我年轻时就知道华罗庚的一句话，"神奇化易是坦途，易化神奇不足提"。我们有些员工，交给他一件事，他能干出十件事来，这种创新就不需要，这是无能的表现，这是制造垃圾，这类员工要降低使用。所以今年有很多变革项目，但每个变革项目都要以贡献率来考核。既要实现高速增长，又要同时展开各项管理变革,错综复杂,步履艰难,任重而道远。各级干部要有崇高的使命感和责任意识,要热烈而镇定,紧张而有序。"治大国如烹小鲜",我们做任何小事情都要小心谨慎,不要随意把流程破坏了,造成连锁错误。大家在处理相互之间的人际关系上也要保持冷静,稍不冷静就惹麻烦。千万不要有浮躁的情绪,戒骄戒躁,收敛自我,少一些冲动,多一些理智。

我们要坚决反对形而上学、幼稚浮躁、机械教条和唯心主义。在管理进步中一定要实事求是,特别要反对形左实右。表面上去做得很正确,其实效率是很低的。

第六,规范化管理本身已含监控,它的目的是有效、快速的服务业务需要。我们要继续坚持业务为主导、会计为监督的宏观管理方法与体系的建设。什么叫业务为主导,就是要敢于创造和引导需求,取得"机会窗"的利润。也要善于抓住机会,缩小差距,使公司同步于世界而得以生存。什么叫会计为监督,就是为保障业务实现提供规范化的财经服务,规范化就可以快捷、准确和有序,使账务维护成本低。规范化是一把筛子,在服务的过程中也完成了监督。要把服务与监控融进全流程。我们也要推行逆向审计,追溯责任,从中发现优秀的干部,铲除沉淀层。

以业务为主导,会计为监督的管理模式,就是要为推行区域、业务的行政管理与统一财务服务的行政管理相分离做准备(财务IT,将实行全国、全球统一管理)。

第七,面对变革要有一颗平常心,要有承受变革的心理素质。我们要以正确的心态面对变革。什么是变革？就是利益的重新分配。利益重新分配是大事，不是小事。这时候必须有一个强有力的管理机构，才能进行利益的重新分配，改革才能运行。在改革的过程中，从利益分配的旧平衡逐步走向新的利益分配平衡。这种平衡的循环过程，是促使企业核心竞争力提升与效益增长的必须。但利益分配永远是不平衡的。我们在进行岗位变革也是有利益重新分配的，比如大方丈变成了小方丈，你的庙被拆除了，不管叫什么，都要有一个正确的心态来对待。如果没有一个正确的心态，我们的改革是不可以成功的，不可能被接受的。特别是随着IT体系的逐步建成，以前的多层行政传递与管理的体系将更加扁平化。伴随中间层的消失，一大批干部将成为富余，各大部门要将富余的干部及时输送至新的工作岗位上去，及时疏导，才会避免以后的过度裁员。我在美国时，在和IBM、CISCO、LUCENT等几个大公司领导讨论问题时谈道，IT是什么？他们说，IT就是裁员、裁员、再裁员。以电子流来替代人工的操作，以降低运作成本，增强企业竞争力。我们也将面临这个问题。伴随着IPD、ISC、财务四统一、支撑IT的网络等逐步铺开和建立，中间层消失。我们预计我们大量裁掉干部的时间大约在2003年或2004年。

今天要看到这个局面，我们现在正在扩张，还有许多新岗位，大家要赶快去占领这些新岗位，以免被裁掉。不管是对干部还是普通员工，裁员都是不可避免的。我们从来没有承诺过，像日本一样执行终身雇佣制。我们公司从创建开始就是强调来去自由。同时，公司与社会间的劳动力交流是必要的，公司不用的、富余的劳动力在社会上其他地方可能是需要的，社会上也许有一些我们短缺的。公司内长板和短板的交换也是需要岗位与人员的流动。我们要及时地疏导员工到新岗位，才会避免以后过度裁员。内部流动是很重要的。当然这个流动有升有降，只要公司的核心竞争力提升了，个人的升、降又何妨呢？"不以物喜，不以己悲"。因此今天来说，我们各级部门真正关怀干部，就不是保住他，而是要疏导他，疏导出去。在新岗位上尽量使用和训练老员工，老员工也应积极去占领，不然补充了新人后，他也有选择的权利。只有公司核心竞争力提升，才会有全体员工价值实现机会。

我们要消除变革中的阻力，这种阻力主要来自高中级干部。我们正处在一个组织变革的时期，许多高中级干部的职务都会相对发生变动。我们愿意听取干部的倾诉，但我们也要求干部服从，否则变革无法进行。待3年后，变革已进入正常秩序，我们愿意遵照干部的意愿及工作岗位的可能，接受干部的调整愿望。对于干部，我们只有这样一个方法，愿意听你们诉一诉，诉完后还是要到分配的岗位工作。对于基层员工要"干一行，爱一行，专一行"，努力提高自己本职工作的技能。要严格控制基层员工的转岗，转岗一定要得到严格的审查与批准。我认为基层员工就是要发展专业技能，专业技能提高了也可以拿高工资。对已经转岗的和以后还要转岗的，只要不能达到新岗位的使用标准，而原工作岗位已由合格员工替代的，建议各部门先劝退。各部门不能在自己的流程中，有多余的冗积和沉淀。哪一个部门的干部工作效率不高，应由这一个部门的一把手负责任。

我们要减少工作协调与调度会议，即使对于那些必须开的、开完要立即实行的会议，也要减少参加这些会议的人员数量。同时要禁止技能培训类远期的目标的会议在上班时间召开，其他活动，如体检、沟通、联欢之类活动，更不得在上班时间举行，要确保工作时间与质量得到贯彻落实。

第八，模板化是所有员工快速管理进步的法宝。我们认为规范化管理的要领是工作模板化，什么叫作规范化？就是我们把所有的标准工作做成标准的模板，就按模板来做。一个新员工，看懂模板，会按模板来做，就已经国际化、职业化，现在的文化程度，3个月就能掌握了。而这个模板是前人摸索几十年才摸索出来的，你不必再去摸索。各流程管理部门、合理化管理部门，要善于引导各类已经优化的、已经证实行之有效的工作模板化。清晰流程，重复运行的流程，工作一定要模板化。一项工作达到同样绩效，少用工，少用时间，这才说明管理进步了。我们认为，抓住主要的模板建设，又使相关的模板的流程联结起来，才会使IT成为现实。在这个问题，我们要加强建设。

第九，华为的危机，以及萎缩、破产是一定会到来的。现在是"春天"吧，但"冬天"已经不远了，我们在"春天"与

"夏天"要念着"冬天"的问题。我们可否抽一些时间，研讨一下如何迎接危机。IT业的"冬天"对别的公司来说不一定是"冬天"，而对华为可能是"冬天"。华为的"冬天"可能来得更冷一些。我们还太嫩，我们公司经过10年的顺利发展没有经历过挫折，不经过挫折就不知道如何走向正确道路。磨难是一笔财富，而我们没有经过磨难，这是我们最大的弱点。我们完全没有适应不发展的心理准备与技能准备。

我们在讨论危机的过程中，最重要的是要结合自身来想一想。我们所有员工的职业化程度都是不够的。我们提拔干部时，首先不能讲技能，要先讲品德，品德是我讲的敬业精神、献身精神、责任心和使命感。危机并不遥远，死亡却是永恒的，这一天一定会到来，你一定要相信。从哲学上看，从任何自然规律上来说，我们都不能抗拒，只是如果我们能够清醒认识到我们存在的问题，我们就能延缓这个时候的到来。

繁荣的背后就是萧条。玫瑰花很漂亮，但玫瑰花肯定有刺。任何事情都是相辅相悖的，不可能是绝对的。今年我们还处在快速发展中，员工的收入都会有一定程度的增加，在这个时期来研究"冬天"的问题比较潇洒，所以我们提前到繁荣时期来研究这个问题。我们若不居安思危，就必死无疑。

危机的到来是不知不觉地，我认为所有的员工都不能站在自己的角度、立场想问题。如果说你们没有宽广的胸怀，就不可能正确对待变革。如果你不能正确对待变革，若抵制变革的话，公司就会死亡。在这个过程中，大家一方面要努力提升自己，一方面要与同志们团结好，提高组织效率，并把自己的好干部送到别的部门去，使自己部下有提升的机会。你减少了编制，就避免了裁员、压缩。在改革过程中，很多变革总会触动某些员工的一些利益和矛盾，希望大家不要发牢骚、说怪话，特别是我们的干部要自律，不要传播小道消息。我认为，每一个人都要站在严格要求自己的角度说话，同时也要把自己的家属管好。一个传播小道消息、不能自律的人，是不能当干部的，因为你部下的许多事你都知道，你有传播习惯，部下们能相信你？因此，所有的员工都要自律，以及制止小道消息的传播，帮助公司防止这些人成为干部。

第十，安安静静地应对外界议论。对待媒体的态度，希望全体员工都要低调，因为我们不是上市公司，所以我们不需要公示社会。我们主要是对政府负责任，对企业的有效运行负责任。对政府的责任就是遵纪守法，我们去年交给国家的增值税、所得税是18亿，关税是9亿，加起来一共是27亿。估计我们今年在税收方面可能再增加百分之七八十，可能要给国家交到40多亿。我们已经对社会负责了。媒体有他们自己的运作规律，我们不要参与，我们有的员工到网上的辩论，是在帮公司倒忙。媒体说你好，你也别高兴，你未必真好；说你不好，你就看看是否有什么地方可改进的，实在报道有出入的，不要去计较，时间长了就好了。希望大家要安安静静的。

前几年国外媒体说我们资不抵债,亏损严重,快要垮了,不是它说垮就垮的。也许它还麻痹了竞争对手,帮了我们的忙。半年前,也还在说我司资不抵债,突然去年年底美国媒体又说我司富得流油,还说我有多少钱。我看公司并不富,我个人也没多少钱。你们看我像有钱人吗?你们最了解,我常常被人误认为老工人。财务对我最了解,我去年年底,才真真实实地还清了我欠公司的所有账,这世纪才成为无债的人。当然我买了房子、买了车。我原来是10万元买了一台广州厂处理的标致车,后来许多领导与我谈,还是买一个好一些的车,万一车祸能抗一下。所以媒体说我们富,我就富了?我看未必。而且美国媒体别有用心地编造,不知安的什么心!所以,我们的员工都要自律,也要容忍人家的不了解,不要去争论。有时候媒体炒作我们,我们的员工要低调,不要响应,否则就是帮公司的倒忙。

我肯定地说,我同你们在座的人一样,一旦华为破产,我们都一无所有。所有的增值都必须在持续生存中才能产生。要持续发展,没有新陈代谢是不可能的。包括我被代谢掉,都是永恒不变的自然规律,不可抗拒的,我也以平常心对待。

我认为,我们要严格要求自己,把自己的事做好,把自己不对的地方改正过来。别人说得对的,我们就改;别人说得不对的,时间长了也会证实他说的没道理。

我们要以平常心对待。我希望大家真正能够成长起来,能挑起华为的重担,分担整个公司的忧愁,使公司不要走向灭亡。

为了大家，大家要努力。希望大家正确对待社会上对我们的一些议论，希望大家安安静静的。我想，每个员工都要把精力用到本职工作上去，只有本职工作做好了，才能为你的提高带来更大效益。国家的事由国家管，政府的事由政府管，社会的事由社会管，我们只要做一个遵纪守法的公民，就完成了我们对社会的责任。只有这样，我们公司才能安全、稳定。不管遇到任何问题，我们的员工都要坚定不移地保持安静，听党的话，跟政府走。严格自律，不该说的话不要乱说。特别是干部要管好自己的家属。我们华为人都是非常有礼仪的人。当社会上根本认不出你是华为人的时候，你就是华为人；当这个社会认出你是华为人的时候，你就不是华为人，因为你的修炼还不到家。

沉舟侧畔千帆过，病树前头万木春。网络股的暴跌，必将对两三年后的建设预期产生影响，那时制造业就惯性进入了收缩。眼前的繁荣是前几年网络大涨的惯性结果。记住一句话，"物极必反"，这一场网络、设备供应的"冬天"，也会像热得人们不理解一样，冷得出奇。没有预见，没有预防，就会冻死。那时，谁有棉衣，谁就活下来了。

参考文献

[1] 蔡钰. 华为大举进入香港 3G 市场"示范"意义重于"效益"[N]. 财经时报, 2004-01-12.

[2] 丁梦云. "实体清单"对涉事上市公司的市场效应分析[J]. 湖北经济学院学报（人文社会科学版），2021, 18 (02)：34-38.

[3] 段娟. 科技全球化背景下的科技霸权——以美国 5G 政策为例[J]. 海风, 2022 (02)：179-181.

[4] 杜建国, 万亚红, 侯云章. 基于供应链成员风险态度的行为演化[J]. 系统管理学报, 2013 (06)：828-834.

[5] 符正平, 叶泽樱. 大国博弈下全球供应链的中断风险与"备胎"管理[J]. 中国社会科学文摘, 2021 (12)：102-103.

[6] 黄卫伟. 为客户服务是华为公司存在的理由——在与新员工交流会上的讲话[N]. 华为人, 2001-07-30.

[7] 黄明朗. 华为的"备胎计划"[J]. 宁波通讯, 2019

(15): 7.

[8] 江梅坤. HJD48 通过优化鉴定 [N]. 华为人, 1993-07-21.

[9] 蒋起东. 高通试图捅破反垄断法那层纸: 对魅族提起专利诉讼 [N]. 法治周末, 2016-07-06.

[10] 孔学劭. 华为出售 x86 服务器业务获实质性进展, 此前受缺芯问题困扰 [N]. 南方都市报, 2021-11-8.

[11] 李长泰. 被客户追是怎么一种体验 [J]. 华为人, 2020 (04): 26-29.

[12] 李佳师. 出售=自救=自强? 华为 X86 服务器的取舍逻辑 [N]. 中国电子报, 2021-11-8.

[13] 李雷, 杨怀珍, 冯中伟. 供应链上游段 VMI&TPL 模式的利益分配机制——基于最大熵值法与正交投影法的整合视角 [J]. 系统管理学报, 2020 (02): 400-408.

[14] 刘英, 慕银平. 基于讨价还价模型的持股型供应链最优订货与定价策略研究 [J]. 中国管理科学, 2021 (06): 160-167.

[15] 刘素宏, 郭永芳. 军人转业 "哪家强" 全球多家银行争着抢 [N]. 新京报, 2014-11-25.

[16] 马晓芳. 华为无线基站发货量全球第一 [N]. 第一财经日报, 2010-01-08.

[17] 梅雅鑫. 华为 "解禁" 迎来曙光 中长期国产化势在

必行［J］.通信世界,2019（18）：5.

［18］彭剑锋.做一个有情怀的企业家［J］.中外企业文化,2015（05）：12-13.

［19］丘慧慧,朱志超.华为的天花板［J］.商周刊,2012（10）：69-69.

［20］［日］狩野纪昭,梁红霞译,范青译.品质进化——可持续增长之路［J］.品质,2006（02）：108-114.

［21］任正非.对中国农话网与交换机产业的一点看法［J］.华为人,1994（8）.

［22］任正非.在第四届国际电子通信展华为庆祝酒会上的发言［N］.华为人,1995-11-30（第2版）.

［23］任正非.反骄破满,在思想上艰苦奋斗［N］.华为人,1996-05-02.

［24］任正非.我们向美国人民学习什么［N］.华为人,1998-02-20.

［25］任正非.华为的冬天——任正非谈华为十大管理要点［J］.中国企业家,2001（04）：48-50.

［26］任正非.华为公司的核心价值观［J］.中国企业家,2005（18）：10-18.

［27］任正非."我们要鼓励自主创新就更要保护知识产权"［J］.中国企业家,2006（01）：30-33.

［28］任正非.天道酬勤［N］.华为人,2006-07-21.

[29] 任正非. 实事求是的科研方向与二十年的艰苦努力——在国家某大型项目论证会上的发言 [N]. 华为人, 2006-12-18.

[30] 任正非. 干部要担负起公司价值观的传承——在人力资源管理纲要第一次研讨会上的发言提纲 [N]. 华为人, 2010-07-15.

[31] 任正非. 一江春水向东流——为轮值 CEO 鸣锣开道 [N]. 华为人, 2011-12-25.

[32] 任正非. 任正非达沃斯讲话实录：做华为是个意外 [N]. 第一财经, 2015-01-22.

[33] 任正非. 任正非接受日本媒体采访纪要 [N]. 东方新报, 2019-05-19.

[34]《华为军团组建成立大会, 任正非：和平是打出来的》[EB/OL]. (2021-11-04) [2022-05-21] https://m.guancha.cn/ChanJing/2021-11-04_613503.shtml.

[35] 唐煜, 周路平, 郑亚红, 等. 华为海思保卫战 [J]. 财经天下, 2020 (11)：48-51.

[36] 田涛, 彭剑锋. 华为是创新型企业吗 [J]. 发现, 2015 (03)：24-29.

[37] 王继英. 香港电信市场现状 [J]. 当代通信, 1996 (10)：21.

[38] 王晓航. 经济全球化背景下民族企业的危机传播——

以华为"实体清单"事件为例［J］．新闻研究导刊，2019（15）：132-133．

［39］武亚军．90年代企业战略管理理论的发展与研究趋势［J］．南开管理评论，1999（02）：03-09．

［40］汪小星．华为年入账1491亿摘得电信设备商全球榜眼［N］．南方都市报，2010-03-31．

［41］薛美娟．华为名列1998年电子百强第18名［N］．华为人，1998-04-06．

［42］杨杜．文化的逻辑［M］．北京：经济管理出版社，2016．

［43］杨宝华．供应链中断风险管理的博弈分析［J］．统计与决策，2011（18）：173-175．

［44］于辉，侯建．跨国供应链汇率波动风险的中断管理策略分析［J］．系统工程学报，2017（01）：114-124．

［45］闫肖锋．中国出台"不可靠实体清单"反制美国贸易"黑名单"［J］．中国新闻周刊，2019（20）：08．

［46］叶志卫，吴向阳．胡新宇事件再起波澜 华为称网友误解床垫文化［N］．深圳特区报，2006-06-14．

［47］余智骁．吉姆·柯林斯：优秀是伟大的敌人［N］．经济观察报，2002-10-22．

［48］周学军．志在中国——略论华为的企业文化建设［N］．华为人，1993-05-11．

［49］朱宣怡．基于ICT供应链安全视角分析华为列入"实体清单"后电子信息产业的机遇与挑战［J］．产业科技创新，2019（02）：9-11．

［50］曾毅．供应链中断风险的管理与控制［J］．价值工程，2013（23）：19-20．

［51］张德纯，曾纪允，董永强．充满活力的一株幼苗：对深圳民间科技企业的考察［N］．深圳特区报，1988-05-31．

［52］张文斌．采购穿上"美国鞋"——回顾华为采购的改善历程，展望ISC［N］．华为人，2001-01-18．

［53］张利华．华为研发［M］．北京：机械工业出版社，2009（10）．

［54］张斌．华为折叠屏新机秒罄谁是背后的核心零部件供应商？［N］．经济观察报，2021-02-27．

［55］刘琳．从深圳经济特区看我国改革开放的历史功绩［J］．唯实，1996（12）：04-07．

［56］赵泽．深圳特区40年，企业大数据见证深圳科技创新成就［N］．新京报，2020-08-26．

［57］赵东辉、李斌、刘诗平、蔡国兆、彭勇、何雨欣．"28年只对准一个城墙口冲锋"［N］．新华每日电讯，2016-05-10．

［58］赵朝辉，朱捷，张焕鸥，等．第3代半导体互连材料概述［J］．新材料产业，2017（08）：22-26．

后　记

　　2018年12月以来，中外媒体记者不止一次地问我，华为还能走多远。我的答案是，华为作为一家非上市公司，成为百年老店的可能性依旧很大，至少在目前来看，生存不是问题，即使在中国本土市场，也可以活得很好。

　　与此同时，媒体记者也会问及当年还在被非法抓扣的"孟晚舟引渡案件"，让我谈谈关于这一案件的看法。我的观点是：孟晚舟被引渡到美国的概率不足5%，除非加拿大纳"投名状"，否则压根儿就不可能被引渡。这样的观点源于作为主权国家的加拿大，不仅在国家主权、司法体系，甚至在外交方面，至少是独立的。当然，一些个案不包括其中。可能有读者会问，既然有个案，那么孟晚舟就不可能成为那个个案吗？我的答案是不可能。目前的状况是，中美虽然在博弈，甚至美国把中国视为取代自己的对手，但是，中国没有做好世界霸主的准备，同时也不具备世界霸主的条件，美国目前的霸主地位无人撼动，包括俄罗斯的普京。在这样的背景下，中美博弈虽然会长期进行下去，至少在未来三五十年里，中美的对抗会更加激烈，但是不可能对抗成为爆发战争的导火索，因为美国也没做好入侵中国，甚至是用军事击败中国的准备。华盛顿明白，击败中国目前是几乎不可能的，即使暂时击败中国，美国也不可能占到多大便宜，更让美国不愿意看到的是，美国军事入侵中国，会让中国人民更加团结。当华盛顿看不到自己有大概率胜算的可能时，美国与中国的博弈更多地是让自己得到更多的利益，目前至少是如此。

这样的答案总是让他们不尽满意。在他们的概念里，华为遭遇美国前所未有的打压，不休克，起码也得"苟延残喘"。但是，这仅仅只是一个媒体的视角。作为研究者，必须坚持"独立之精神，自由之思想"。

鉴于此，在撰写本书时，作者坚持以自己独立的角度解读任正非和他的华为。本书主要分为8个部分，即"梦想：华为成为世界一流的设备供应商""使命：持续为客户创造最大价值""赛道：贸工技转向技工贸""流程：IBM教会了我们怎么爬树，我们爬到树上就摘到了苹果""聚焦：数十年攻击一个城墙口""酬勤：除了艰苦奋斗，还是艰苦奋斗""协同共生：共同创造良好的生存空间，共享价值链的利益""突围：一手补洞，一手自救"，以重彩浓墨的深描手法剖析了华为30多年的经营方略，同时为了让读者更好地理解本书的内容，特此增加了3个附录——"深圳市人民政府颁发《深圳市人民政府关于鼓励科技人员兴办民间科技企业的暂行规定》的通知""华为公司基本法（定稿）""华为的冬天：任正非谈华为十大管理要点"作为工具性资料，期望给中国4500万家企业的老板、高管、商学院标杆企业研究提供一个可以借鉴的范本，同时也为培训师，以及有志于了解华为战略的华为粉丝提供一个了解真实华为、接近华为的介质和途径。

这里，感谢"财富商学院书系"的优秀人员，他们也参与了本书的前期策划、市场论证、资料收集、书稿校对、文字修改、图表制作。

以下人员对本书的完成亦有贡献，在此一并感谢：周梅梅、吴旭芳、吴江龙、简再飞、周芝琴、吴抄男、赵丽蓉、周斌、周凤琴、周玲玲、周天刚、丁启维、汪洋、蒋建平、霍红建、赵立军、兰世辉、徐世明、周云成、丁应桥、金易、何庆、李嘉燕、陈德生、丁芸芸、徐思、李艾丽、李言、黄坤山、李文强、陈放、赵晓棠、熊娜、苟斌、佘玮、欧阳春梅、文淑霞、占小红、史霞、杨丹萍、沈娟、刘炳全、吴雨来、王建、庞志东、姚信誉、周晶晶、蔡跃、姜玲玲等。

在撰写本书过程中，笔者参阅了相关资料，包括电视、图书、网络、视频、报纸、杂志等资料，所参考的文献，凡属专门引述的，我们尽可能地注明出处，其他情况则在书后附注的"参考文献"中列出，并在此向有关文献的作者表示衷心的谢意！如有疏漏之处还望见谅。

本书在出版过程中得到了许多教授、华为专家、上百位华为人、业内人士，以及出版社的编辑等的大力支持和热心帮助，在此表示衷心的谢意。

由于时间仓促，书中纰漏难免，欢迎读者批评斧正（E-mail：zhouyusi@sina.com）。

财富书坊同时也欢迎相关课题研究和出版社约稿、讲课和其他战略合作。

此外，作者正在总裁班讲授"华为国际化如何突破美国陷阱""传统企业到底该如何转型"等课程，欢迎培训机构、商学院约课。但凡购买《华为的"春天"还有多远》1000册的企业，作者将亲赴企业讲授相关课程一天，免收授课费，差旅费需企业支付。（联系方式：E-mail：189188871@qq.com；微信号：xibingzhou；荔枝讲课：周锡冰讲台；公众号：caifushufang001。注：疫情期间，线下授课改为在线授课，不收取企业任何差旅费。）

周锡冰
2022年03月08日　于北京财富书坊

图书在版编目（CIP）数据

华为的"春天"还有多远/周锡冰著. -- 北京：当代世界出版社，2022.9
ISBN 978-7-5090-1673-2

Ⅰ.①华… Ⅱ.①周… Ⅲ.①通信企业-企业管理-经验-深圳 Ⅳ.①F632.765.3

中国版本图书馆CIP数据核字（2022）第126290号

书　　名：	华为的"春天"还有多远
出 品 人：	丁　云
策划编辑：	刘娟娟
责任编辑：	刘娟娟　魏银萍　姜松秀
装帧设计：	王昕晔
版式设计：	韩　雪
出版发行：	当代世界出版社
地　　址：	北京市地安门东大街70-9号
邮　　编：	100009
邮　　箱：	ddsjchubanshe@163.com
编务电话：	(010) 83907528
发行电话：	(010) 83908410（传真）
	13601274970
	18611107149
	13521909533
经　　销：	新华书店
印　　刷：	北京新华印刷有限公司
开　　本：	880毫米×1230毫米　1/32
印　　张：	11.75
字　　数：	232千字
版　　次：	2022年9月第1版
印　　次：	2022年9月第1次
书　　号：	ISBN 978-7-5090-1673-2
定　　价：	79.00元

如发现印装质量问题，请与承印厂联系调换。
版权所有，翻印必究；未经许可，不得转载！